本书由 2015 年江西省高校人文社科项目"福利三角视角下农民工的就业促进研究"（SH1513）；2015 年度南昌大学社会科学学术著作出版基金；南昌大学"提升综合实力"建设项目资助出版。

福利三角视角下农民工的就业促进政策研究

袁小平◎著

中国社会科学出版社

图书在版编目（CIP）数据

福利三角视角下农民工的就业促进政策研究：以 J 省国家级项目
企业为例 / 袁小平著 . —北京：中国社会科学出版社，2016.12
ISBN 978 - 7 - 5161 - 9570 - 3

Ⅰ.①福…　Ⅱ.①袁…　Ⅲ.①民工—劳动就业—就业政策—
研究—中国　Ⅳ.①F249.214

中国版本图书馆 CIP 数据核字（2016）第 303314 号

出 版 人	赵剑英
责任编辑	王莎莎
责任校对	张爱华
责任印制	张雪娇

出　　　版	中国社会科学出版社
社　　　址	北京鼓楼西大街甲 158 号
邮　　　编	100720
网　　　址	http：// www. csspw. cn
发 行 部	010 - 84083685
门 市 部	010 - 84029450
经　　　销	新华书店及其他书店

印　　　刷	北京君升印刷有限公司
装　　　订	廊坊市广阳区广增装订厂
版　　　次	2016 年 12 月第 1 版
印　　　次	2016 年 12 月第 1 次印刷

开　　　本	710×1000　1/16
印　　　张	17
插　　　页	2
字　　　数	279 千字
定　　　价	65.00 元

目　　录

图表索引

第一章 导 论

第一节 研究背景

就业是民生之本。在现代社会，就业不仅直接影响着劳动者的正常福祉以及自身的再生产，而且对经济生产和社会稳定具有影响，因此兼具经济和社会双重意义。就业对个人而言意味着收入、身份、价值和希望，对国家而言则意味着稳定、和平与社会团结。因此，就业是发展议程最优先考虑的问题。但是，就业与失业又是一个世界性难题，增加就业、减少失业一直是大多数国家和地区经济社会发展的优先目标。2008 年以来，随着全球金融危机的进一步扩散，世界就业形势更加严峻。根据国际劳工局的统计，2012 年全球就业市场经历了二次探底，更多国家开始受到全球经济衰退的影响，就业率大幅下降，失业率开始上升。在发达经济体与欧盟地区，其劳动参与率下降了 1 个百分点，并且受疲弱的经济前景影响，怯志劳工将持续退出劳动力市场。其中，青年受危机的影响最深，2012 年青年失业率飙升至 12.6%，预期至 2017 年将进一步上升至 12.9%①。对此，美国盖洛普公司的总裁吉姆·克里夫顿（Jim Clifton）在《就业战争即将来临》（*The Coming Jobs War*）一书中提到"一份好工作是全球共同的梦想"，"整个世界想要的是一份好工作"②。因此，各个国家和地区的领导人必须专心于为民众创造好工作。在此背景下，全球各国政府日益将就业问题纳入其国家发展框架和政策当中，纷纷出台各种创业刺激计划，设计出良好的

---

① 国际劳工组织：《2013 年全球就业趋势：就业行情二次探底回升》，中国财政经济出版社 2013 年版，第 10—11 页。

② 吉姆·克里夫顿：《盖洛普写给中国官员的书》，中国青年出版社 2012 年版，第 18 页。

发展政策以确保经济增长能转化为就业机会，改善就业状况。

一　我国农民工的就业形势严峻

　　农民工群体是我国经济社会建设中的重要力量。对农民工而言，在城市中顺利就业是实现其劳动力的顺利转移与增加自身收入的前提条件，也是获取城市市民身份、实现社会融合的重要途径。对城市而言，农民工的顺利就业是城市将丰富的农民工人力资源转化成人口红利的关键一步。许多研究已表明，改革开放以来，我国所取得的巨大经济成就、城市的快速发展与农民工所提供的人口红利分不开。[①] 同时，农民工的顺利就业也是加快我国城市化进程的重要步骤。因为城市人口增加是城市化的关键指标之一。现阶段我国城市人口增长的主要动力不是来自于城市人口的自身增长，而是由于农民工源源不断地进城就业。因此，农民工就业还对我国的城市化进程具有重要影响。此外，从国家与社会发展的角度看，农民工就业具有重要的社会功能。就业权是农民工所拥有的诸多社会权利的重要组成部分，农民工的就业程度与就业质量既能反映我国社会政策的公平程度以及适度普惠型福利体制的实现程度，也能反映我国小康社会的实现程度。因为非农产业就业比重是我国建设小康社会的重要指标之一。[②] 而且，由于就业是实现社会流动的重要方式，农民工就业还具有重要的社会功能，它能帮助农民工群体改变自身社会地位，实现垂直流动，这对改变我国当前的阶层封闭性具有重要意义。

　　目前我国农民工就业所面临的形势日益严峻。结合美国城市地理学家诺瑟姆（Ray M. Northam）对城市化发展阶段的分类以及《国家新型城镇化发展规划（2014—2020）》，未来一段时间内，我国仍处于城市化快速发展阶段。这意味着我国每年将平均新增农民工约 566 万，[③] 加上我国现

[①]　穆光宗：《中国的人口红利：反思与展望》，《浙江大学学报》2008 年第 3 期。

[②]　我国 20 世纪 90 年代国家统计局等 12 个部门提出全国人民生活小康水平标准。它包括人均国内生产总值、恩格尔系数、城镇人均可支配收入、农民人均纯收入等 16 项指标。其中就包括非农就业率。2006 年统计局制定的全面建设小康社会统计监测指标体系对很多指标进行了修改，就业方面的指标换成了城镇失业率。

[③]　国家人口和计划生育委员会流动人口服务管理司：《中国流动人口发展报告 2010》，中国人口出版社 2010 年版，第 4 页。

有 2.69 亿农民工，至 2020 年我国农民工数量将达到 3.08 亿。如此巨大的数字说明未来我国农民工就业仍有很大压力。因此，政府迫切需要采取多种手段，积极应对。

近年来农民工就业趋势虽然较为稳定，但仍有不少农民工无法实现顺利就业。国家人口计生委的数据显示，78.8% 的农村户籍流动劳动力就业处于稳定状况，超过 20% 的农民工就业不稳定或灵活就业，且近两年灵活就业的趋势在加强。① 而且统计数据还表明，农民工就业呈现出低收入、缺乏保障的特征。大量农民工需要承受长时间的连续工作，且劳动保障得不到落实。虽然灵活就业或非正规就业受到发达国家的推崇，但是我国农民工就业的不稳定性主要是由于普遍文化水平不高、缺乏职业技能、受教育水平低、就业能力差所引起，使其就业只能集中于次级劳动力市场，在低端行业就业，难以获得提升与发展的机会。因此，农民工的非稳定就业更多是在找不到有较高就业岗位条件下的无奈选择，而非农民工群体的主动选择。

表 1—1　　　　　　　　农民工就业行业分布表　　　　　　（单位:%）

年份 就业行业	2010	2011	2012	2013
制造业	40.4	37.3	35.2	20.0
建筑	6.2	7.1	7.5	9.4
批发零售	17.7	18.1	18.8	23.8
住宿餐饮	10.3	9.9	10.6	14.6
社会服务	10.8	9.8	8.7	11.4
交通运输/仓储通信	4.1	3.8	3.8	4.0
其他合计	10.5	14	15.4	16.8

资料来源:2010—2013 年的数据来自原国家人口计生委 2010—2012 年流动人口动态监测调查数据，参见国家卫生和计划生育委员会流动人口司:《中国流动人口发展报告 2013》，中国人口出版社 2013 年版，第 55—56 页。2013 年的数据来自国家卫生和计划生育委员会流动人口司:《中国流动人口发展报告 2014》，中国人口出版社 2014 年版，第 30 页。

---

① 国家人口和计划生育委员会流动人口服务管理司:《中国流动人口发展报告 2010》，中国人口出版社 2010 年版，第 4 页。

农民工就业的低稳定性说明农民工的就业质量不高，具有脆弱性特征，对风险的抵抗能力差。而且农民工就业所面临的风险正在逐步加大。一方面，随着全球化进程的不断深入，经济波动的幅度越来越大，经济波动的周期越来越频繁，这无可避免会对就业产生影响，首当其冲的就是非稳定就业的劳动者。例如，2008 年的经济危机给农民工就业造成很大影响，使不少农民工被迫返乡，相关数据显示，2009 年有超过 2000 万的农民工返乡就业。另一方面，经过改革开放三十多年来的高速发展，我国经济也进入调整期，经济下行压力加大，新一届政府主动调控了经济增长的速度，引导我国产业结构升级转换，注重发展技术密集型、知识密集型和人力资本密集型产业。产业结构的调整给经济发展带来了巨大的复杂性，使就业的结构性矛盾越来越突出，"就业的结构性矛盾上升为主要矛盾"，[①] 同时也对农民工的素质提出了更高要求，低学历、低技能的农民工就业难度将持续加大。此种趋势给农民工的就业产生了巨大压力。

在以上因素的综合影响下，我国农民工就业面临着巨大的"结构性"风险，企业的"用工荒"和农民工的"就业荒"并存。农民工的低技能与企业的高要求存在着差距，农民工越来越难以获得"体面性工作"，因此传统的农民工就业模式必须发生改变。

二　农民工群体的新变化与新型城镇化对农民工就业提出新要求

（一）农民工群体的新变化对农民工就业的挑战

农民工群体的新变化体现在新生代农民工[②]群体数量的不断上升和农民工流动的家庭化等方面。各类数据显示，新生代农民工已成为当前农民工的主体。2005 年全国 1% 人口抽样调查结果显示，新生代农民工的数量约为 5980 万人；至 2010 年，该群体的数量攀升至 1.18

---

① 中国就业促进会：《聚焦 2012 中国就业》，中国劳动社会保障出版社 2012 年版，第 25 页。

② 目前新生代农民工这一概念的使用范围较广，本文采用人口统计学的定义，指 1980 年以后出生的农民工。

亿人，占农民工总量的 53.6%。根据现在的发展趋势预测，2030 年我国新生代农民工的总量将达到 2.79 亿人，占全部农民工的比例接近 90%。①农民工群体的代际更替对其就业提出了更高要求。新生代农民工与上一代农民工相比，其价值观与社会期望等都有很大变化，已经由注重生存转向了注重发展；同时，他们的城市居留意愿强，工作耐受力低，对工作机会、就业质量的期望更高，不愿意再像上辈一样从事苦、累、脏、差等体力型工作，更加注重职业的上升空间，希望体面就业。

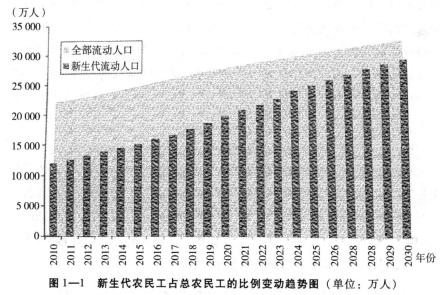

图 1—1　新生代农民工占总农民工的比例变动趋势图（单位：万人）

资料来源：国家卫生和计划生育委员会流动人口司：《中国流动人口发展报告 2013》，中国人口出版社 2013 年版，第 4 页。

　　农民工群体的新变化还体现在家庭化流动特征不断凸显方面。资料显示，农民工流动的家庭化现象在 20 世纪 90 年代就已出现。近年来，农民工家庭化流动的趋势日益明显，比例越来越高。2000 年全国人口普查数据显示，在有流动人口的家庭中，夫妻共同迁移比例为

---

　　①　国家卫生和计划生育委员会流动人口司：《中国流动人口发展报告 2013》，中国人口出版社 2013 年版，第 4 页。

46.1%。[①] 至 2009 年我国举家外出的农民工总数达到 2900 万人。[②] 2010 年国家流动人口动态监测数据显示，有 27.85% 的农民工家庭已经完成了迁居，所有家庭成员都一起流动；在尚未完成迁居的家庭户中，有 64.47% 的家庭已经完成了分批迁居，仅有 35.53% 的家庭是 1 人在城市务工。[③] 2011 年国家流动人口动态监测数据显示，接近一半的核心家庭已经完成了家庭化迁居。在 2012 年国家流动人口动态监测调查中，曾以子女在本地居住的比例作为各地区流动人口家庭化程度的衡量指标，结果发现 2013 年流动人口的家庭化程度达到 62.2%。[④] 并且，根据学者的预测，随着我国市民化进程的不断推进，家庭化迁居会成为未来我国人口流动的主要趋势之一。农民工的家庭化流动对流入地和流出地的福利资源配置提出了更高要求。具体到就业领域，则要求政府做好农民工的就业保护工作，预防和减少失业风险、缩短他们再就业的时间，提高劳动报酬。因为家庭化迁居现象扩大了农民工失业风险的涉及面，农民工一旦失业，将会给整个家庭带来不稳定性。

（二）新型城镇化对农民工就业提出了新要求

自 2013 年起，国家开始着力推进新型城镇化建设，"人"成为城镇化的发展核心。新型城镇化的推进既给农民工就业提供了新机会，也提出了新挑战。《国家新型城镇化规划（2014—2020 年）》提出，至 2020 年，我国常住人口城镇化率要达到 60%，实现 1 亿农业转移人口在城镇落户，促进大、中、小城市和小城镇协调发展。

一方面，农民工的大量进城将增加城市的就业压力，并会对城市居民的就业产生一定的挤压与冲击；另一方面，市民化进程的不断推进迫切需要提高农民工的就业质量。市民化不仅是身份待遇的同城化，还是社会参与和融入的市民化，而就业是农民工参与和融入城市生活的最重要渠道。稳定的、高质量的就业能够促进农民工的城市参与和融入。因

① 于学军：《中国流动人口的特征、需求和公共政策思考》，《开放导报》2006 年第 6 期。
② 侯云春、韩俊、蒋省三等：《农民工市民化进程的总体态势与战略取向》，《改革》2011 年第 5 期。
③ 盛亦男：《中国流动人口家庭化迁居》，《人口研究》2013 年第 7 期。
④ 国家卫生和计划生育委员会流动人口司：《中国流动人口发展分省报告 2013》，中国人口出版社 2013 年版，第 5 页。

此，新型城镇化既要求政府采取措施保证农民工在城市顺利就业，又要求提升农民工的就业质量，改变现行的以非正规就业为主的低层次就业模式。

再者，目前我国新生代农民工就业存在严重的大城市化倾向，他们不愿意进入中小城市就业。有数据显示，农民工群体中有 80% 以上分布在大中城市，其中直辖市、计划单列市和省会城市的流动人口占流动人口总量的 54.1%。① 解永庆、缪杨兵等学者依据农村劳动力全国大样本数据调查发现，大城市是新生代农民工群体留居的首选。② 要实现新型城镇化所要求的大、中、小城市协调发展，必须改变农民工就业的大城市化倾向，使他们愿意到中、小城市就业。为此，中、小城市除了需在经济上做好"以产留人"外，还要在社会政策层面做好就业服务，保证农民工顺利就业、体面就业。

三 现有农民工就业政策的就业促进效果还有待提升

（一）我国农民工就业政策的建设历史

改革开放三十多年来，在农民工的就业中，市场与农民的关系网络起着主要作用，政府却一直处于缺位状态。自 20 世纪 90 年代起，国家开始重视农民工就业福利，逐步制定农民工的就业政策。

早在 1991 年，劳动部、农业部等部门就联合在全国选取了一批试验点，开展农村劳动力开发就业试点建设。③ 党的十四大后，国家对农民工态度由控制盲目流动转向鼓励、引导有序流动，相应的农民工就业政策也发生了改变。1993 年，劳动部提出要实施积极的就业政策，合理调节城乡劳动力流动，逐步实现城乡劳动力流动有序化。④ 1994 年，劳动部颁发了《农村劳动力跨省流动就业管理暂行规定》，对用人单位跨省招用农村

---

① 国家人口和计划生育委员会流动人口服务管理司：《中国流动人口发展报告 2012》，中国人口出版社 2012 年版，第 8 页。

② 解永庆、缪杨兵、曹广忠：《农民工就业空间选择及留城意愿代际差异分析》，《城市发展研究》2014 年第 4 期。

③ 劳动部、农业部、国务院发展研究中心：《关于建立并实施中国农村劳动力开发就业试点项目的通知》（劳力字〔1991〕6 号）。

④ 劳动部、农业部等：《关于建立社会主义市场经济体制时期劳动体制改革总体设想》（劳部发〔1993〕41 号）。

劳动力和农村劳动力跨省流动就业的行为进行了规范，运用流动就业证来对农民工进行就业管理。① 1997 年，国务院下发文件要求进一步做好农民工有序流动工作，提出要积极培育和发展劳动力市场，大力发展城乡职业介绍网络，搞好劳动力市场基础设施建设，引导和组织农民工按需流动。同时，文件还要求各级政府要将农民工流动的管理服务工作纳入经常化、制度化轨道。②

　　进入 21 世纪后，国家加大对农民工就业政策的调整，政策取向也越来越趋向公平性。我国农民工的就业政策体现出"公平对待、合理引导、完善管理、搞好服务"十六字方针。2001 年，国家计委、财政部联合清理整顿对农民工的各项收费，取消了对农民工的行政事业性收费。③ 2003 年 1 月 5 日，国务院办公厅发文提出要求做好进城务工就业管理和服务工作，取消对农民进城务工就业的各种不合理限制，促进农民工进城务工。④ 为响应国务院精神，2004 年发改委、财政部、公安部、劳动和社会保障部、农业部、卫生部等九部委对农民跨地区就业和进城务工的各类行政许可和非行政许可审批事项进行了清理和取消。⑤ 2006 年，国务院发布《关于解决农民工问题的若干意见》，提出要逐步实行城乡平等的就业制度，搞好农民工就业服务和培训工作等。⑥ 2008 年实施的《就业促进法》为农民工的平等就业提供了制度支持，并且规定了县级以上政府在就业促进方面的职责。金融危机爆发后，国家促进农民工就业的重心转为扶持农民工返乡创业。2008 年，国务院办公厅要求广开农民工就业门路，采取多种措施促进农民工就业，引导掌握了一定技能、积累了一定资金的农民

---

　　① 劳动部：《关于颁布〈农村劳动力跨省流动就业管理暂行规定〉的通知》（劳部发〔1994〕458 号）

　　② 国务院办公厅：《国务院办公厅转发劳动部等部门关于进一步做好组织民工有序流动工作意见的通知》（国办发〔1997〕42 号）。

　　③ 国家计委、财政部：《关于全面清理整顿外出或外来务工人员收费的通知》（计价格〔2001〕2220 号）。

　　④ 国务院办公厅：《国务院办公厅关于做好农民进城务工就业管理和服务工作的通知》（国办发〔2003〕1 号）。

　　⑤ 国家发展和改革委员会：《关于进一步清理和取消针对农民跨地区就业和进城务工歧视性规定和不合理收费的通知》（发改价格〔2004〕1405 号）。

　　⑥ 国务院：《关于解决农民工问题的若干意见》（国发〔2006〕5 号）。

工创业，以创业带动就业。① 2009 年，国务院结合当时的经济形势，强调实施更加积极的就业政策，将农民工纳入重点人群就业工作的范围，最大限度拓展农村劳动力就业渠道。②

2010 年后，我国的就业政策有了新变化，就业优先与更加积极的就业政策受到党中央的重视。就业优先战略被列入了"十二五"规划中，更加积极的就业政策则在《促进就业规划（2011—2015 年）》中有所体现。规划提出要健全面向城乡全体劳动者的职业培训制度，实施更加积极的就业政策，统筹做好城乡、重点群体就业工作，③ 这标志着促进农民工就业的制度建设迈向了公平的关键一步。2013 年，党的十八届三中全会启动的全面深化改革也涵盖了就业领域，明确提出要通过一系列的改革健全就业创业的体制机制。为落实以上精神，2014 年国务院又下发文件，对农民工职业技能提升、农村新成长劳动力职业教育、农民工就业创业工作等提出了许多新目标。④

除了出台专门的解决农民工就业的政策外，国家还注重对农民工的社会保障、子女教育、权益保护、就业服务网络与劳动力市场建设等方面进行建设，通过综合治理方法为农民工的就业提供稳定环境。社会保障方面，我国城市社会保障制度一直注重对农民工扩面，努力为农民工建立起就业安全网。1999 年施行的《失业保险条例》就将单位招用的农民合同制工人纳入进去，规定城镇企业事业单位招用的农民合同制工人本人不缴纳失业保险费。住房方面，自 2011 年起国家开始重视农民工的住房问题，将有稳定职业并在城市居住一定年限的外来务工人员纳入公共租赁住房供应范围，解决农民工的住房问题。子女教育方面，2006 年我国就提出以公办教育为主，以输入地为主解决农民工子女入学问题。⑤ 2012 年国务院

①　国务院办公厅：《国务院办公厅关于切实做好当前农民工工作的通知》（国办发〔2008〕130 号）。

②　国务院：《国务院关于做好当前经济形势下就业工作的通知》（国发〔2009〕4 号）。

③　国务院：《促进就业规划（2011—2015 年）》（国发〔2012〕6 号）。

④　人力资源和社会保障部：《农民工职业技能提升计划——"春潮行动"实施方案》（人社部发〔2014〕26 号）。

⑤　住房和城乡建设部等七部门：《关于加快发展公共租赁住房的指导意见》（建保〔2010〕87 号）。

又转发了通知，要求各地区制订异地高考方案。① 这些措施有力地解决了农民工就业的后顾之忧。劳动权益方面，2008 年，我国施行了新的《劳动合同法》，使农民工的劳动权益有了法律保障。2012 年，公共就业人才服务网络信息化建设工程在全国展开。目前，全国公共招聘网已覆盖全国30 多个省份，对促进市场就业供求双方的对接匹配产生了积极作用。2013 年，人社部开始对人力资源市场进行整合。这些措施极大促进了统一的城乡劳动力市场建设，有助于促进农民工就业。

以上各类政策反映了我国已形成较为清晰的促进农民工就业的政策框架及其管理服务体系。这些政策充分体现了积极的劳动力市场特征。完备的政策框架为农民工的就业工作提供了制度支持，极大促进了农民工就业工作的开展。

（二）农民工培训政策的主要内容

在以上一系列促进农民工就业的措施中，农民工的人力资本投资政策是一项非常重要的内容。国家非常强调对农民工的人力资本投资，并将其作为促进农民工就业的一个重心，强调通过对农民工开展培训以促进就业。为此，国家也制定了一系列针对农民工培训的综合政策和专项政策，它们构成了我国农民工就业政策的重要内容。

早在 1997 年，国家就要求农民工输入地政府开展面向民工的职业技能培训和职业道德教育，② 2000 年劳动和社会保障部开始建立劳动预备制度，对准备进城的农村初、高中毕业生进行劳动预备培训。③ 2003 年我国实施了全国农民工培训的专项规划，对 2003—2010 年农民工培训任务进行了具体规定。为落实规划精神，2004 年的中央"1 号"文件要求城市政府把进城农民职业培训的服务和管理经费纳入正常的财政预算。④ 3 月，农业部、财政部、劳动和社会保障部等多部委共同下发文件，组织实施

---

① 国务院办公厅：《国务院办公厅转发教育部等部门关于做好进城务工人员随迁子女接受义务教育后在当地参加升学考试工作意见的通知》（国办发〔2012〕46 号）。

② 国务院办公厅：《国务院办公厅转发劳动部等部门关于进一步做好组织民工有序流动工作意见的通知》（国办发〔1997〕42 号）。

③ 劳动和社会保障部办公厅：《关于印发做好农村富余劳动力就业工作意见的通知》（劳社厅发〔2000〕3 号）。

④ 中共中央、国务院：《关于促进农民增加收入若干政策的意见》（中发〔2004〕1 号）。

"农村劳动力转移培训阳光工程"，以公共财政支持开展非农职业技能示范性培训。在多部委强力推动下，"阳光工程"迅速在全国范围内展开。为支持农民工培训的开展，教育部下发了《关于印发〈农村劳动力转移培训计划〉的通知》，广泛动员教育系统资源支持农民工的培训工作[①]。8月，劳动和社会保障部实施了"星火职业技能远程培训项目"，对农民工开展远程培训[②]。根据国家大力发展职业教育的精神，2005年劳动和社会保障部又启动了"农村劳动力技能就业计划"，计划"十一五"期间要对4500万进城务工的农民工开展转移就业前的职业技能培训。在"十一五"开局之年，国家又颁布文件对农民工职业技能培训工作的方法、规模、质量等都做出系统规定，文件还对农民工培训的资金与补贴办法进行了详细安排，要求推广"培训券"做法。[③]

2007年，健全面向全体劳动者的职业教育培训制度被写入党的十七大报告中。2008年，国家正式以法律的形式鼓励开展职业培训，规定了国家、地方各级人民政府在职业技术教育与培训中的责任。同年，国务院又发布了通知，规定"符合条件的进城务工农村劳动者参加职业培训的，可享受职业培训补贴……进城务工农村劳动者通过初次技能鉴定，取得职业资格证书，可享受一次性职业技能鉴定补贴"。[④] 2009年，为应对金融危机对农民工就业的冲击，国务院发布了通知要求实施特别职业培训计划，支持失业农民工参加实用技能和创业培训。[⑤] 5月，国家又对农民工就业技能培训的培训资金、承担技能培训的职业院校和机构的条件进行了规定，[⑥] 使农民工的培训补贴政策更具操作性。2010年，国务院下发了新中国成立以来第一个职业培训工作的专门文件。[⑦] 后来国务院又要求各地

[①]　教育部：《关于印发〈农村劳动力转移培训计划〉的通知》（教职成〔2004〕1号）。

[②]　劳动和社会保障部：《关于实施星火职业技能远程培训项目的通知》（劳社培就司函〔2004〕91号）。

[③]　国务院：《关于做好促进就业工作的通知》（国发〔2008〕5号）。

[④]　同上。

[⑤]　国务院：《关于做好当前经济形势下就业工作的通知》（国发〔2009〕4号）。

[⑥]　人力资源和社会保障部：《关于进一步规范农村劳动者转移就业技能培训工作的通知》（人社部发〔2009〕48号）。

[⑦]　国务院：《关于加强职业培训促进就业的意见》（国发〔2010〕36号）。

将农民工培训工作纳入国民经济和社会发展规划中。①

2011 年实施的"十二五"规划完善了农民工就业培训经费的来源与使用方法，提出通过完善税费减免和各种补贴（如培训补贴、技能鉴定补贴、社会保险补贴等）来促进农民工培训。此外，"十二五"期间还专门实施了许多促进就业的专项规划，提出要健全社会化职业培训网络，建构终身职业培训体系，使城乡劳动者都能得到有针对性的培训。这些规划有不少都涉及农民工群体。此外，促进农民工培训的相关内容在党的十八大报告和十八届三中全会的报告中都有体现。2014 年，人力资源和社会保障部又在全国范围内针对农民工的职业技能培训实施了一项新工程——"春潮计划"，要求充分发挥多元力量的参与，构建劳动者终身职业培训体系，对农民工开展广泛的形式多样的培训。同时，2014 年 6 月开展的职业教育改革也对农民工职业技能的提升具有促进作用，明确提出要充分发挥职业教育对农村剩余劳动力转移就业的导向作用。②

表 1—2　　　　　　　农民工培训政策的制度体系与主要内容

颁布部门与时间(年)	制度名称	内容与举措
国务院办公厅 1997	国务院办公厅转发劳动部等部门关于进一步做好组织民工有序流动工作意见的通知（国办发〔1997〕42 号）	输出地要加强民工输出前的职业技能培训和法制教育
劳动和社会保障部办公厅 2000	关于印发做好农村富余劳动力流动就业工作意见的通知（劳社厅发〔2000〕3 号）	对未能继续升学并准备进城务工的农村初、高中毕业生实行劳动预备制培训

① 国务院办公厅：《关于进一步做好农民工培训工作的指导意见》（国办发〔2010〕11 号）。
② 教育部等六部门：《现代职业教育体系建设规划（2014—2020 年）》（教发〔2014〕6 号）。

颁布部门与时间(年)	制度名称	内容与举措
农业部、劳动保障部、教育部、科技部、建设部、财政部 2003	2003—2010 年全国农民工培训规划	开展引导式培训、职业技能培训、创业培训
中共中央、国务院 2003	关于促进农民增加收入若干政策的意见(中发〔2004〕1 号)	实行定向培训。对接受培训的农民给予一定的补贴和资助
农业部、财政部等 6 部委 2004	"农村劳动力转移培训阳光工程"项目管理办法（试行）	实施"农村劳动力转移培训阳光工程"。以短期的职业技能培训为重点，辅助开展引导性培训，同时开展职业技能培训
劳动和社会保障部 2004	关于实施"星火职业技能远程培训项目"的通知(劳社培就司〔2004〕91 号文件)	以远程教育开展职业技能培训
国务院 2005	国务院关于进一步加强就业再就业工作的通知（国发〔2005〕36 号）	公共就业服务机构对进城求职的农村劳动者要提供免费的职业介绍服务和一次性职业培训补贴
劳动和社会保障部 2005	关于进一步做好职业培训工作的意见（劳社部发〔2005〕28 号）	实施"农村劳动力技能就业计划"；5 年内对 4000 万进城务工的农村劳动者开展职业培训
国务院 2006	国务院关于解决农民工问题的若干意见（国发〔2006〕5 号）	逐步实行城乡平等的就业制度；完善农民工培训补贴办法：对参加培训的农民工给予适当培训费补贴，推广"培训券"等直接补贴的做法，发展订单式培训

续表

颁布部门与时间(年)	制度名称	内容与举措
国务院 2008	关于做好促进就业工作的通知(国发〔2008〕5号)	一次性职业技能鉴定补贴
国务院 2009	关于做好当前经济形势下就业工作的通知(国发〔2009〕4号)	实施特别职业培训计划,支持失业农民工参加实用技能和创业培训
人力资源和社会保障部 2009	关于实施特别职业培训计划的通知（人社部发〔2009〕8号）	对失去工作返乡的农民工开展职业技能培训或创业培训,促进其实现转移就业或返乡创业
国务院 2010	关于加强职业培训促进就业的意见（国发〔2010〕36号）	外出就业技能培训、技能提升培训、劳动预备制培训、创业培训
国务院办公厅 2010	国务院办公厅关于进一步做好农民工培训工作的指导意见（国办发〔2010〕11号）	外出就业技能培训、技能提升培训、劳动预备制培训、创业培训、农村劳动者就地就近转移培训
国务院 2012	关于批转促进就业规划（2011—2015年）的通知(国发〔2012〕6号)	健全面向城乡全体劳动者的职业培训制度;加快构建劳动者终身职业培训体系
国务院 2014	关于进一步做好为农民工服务工作的意见（国发〔2014〕40号）	到2020年,每年开展农民工职业技能培训2000万人次

续表

颁布部门与时间(年)	制度名称	内容与举措
人力资源和社会保障部 2014	关于印发《农民工职业技能提升计划——"春潮行动"实施方案》的通知（人社部发〔2014〕26 号）	开展就业技能培训、岗位技能提升培训、高技能人才培训和创业培训。到 2020 年，力争使每位农民工至少获得一次以上培训

由此可见，通过多年的完善，我国明确了农民工培训的目标，并将培训作为促进农民工就业的主要手段，已初步建立了农民工就业培训的制度体系。农民工的培训政策成为我国农民工就业促进政策的重要组成部分。总体而言，农民工在就业前可以获得劳动预备培训、技能培训、转移就业培训和引导培训，就业后可以获得岗位技能提升培训、高技能人才培训和特别培训，失业后可以获得技能培训与创业培训。可以说，培训覆盖了农民工的就业前、就业中和就业后，基本可以保证农民工顺利就业。农民工自主择业、市场调节就业、政府促进就业新型就业模式正在逐步建立。农民工培训的多元参与工作机制也已初步建立，培训的规模与范围越来越大，也涌现了一批有效的农民工职业培训模式，如民办公助模式、劳务品牌培训模式、送培训下乡模式、创业与技能一体化培训模式、输出地与输入地分工协作培训模式、远程培训模式等。①

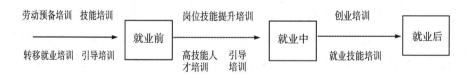

图1—2　农民工培训内容示意图

（三）农民工培训政策的主要问题

农民工培训政策是我国农民工就业促进政策的主要内容。多年来，我

---

① 国务院农民工办课题组：《中国农民工发展研究》，中国劳动社会保障出版社 2013 年版，第 90—92 页。

国已在农民工培训方面投入了巨大的人力、物力和财力，但一些研究成果表明我国农民工就业政策的实施效果并不理想。

首先，从结果上看，已获得培训的农民工比例仍很少。国家流动人口动态监测数据的统计结果显示，2009 年至 2013 年，农民工参加培训的比例都不高。以 2013 年为例，仅有 12.48% 的被访者获得过培训。[①] 低培训率反映出农民工的就业能力低下，只能依靠原有社会关系网络就业。例如，2012 年的流动人口动态监测数据揭示，80.7% 的农民工仍是通过自己原有的社会关系（家人、亲戚、同乡、同学等）而非政府和社会组织来实现就业。[②] 学者的调研也证实了这一结论。例如，张秀兰通过调查发现，目前在岗农民工中没有参加过职业技能培训的比例达到 46.7%，没有专业技术证书的比例达到 61.4%；而且文化程度越低，参加职业技能培训的比例就越低。[③] 一项针对劳务大省的调查也揭示，近三年来参加过政府组织培训的新生代农民工比例不超过 20%，参加过企业组织培训的新生代农民工比例不到 50%。农民工的低培训率说明我国目前对农民工的人力资本投资处于"只见数字不见人"的状态，进展缓慢，效果不佳。培训对农民工就业的促进效应还未发挥出来。

其次，从培训的供给上看，农民工的培训福利仍呈现出供给不足的特征。根据国家的政策设计，农民工培训涉及国家、市场、社会与农民工自身等多个主体。但目前农民工、企业、社会组织（主要是培训机构）等对农民工培训政策均不感冒，参与性不足，使农民工培训呈现出政府"一头热"、企业和农民工个人"两头冷"特征。一方面，政府在提供农民工培训时存在着诸多失灵现象，导致培训福利供给不足、效率不高。虽然我国政府出台了一系列的培训政策，也实施了诸多免费或补贴性培训项目，但相比庞大的农民工数量，政府提供的培训机会依旧不足以满足农民工的培训需求。此外，许多项目的实施结果显示农民工培训具有明显的不平衡特征，不少地区（尤其是在中西部地区）对农民工培训不重视，投

① 杨菊华：《只见数字不见人：流动人口职业培训变动趋势研究》，《山东社会科学》2014 年第 10 期。

② 国家人口和计划生育委员会流动人口服务管理司：《中国流动人口发展报告 2010》，中国人口出版社 2012 年版，第 88 页。

③ 腾兴才：《对农民工培训应提高"瞄准率"》，《中国青年报》2009 年 3 月 9 日第 6 版。

入较少。例如，柳劲松通过对湖北全省77个县区农民工技能培训供给的评估发现，农民工培训的县际差别较大，大部分县区培训供给处在总体平均水平之下。① 加上政府的项目存在着资金管理混乱、培训项目运作机制不健全、运动化和戏剧化特点明显等不足，导致政府对既有培训资源的利用效率不高。另一方面，企业在农民工培训中的积极性不高，为农民工提供的培训机会有限。人力资源和社会保障部职业能力建设司课题组发现，在农民工培训中农民工不参与、企业作用发挥不充分的情况非常明显。企业一方仍未形成对农民工培训的主体意识和责任意识，以企业为载体的农民工培训工作格局尚未形成。特别是在中小企业内，由于能力限制，对技能的要求不高，难以为员工提供有效培训，而中小企业又是农民工的就业主体。两者之间由此产生了不可调和的矛盾。再者，公益性培训的短缺也制约了农民工培训的开展。在我国，由于慈善事业不发达，为农民工提供免费培训服务的社会机构非常稀少。农民工培训主要由职业院校和营利性的社会培训机构供给，它们都需要收取一定费用。收费对农民工参加培训具有门槛效应，将许多低收入农民工排斥在培训之外。另外，农民工家庭和农民工自身对培训的投入不积极。虽然不少研究发现，农民工群体（尤其是新生代农民工群体）的培训意愿非常强烈，但参与度却非常低，对培训的投入热情也很低。有研究发现，在对培训投入的态度上，选择"学费不多的培训就参加"和"免费就参加"的比例占了将近1/3。② 国家、企业、社会与农民工家庭的培训供给不足使农民工难获培训机会。根据人力资源和社会保障部的统计，2013年全年各类职业培训中农民工培训938.4万人次，③ 这一比例仅相当于2.69亿农民工的3.4%。这充分说明了当前农民工的培训呈现出高培训意愿和低培训率的困局，④ 制约了农民工就业技能的提升，使得技能短缺依旧是限制农民工就业的主要因素。

---

① 柳劲松：《农民工技能培训供给的县际非均衡性研究——以湖北77个县区为例》，《湖北社会科学》2014年第5期。

② 胡秀俊：《农民工培训有效供给不足的原因与对策研究》，《求索》2011年第7期。

③ 人力资源和社会保障部：《2013年人力资源和社会保障事业发展统计公报》（http://www.mohrss.gov.cn/SYrlzyhshbzb/zwgk/szrs/ndtjsj/tjgb/201405/t20140529_ 131147. htm）。

④ 和震、李晨：《破解新生代农民工高培训意愿与低培训率的困局——从人力资本特征与企业培训角度分析》，《教育研究》2013年第2期。

再次，从培训政策的执行上看，在农民工培训中，国家、企业、社会等主体之间的关系混乱，尚未建立起多元主体之间的合作关系框架，导致培训过程呈现诸多问题。例如，不少地区出现了政府组织的培训和企业培训难以协同的问题。在许多地方，培训过剩、重复培训的现象非常突出，培训过程中的盲目投资、低水平培训现象时有发生。再如，政府为引导企业和农民工自身参与培训，普遍采取了发放培训补贴的方法。但是在培训资金的使用方面，不少地方发现企业套取补贴资金的现象非常严重。一些地方在资金管理上存在着"跑冒滴漏"现象，导致培训的绩效欠佳。① 虽然各地在培训中探索出了多种模式，如民办公助模式、劳务品牌培训模式、送培训下乡模式、创业和技能一体化培训模式、输出地与输入地分工协作培训模式、远程培训模式等，但总体而言，国家、市场、社会等主体在农民工培训中还欠缺制度化的合作渠道，无法解决合作中所遇到的各种障碍。

　　综合来看，我国的农民工就业政策还存在诸多不完善的地方，难以解决当前农民工所面临的就业问题。虽然国家已初步为农民工群体建立了职业技能提升体系，给农民工提供多种形式的培训福利，但农民工的职业技能水平偏低仍然是制约他们就业的最重要因素，农民工的结构性就业难与就业低质量现象并没有得到明显改观。例如，清华大学和工众网2012年联合发布的报告显示，当前农民工就业的"短工化"现象越来越普遍，农民工在就业方面呈现出水平式的高流动特征。虽然就业"短工化"现象与农民工的就业观念与就业预期相关，但农民工技能的极度缺乏是导致其就业"短工化"的根本原因。② 再如，2008年发生的金融危机导致大量农民工失业返乡后遭遇就业困难。有调查表明，低职业技能和低文化程度是导致返乡农民工未能在家乡顺利就业的第一位和第二位因素。③

---

　　① 赵树凯：《农民工培训的绩效挑战》，《华中师范大学学报》2011年第2期。

　　② 孙维国：《农民工"短工化"只因技能极度缺失》，《南方都市报》2012年2月11日A02版。

　　③ 刘养卉：《返乡农民工职业教育现状调查研究——以甘肃省为例》，《西北农林科技大学学报》2012年第3期。

四　发达国家就业政策的发展趋势与促进就业的主要措施

（一）发达国家就业政策的发展趋势

西方的就业政策大致可分为三个重要阶段，分别为早期的自由市场阶段、凯恩斯国家干预阶段和积极的劳动力市场政策阶段。20 世纪 30 年代以前，西方国家奉行新古典就业理论。该理论建立在萨伊定律基础上，主张依靠市场调节就业，认为供给创造需求。"在资本主义自由竞争制度下，如果工资不是刚性的而是具有弹性的，则根本不会发生真正的失业；只要人们愿意按照现行工资水平受雇于资本家，就都会有工作。"[①] 根据萨伊定律，西方国家普遍认为，失业只是暂时现象，且只存在摩擦性失业和自愿性失业，解决失业或促进就业的办法，关键是要发挥市场调节作用，消除货币工资的刚性，改善公共服务体系，加速就业信息流动，消除摩擦性失业。

20 世纪 30 年代后，西方国家的就业政策转向了国家干预阶段。这一时期，西方国家普遍奉行凯恩斯主义，认为志愿失业和摩擦失业虽存在，但自然失业（周期性失业）是最重要的失业类型，是"有效需求"不足的结果。很明显，自然失业可以通过扩充总需求而得以解决。只要解决了自然失业，也就达到了社会的充分就业状态。因此国家促进就业的关键在于对经济采取干预政策，增加"有效需求"。这一充分就业的思想在西方国家产生了巨大影响。二战后，在建设福利国家的浪潮下，西方国家纷纷将就业权纳入公民的社会权利中，将充分就业作为政府的主要目标。为促成充分就业，福利国家普遍实行需求管理，通过调整各类宏观政策增加就业机会，这些政策涉及财政、货币、税收、信贷、就业保护以及再分配等各方面。由此，以充分就业为代表的就业政策成为福利国家最重要的经济与社会政策。米什拉曾将充分就业与普遍的社会公益服务、最低生活保障一道，作为判断福利国家的三个重要尺度。[②] 从二战后到 20 世纪 70 年代前，虽然福利国家内部在促进充分就业时所运用的政策工具存在差别，有些国家坚持充分就业的目标比较彻底，有些国家在坚持充分就业目标的道

---

① 刘智：《就业理论的演变及其发展》，《云南社会科学》1998 年第 6 期。
② R. 米什拉：《资本主义社会的福利国家》，法律出版社 2003 年版，第 21—22 页。

路上走走停停。但自 20 世纪 60 年代起，出现了国际性的充分就业趋同化现象，各福利国家对调节工具的选择具有惊人的相似之处，普遍侧重发挥国家在解决劳动力就业问题中的作用。

20 世纪 70 年代中期，在经济滞胀和通货膨胀的双层压力下，一度盛行的凯恩斯主义宣告破产。许多经济学家（如弗里德曼）开始关注结构性失业问题，认为失业更多是由于有效需求不足引起，它主要是由劳动力市场作用的不充分和不完善因素所造成的。这种失业有非周期性、技术性和长期性的特征。因此，失业的主要原因在于劳动力市场的流动性障碍对劳动力供给和需求的影响。而促进就业的方法在于实行积极的就业政策。根据该理念，这一时期发达国家普遍采取积极的就业政策，利用综合治理方法促进就业，而抛弃了之前简单强调政府或市场之间的某一面而对就业促进的取向，注重通过多领域的合作来解决失业问题。相应的就业促进手段也由注重宏观转向宏观与微观并重，越来越侧重于劳动力市场的供给管理（如劳动力的自身素质、结构等），提高劳动力市场的流动性与适应性。具体对策包括：建立和完善就业培训、咨询和指导机构，为失业人员提供及时而准确的就业信息；改进和完善失业救济制度和最低工资制度；鼓励劳动力在不同地区、不同行业间顺畅流动；等等。

这一时期的社会政策也在进行改革，福利国家纷纷进行"瘦身"，第三条道路随之兴起。第三条道路主张无责任亦无权利、工作即福利的福利观，注重发展型社会政策的实施，重视对劳动力进行社会投资，增加全社会的人力和社会资本。社会投资的目标是超越以再分配和基于消费形式的、以利益和权利为中心的社会福利，通过对人力资本的投资，增强人们的工作能力。由于第三条道路侧重社会投资，福利国家对失业救助的改革纷纷转向了人力资本投资计划和工作福利计划，通过教育和培训提升人力资本，实现个人的能动性与社会福利结构的重构。这样在就业领域内就出现了经济政策和社会政策合流的趋势，共同关注人力资本投资对就业的影响。

在第三条道路的影响下，发达国家对培训的态度发生了改变，由救济性福利理念转向了工作性福利（workfare）理念。例如，美国早在一战前就已提出要对劳动力进行培训。1931 年美国颁布的《就业稳定法》中就有不少职业培训的内容。但是，在很长一段时期内，美国的培训政策都以挑战贫困为主要目的，救济性福利特征明显。政策覆盖的人群主要是"被遗忘者"（长期生活贫困而没有受到社会各界关注的社会下层人口），包括刚进入就业市场的青年劳工、农民、经济处理不利者（economically disadvantaged）、黑人。① 1973 年美国制定的《全面就业与培训法》将培训与工作福利挂钩，该法案明确指出其目的"旨在向经济贫困者、失业者和就业不足者提供培训和就业机会，保证培训和其他服务有力地促进最大限度的就业，通过建立灵活的、分散的联邦、州和地方计划，增强劳工的自给自足能力"，② 以最大限度促进就业。在英国，2007 年 10 月 26 日，首相布朗在格林威治大学发布的新政府教育施政纲领中明确提出：英国的抱负是建立"世界级"的教育体系，成为全球教育联盟的"领头羊"。其最终目标是使英国每位青少年成功地完成学校教育、在职培训或学徒训练，获得资格证书，向技能型工作过渡；通过受益培训计划（Train to Gain）使成人提高其职业技能水平。根据甘地尔（Gardiner）对工作福利（任何鼓励或促使人们从福利转向有偿工作的政策干预）的定义，以上措施具有明显的从福利到工作的政策特征。

同时，以上措施也具有第三条道路所倡导的能动性政治（generative politics）特征，有助于重新建立福利供给主体与福利接受者之间的平衡。菲尔德曾说，"我想明确指出的一点是：国家和个人责任之间的界限重划并不简单只是一种缩小国家责任的方式，关键的是要在建一个基于组织、政府与个人的伙伴关系的公民社会"③。因此，第三条道路在社会投资时赞同福利多元主义，主张福利供给主体（国家、市场、社会、个人）之间的伙伴式平衡。第三条道路因而经常被描述为"将公共和私有服务提供方式结合在一种新时代的新的伙伴关系之中"。在建构公私伙伴关系的过程中，社会被赋予了很大期望，用以替代和补充国家和市场的失灵。这一观点被吉登斯所赞同，他强调培育一个积极的、强有力的公民社会是第三条道路的基本任务。英国首相布莱尔也曾指出，第三条道路的一个主要政策目标是"一个尊重权利与责任的强有力的公民社会……在此，政府

---

① 梁茂信：《美国人力培训与就业政策》，人民出版社 2006 年版，第 112—117 页。

② U. S. Congress, *Comprehensive Employment and Training Act of 1973*, p. 839.

③ Field, F. Welfare, *The Third Way*, Speech at Victoria and Albert Museum, 24 September, 1997.

是强有力的社会团体的一个伙伴"。① 受第三条道路影响，这一时期对就业问题的解决已经抛弃了之前只注重市场或国家的理念，转而把社会拉进来。体现在劳动力的培训方面，注重发挥三方或多方合作机制（国家、雇主组织和雇员、志愿组织等）的作用，鼓励福利混合经济的发展，同时注意解决多方合作的障碍问题。

（二）发达国家促进就业的主要措施

从 20 世纪 80 年代开始，积极的劳动力市场政策成为发达国家促进就业的主要政策取向。各国在构建这一政策方面做了许多有益尝试。根据经合组织的总结，积极的劳动力市场政策分为四种主要的计划形式：就业培训、就业补贴、求职补助和直接创造机会。这几种形式在每一时期各有侧重，不过，就业培训始终占据主要地位，在促进劳动力的就业过程中发挥重要作用。这一趋势在 90 年代后表现得最为明显。20 世纪 90 年代中后期，由于西欧各国的社会民主党"神奇回归"，一度出现社会民主党在欧盟 15 个成员国中的 13 个国家执政或参与执政的盛况。② 社会民主党人在第三条道路的影响下，将解决就业问题的思路前移，不仅重视社会保障的作用，更注重对劳动力市场的供给改革来促进就业，使就业政策具有发展性。同时，社会民主党人在实施第三条道路时，普遍以法团主义（Korporatismus）为指导。因此在这一时期的就业政策中，福利多元主义得到了更多强调，国家、市场与社会在多个领域的互动与合作得到了加强。社会民主党的政策思路影响了欧盟的就业政策。例如，提升就业能力于 1997 年被确定为欧盟就业战略的四大支柱之一，强调通过培训与再培训、工作实习或其他措施来解决失业问题，将消极福利转变为积极福利。2000 年，欧盟在里斯本召开的首脑会议将解决劳动力的技能差距作为 2010 年就业战略的目标之一。之后，为最大限度地完成该目标，欧盟各国积极与社会力量建立新的契约框架，发展社会合作伙伴关系，运用推广与提供培训、工作实习、训练器材和其他一些形式来提高就业能力的措施和方法。2013 年 4 月，欧盟实施了促进就业一揽子方案，除了继续推动劳动力市场改

---

① 马丁·鲍威尔：《新工党，新福利国家？英国社会政策中的"第三条道路"》，重庆出版社 2010 年版，第 22 页。

② 沃尔夫冈·麦克尔、亚历山大·佩特林、克里斯蒂安·亨克斯：《社会民主党的改革能力——西欧六国社会民主党执政政策比较》，重庆出版集团、重庆出版社 2009 年版，第 4 页。

革，鼓励各成员国减轻对劳动力市场的约束外，另一项重点是对年轻人实施终身教育和培训，对从业人员进行数字化培训。在欧盟的大力推动下，用于培训的公共财政投入占 GDP 的比重维持在高水平。例如，2009 年，欧盟用于劳动力培训的公共财政投入占 GDP 的 0.18%，其中芬兰所占比重最高，达到 1.81%；其次为法国（0.36%）、德国（0.35%）、丹麦（0.3%）。①

表 1—3　　　部分欧盟国家各项目投入占积极劳动力市场政策总投入的比例

（单位：%）

项目\国家	公共就业服务和管理		劳动力市场培训		工作创造	
	1986—1999	2001—2004	1986—1999	2001—2004	1986—1999	2001—2004
丹麦	0.1	0.21	0.47	0.57	0.22	——
芬兰	0.12	0.14	0.33	0.35	0.51	0.1
法国	0.2	0.25	0.43	0.31	0.24	0.38
德国	0.25	0.28	0.37	0.44	0.33	0.15
意大利	0.16	——	0.03	0.23	0.35	0.04
荷兰	0.31	0.3	0.45	0.62	0.2	0.25
瑞典	0.18	0.25	0.42	0.49	0.31	——
英国	0.49	0.35	0.31	0.13	0.19	0.02
EU 水平	0.25	——	0.27	——	0.34	——
澳大利亚	0.42	0.19	0.19	0.04	0.35	0.09
加拿大	0.4	0.18	0.49	0.13	0.08	0.02
美国	0.39	0.04	0.37	0.06	0.06	0.01

资料来源：OECD Employment Outlook，1987—2005。

　　在欧盟影响下，各成员国纷纷制订了积极就业方案。英国从 20 世纪 70 年代起，就业培训就是积极劳动力市场政策的一个重要方面。1998 年，新当选的英国工党政府开始推行积极劳动力市场政策，实施了一项针对青年人培训的新政计划，其目的在于给失业青年提供就业机会和就业培训，也包含降

---

① OECD, *OECD Employment Outlook* 2011 （http：//www. oecd - ilibrary. org/employment/oecd - employment - outlook - 2011_ empl_ outlook - 2011 - en）.

低招聘费用、减少雇主歧视、提高青年人的工作技能、经验、资格、动力、自尊和求职技巧等目标。1997—2002 年间，政府计划投入青年人员新政的预算经费为 14.8 亿英镑。新政的主要特点是所有参加者首先加入新政的初始入门阶段，这个阶段可持续 4 个月（在此期间他们仍然可以得到求职补贴），内容包括全面咨询、建议、指导和培训，注重求职技能的提升以及影响参加者就业能力的个人问题。① 在新政的实施过程中，伙伴关系的应用非常广泛，当地雇主、企业、培训提供机构、培训与企业委员会、就业中心、环保团体、志愿组织及其他机构等都被纳入其中。

表 1—4　　　　　　　　　　英国积极劳动市场政策的趋势

创造就业/			
就业补贴			
——→			
就业培训			
	就业培训		
	——→		
	求职补助		
		求职补助	
		——→	
		救济水平改变	
			创造就业补贴
			——→
			求职与培训
20 世纪 70 年代	20 世纪 80 年代	20 世纪 90 年代	1999 年

注：主导政策
　　——→ 。
　　辅助政策

瑞典一直以强调劳动力市场的培训对就业促进的作用而著称。在 1976 年，瑞典劳动管理部门花在失业救济方面的经费只占它的全部经费开支的 18%，用于再培训计划的经费占 27%。② 1986—1989 年，在瑞典，

---

① 帕特丽夏·威纳尔特：《就业能力——从理论到实践》，中国劳动社会保障出版社 2004 年版，第 93—94 页。

② 毛立言：《世界主要国家劳动就业政策概观》，中国大百科全书出版社 1995 年版，第 121 页。

42% 的积极劳动力市场政策支出集中在培训项目上，而欧盟的平均水平为 27%；2001—2004 年，瑞典的这一数值更是上升至 49%。1997 年 1 月 1 日，瑞典推行了全国成人教育推广项目（Kunskapslyftet），其目标群体为没有完成高中教育的文化水平较低的失业者和就业者。1997—2000 年，中央财政每年提供约 36 亿瑞典克朗用于该项目。在项目实施的过程中，乡镇可以自由地选择伙伴关系（私人机构或者劳动力市场管理机构）。①以灵活劳动力市场政策著称的荷兰在促进劳动力就业的进程中采取的措施包括减少税收和社会保障费，减少雇佣长期失业者和其他脆弱工人的雇主的税楔，并启动了就业服务三方活动以促进就业。② 1991 年 1 月 1 日，荷兰实施了一项就业服务法，侧重从三方合作的角度来促进劳动力就业，该法要求劳方、资方和政府三方共同参与就业服务。私营的职业介绍机构和临时工介绍机构都可以提供职业介绍、工作安置等方面的活动。1996 年 1 月 1 日，荷兰又实施了《减少所得税税额与人民保险津贴法》，规定一个雇主如果雇佣一位失业一年以上的工人，而这位工人的工资达到最低工资的 130%，则雇主可以在 4 年内不用缴纳任何社会保障费。

　　由于德国的产业结构以制造业为主，德国一直非常重视发挥职业教育对劳动力就业的影响，并将之作为主动劳动力市场政策的重要内容。自 1969 年之后，德国对主动劳动力市场政策的重视远超过被动劳动力市场政策。1969 年的《就业促进法》对参加培训人员的生活待遇做了具体规定，至 1981 年《职业培训促进法》颁布后，德国的职业培训体系变得更加完整。德国的职业培训实行企业内部技术培训和职业学校专业技术学习相结合的双轨制。其中职业技术培训是职前培训，劳动者在就业前必须参加。③ 在费用方面，企业培训费用由企业负担，职业技术培训的费用由州政府负担，通过二者的合作来提升劳动力就业能力。1988 年德国实施了"1501 工程"，通过国家出资，由社会公益公司负责解决青年失业问题并提供职业培训。具体做法是：由劳动部门和社会公益公司将失业青年推荐

　　① 沃尔夫冈·麦克尔、亚历山大·佩特林、克里斯蒂安·亨克斯：《社会民主党的改革能力——西欧六国社会民主党执政政策比较》，重庆出版集团、重庆出版社 2009 年版，第 216 页。

　　② 耶勒·费舍、安东·黑姆耶克：《荷兰的奇迹：荷兰的就业增加、福利改革、法团主义》，重庆出版社 2008 年版，第 171 页。

　　③ 丁建定：《德国就业保障与就业促进政策》，《中国社会保障》2005 年第 5 期。

给用人单位，第一年工资由公益公司代表国家支付；第二年国家支付75%；第三年国家和企业各支付一半。在波兰，自20世纪90年代起，对失业人员进行培训和教育就被定义为积极劳动力市场政策的基本形式，也被认为是一种有助于减缓地方劳动力市场供求不平衡的有效工具。在培训的过程中，合作机构和地方劳动部门发挥着重要作用。在某些情况下，教育和培训课程要根据雇主、求职者和劳动部门三方的协议进行。

表1—5　　　　　　　　德国主动和被动劳动力市场政策的内容

主动劳动力市场政策		
针对劳动力市场平衡的政策	针对工作岗位和劳动力供给的政策	针对工作条件的政策
工作介绍	创造就业措施（ABM）	劳动保护
职业咨询	短期工作补贴	母亲保护
▲转岗培训和帮助	鼓励妇女就业	青少年劳动保护
再就业补贴	▲职业培训计划	解雇保护
接受标准规则		工作时间规定
被动劳动力市场政策		
失业补助金		
失业救济金		
恶劣天气补贴		

资料来源：转引自陈凌：《德国劳动力市场与就业政策研究》，中国劳动社会保障出版社2000年版，第91页。

在偏自由主义社会政策的美国，对就业的劳动力培训也相当重视。早在1962年，美国就颁布了《人力开发和培训法》，这标志着美国就业促进政策的改变。之后，政府通过提供职业培训干预就业市场成为促进就业的主要方式。后来美国政府又颁布了一系列与培训相关的法律①，建立起了完善的劳动力培训政策。1982年，美国颁布了《岗位培训伙伴关系法》，倡导政府与私有企业之间建立双重伙伴关系。克林顿上台后，对该

---

① 其他法律如1961年《地区再开发法》和1964年《经济机会法》，参见高嵩：《美国社会经济转型时期的就业与培训政策（1945—1968）》，人民出版社2011年版，第1页。

法案进行了修正，增加了几点内容，包括：①加大对"难以就业者"的培训力度，凡参加这个项目的人，可以参加基础课程培训、英语培训、课堂培训、岗位培训、技术水平评估、工作经验与就业再培训等服务；②在已有基础上成立"一站式"职业服务中心，为各类劳工提供培训和就业中介服务；③对那些因企业关闭或搬迁而失业的劳工进行培训等。①

2008 年全球金融危机之后，积极的劳动力市场政策更是受到青睐。几乎所有的 G20 国家领导人都支持稳健的劳动培训系统建设以回应经济增长和全球化的需求。他们纷纷为劳动力技能增长建立起策略性框架、培训政策和系统。其基石是要使劳动力具备适当的、娴熟的工作能力，其内容包括：以高质量的教育作为未来培训的基础；技能供给与企业和劳动力市场的需求相匹配；给劳动者和企业增能使其能根据生产计划和市场的变化进行相应调整；提前为未来的技术需求做准备等。② 受此影响，投资全体员工的技能培训成为 G20 国家共同的目标。印度在 2009 年公布了雄心勃勃的国家技能发展政策。拉美国家普遍实行积极的劳动力市场政策，将失业保险和培训以及就业保护结合起来。例如哥伦比亚推行了"国家学徒服务计划"（National Apprenticeship Service），将资源投资于青年"公共安全"培训课程。该计划的目标在于使技艺培训岗位的数量翻一倍，在城市地区为那些生活在赤贫线以下的 16—26 岁失业者提供 25 万个新增岗位，预算资金为 1.3 亿美元。③ 西班牙政府实施了《2013—2016 青年创业和就业战略计划》，该计划包括一系列的短期措施和长期措施，其中向雇佣青年员工的企业和个体工商户提供激励措施被当作短期措施之一，而帮助青年人获得更好的教育和培训，成为长期措施之一。

由此可见，世界各国促进就业的主要方向，在内容上已不仅仅关注劳动力的供给、需求与劳动力市场的性质等，转而开始注重对人力资本进行投资和培训，通过提升劳动者技能来促进就业；在主体上已经脱离了之前只注重政府或市场作用的二分阶段，更加注重发挥国家、市场、社会、个人等多元主体的力量。这些经验对我国农民工就业问题的解决具有一定的

---

① 梁茂信：《美国人力培训与就业政策》，人民出版社 2006 年版，第 331 页。

② International Labour Office，A Skilled Workforce for Strong, Sustainable and Balanced Growth：A G20 Training Strategy（http：//www. skillsforemployment. org/KSP/en/index. htm）.

③ 张勇：《拉美劳动力流动与就业研究》，当代世界出版社 2010 年版，第 291 页。

启示价值。

第二节　研究问题

　　针对我国农民工面临着严峻的结构性就业难的形势，结合国外其他国家解决就业问题的经验，对农民工进行培训是当前及未来一段时间内我国促进农民工就业的主要方式。这业已成为我国农民工就业政策的重要内容。但农民工的培训涉及多元主体（政府、市场、社会、个人等）的关系问题，需要解决谁来投资、谁来培训的问题，需要解决投资主体与用人单位之间的协调问题，等等。同时，根据福利多元主义观点，多元主体的关系具有不同的组合形态，它们势必会对劳动力的投资结果产生影响。我国已初步建立起了农民工培训体系，根据国家规划，未来我国还要形成市场引导、政府支持、多元合作的农民工培训体制。但从目前有关政策的实行情况看，农民工培训中的多元主体之间的合作存在着不少问题。一方面，已开展的合作项目存在着政府失灵和市场失灵的情况。例如，作为市场一方的企业参与意愿弱，不重视农民工的培训，作为农民工培训的主体意识和责任意识还未形成。[①] 而政府也存在着缺位、越位和错位的情况。例如，政府在农民工培训的法律和市场机制方面存在着缺位，而在直接参加培训和编写教材方面存在越位。[②] 政府的角色混乱导致培训效率不高、政策执行不力、形式主义严重、培训资源浪费等。另一方面，政府、企业与培训机构等主体之间存在着不衔接、不协同问题。体现在政策之间缺乏协调、农民工就业培训市场供求关系失衡、政府组织的培训缺乏针对性和实效性，不能满足市场需求等方面。政府、企业、农民工、培训机构等主体的目标与行动的差别，大大影响了农民工的培训效果。最后，还存在着农民工对培训不感兴趣的情况。农民工的保守心态、培训费用过高、缺乏就业准入门槛、培训项目与市场脱节等都影响了农民工的参与，使农民工在培训的态度方面呈现出高参与意愿与低参与率并存的特征。

---

　　① 和震、李晨：《破解新生代农民工高培训意愿与低培训率的困局——从人力资本特征与企业培训角度分析》，《教育研究》2013 年第 2 期。

　　② 梁栩凌、王春稍：《缺位或越位：农民工培训中的政府角色研究》，《经济问题》2014 年第 9 期。

总之，农民工和企业对农民工技能培训的参与意愿低与政府的重视存在着悖论，因此要增进农民工培训的效率，发挥培训对农民工就业的促进作用，必须解决好国家、市场、社会的合作问题，消除多元主体间合作过程中可能存在的障碍。

对于就业领域的多元合作问题，经济学的研究虽有涉及，但更多侧重于从政府与市场的角度进行研究，而未涉及社会一方。社会政策一直较为关注国家、市场与社会的关系。在社会政策的不同时期，国家、市场与社会之间有着不同的内涵及其组合，形成了不同的福利体制。对此，安德森用"非商品化"概念概括出了三种福利制度，分别为自由主义（以美国为代表）、保守主义（以德国为代表）和社会民主主义（以瑞典为代表）。20世纪90年代针对东亚福利体制的一些研究也表明，福利的组合还受到社会文化的影响。在西方国家的劳动力投资政策方面，受第三条道路的影响，公私伙伴关系一直被强调，其主要形式是委托代理关系。但是这种关系形态需要有一定的社会文化基础，如发达的公民社会，政府权力界限分明等。同时，西方国家在劳动力培训的实施过程中，发现公私伙伴关系也存在着问题。许多研究社会政策的学者发现，在欧洲各国的社会投资计划中，不少劳动者参加培训并不是为了提升技能，而是为了获取救助。[①] 而企业由于自身偏好，存在着兴趣不高问题，所开发出来的岗位质量也参差不齐。在斯堪的纳维亚，为了维持充分就业目标，政府被迫大量雇佣女性，常年不在岗的雇员占很大比重。此外，许多持马克思主义视角的学者发现，社会投资计划没有考虑外部因素的影响。例如，单纯的人力资本的提升并不能满足劳动力市场的需求，在经济不增长、就业岗位不增加的情况下，技能培训并不能解决就业问题。因此，他们呼吁要重新审视国家、市场与社会在就业中的关系。由于积极的劳动力市场就业政策是发展型社会政策的重要内容之一，以上不足也促使学界开始质疑发展型社会政策的效果。针对以上要求，传统的国家与社会关系理论、法团主义理论等都难具有解释力，需要建立新的合作理论分析框架。

20世纪80年代末90年代初，在社会政策领域兴起了一个福利三

---

① Hakan Regner, A Nonexperimental Evaluation of Training Programs for the Unemployed in Sweden, *Labour Economics*, Vol. 9, No. 2, April 2002.

角分析框架，其代表人物伊瓦斯（Evers）在借鉴罗斯的多元福利组合理论的基础上，将国家、市场与社会放入文化、经济和社会背景中来分析，三者共同组成了一个福利的整体，也即福利三角。同时伊瓦斯还将国家、市场与社会具体化，认为市场对应的是正式组织，体现的价值是选择与自主；国家对应的是公共组织，体现平等和保障的价值；家庭对应的是非正式的私人组织，体现的是团结和共有的价值。三者相互合作、相互支持、彼此互补，保持着平衡，当一方的福利供给存在缺陷或不足时，另外两方可以替代。[①] 通过将国家、市场与社会整合进一个三角框架，伊瓦斯很好地建立起了分析国家、市场与社会的互动与合作分析框架。后来，一些学者在伊瓦斯基础上，借鉴福利多元主义观点，提出福利三角也有不同的关系组合，这些组合受社会文化特征的影响，三角之间的平衡、支持、互补等状态的达成需要一些条件，还会有一些风险。[②] 福利三角分析框架的提出对分析就业领域内国家、市场与社会的合作具有重要意义，同时也提示需要加强对福利三角之间的关系研究。

　　鉴于此，本研究从福利三角的视角出发，将研究主题聚焦于农民工就业促进中的国家、市场与社会的关系互动。研究的问题是：现阶段福利三角中的国家、市场与社会的关系状况是如何形成的，它会对新生代农民工就业促进产生何种影响？这一问题又可分解成以下问题：当前农民工就业领域福利三角的关系组合现状如何？这一关系组合现状对农民工的就业促进产生了何种影响？在三者的互动关系中，阻碍三者合作的主要因素是什么？这些合作因素形成的结构性原因是什么？如何以制度化的方式建构起国家、市场与社会在农民工培训方面的合作关系，以促进农民工的就业？

①　Evers, A. & H. Wintersberger, *Shifts in the Welfare Mix*: *Their Impact on Work*, *Social Services and Welfare policies*, Frankfurt am Main; Capus Verlag; Boulder, Colorado; Westview Press, 1990, pp. 12—17.

②　参见约翰逊和伊瓦斯等人的论述。Johnson, N., *The Privatization of Welfare*, *Social Policy & Administration*, 1989 (1). Evers, A., *Part of the Welfare Mix*: the Third Sector as an Intermediate Area, *International Journal of Voluntary and Nonprofit Organizations*, Vol. 6, No. 2, June 1995.

第三节　研究意义

中国的农民工就业促进政策正处于由非正式部门加市场步入到国家、市场、社会的多元合作治理时期。随着国家对积极就业政策的强调，对农民工群体所开展的培训也越来越多，方法也越来越多元化。通过从福利三角理论出发，研究国家、市场与社会的合作对农民工就业促进的影响，探讨其合作框架，可以为未来国家、市场与社会的关系提供新的经验，甚至延伸出新的理论；同时还有利于解决农民工的就业难问题。具体而言，本研究将有以下理论和实践意义。

一　理论意义

第一，能促进我国经济政策和就业政策的融合。就业兼具经济与社会双重意义。之前对就业的研究，主要集中在经济学领域，不论是自由主义还是凯恩斯的国家干预政策，抑或20世纪80年代后兴起的工作搜寻理论、人力资本理论等，都具有强烈的市场取向特征。因此，在很长一段时期内，关于就业问题的解决主要采用经济政策的方法。但是，20世纪70年代发展型社会政策与社会投资计划的兴起，使学界更加侧重从社会政策视角来促进就业。国外的经验表明，就业领域中经济政策与社会政策的融合是一个难点。在我国，随着适度普惠型福利体系建设的不断深入，对经济政策与社会政策的融合的要求越来越高。但是我国的社会政策一直处于弱势地位，从属于经济政策，社会政策对经济的贡献未完全发挥出来。由于就业具有经济和社会双重意义，之前我国对就业的促进，主要是以经济手段为主，对社会政策在就业促进中的功能不太关注。因此，本研究从社会政策关于人力资本投资的角度来研究就业促进，能够改变之前侧重从再分配的视角研究就业促进的研究取向，促进社会政策与经济政策的融合。同时，研究以国家、市场和社会在农民工就业促进中的合作问题为焦点，注重找出影响三者合作的结构和制度障碍，并使之解决，可以为我国经济政策和社会政策的融合提供借鉴，解除经济政策和社会政策对各自的限制，找寻出二者相互促进的机制。

第二，能补充和完善福利三角理论。伊瓦斯在提出福利三角理论时，假设福利三角各主体的行动是按照自身的组织特征和社会经济文化的期待进行，因而三角之间是相互合作、相互支持与互补的平衡关系，虽然他看到了福利三角的不同动机对三角关系的影响，但是他并没有深入研究各种现实因素对国家、市场与社会行动的影响，这些因素会使福利三角各主体的行动偏离之前的假定，而呈现出关系失调状态。此外，伊瓦斯也未能指出福利三角的不同关系组合在不同的领域和人群中的分布状态，也即传统的福利三角理论未能指出福利三角对外部环境的影响。本研究在研究福利三角的关系时，结合国家的角色进行分析，深入研究农民工就业促进中阻碍三角之间合作的因素，将能在理论上对福利三角理论框架进行补充。再者，之前对福利三角与就业的研究中，研究主题主要集中于社会排斥方面，即研究福利三角对就业的阻碍作用，例如彭华民教授对天津新贫困社群的研究就是这方面的典型。而本研究将研究的焦点集中于福利三角对农民工人力资本投资的影响上，研究福利三角对农民工的就业促进作用，这将大大拓展福利三角的应用范围，增强其应用性。

第三，本研究还对福利治理理论具有补充作用。目前我国正致力于完善国家治理体系，需要适合中国国情的治理理论指导。治理理论也主张国家、市场与社会的合作，但这种合作关系需嵌入到更为广阔的文化、政治、经济和社会背景中。西方国家虽然在合作治理方面积累了许多经验，也形成了不少理论成果。但是这些经验与成果并未与我国的实际情况相适应。因此，从社会政策的视角出发，研究农民工就业促进中的国家、市场与社会的关系，找出影响三者合作的主要障碍，有利于补充福利领域内治理理论的不足，为治理理论增加中国经验。

第四，对发展型社会政策和福利多元主义理论具有一定的补充作用。许多学者认为，发展型社会政策由于倡导福利责任和义务的平衡，有助于推动我国适度普惠型福利体制的建设。目前国家、市场与社会在劳动力技能提升中的合作困境已经引发学者开始质疑发展型社会政策和福利多元主义理论。因此，本研究在吸收以上质疑的基础上，以中国农民工领域的培训政策实践对国家、市场与社会的合作展开研究，通过研究三者合作困境形成的结构性原因，结合我国实际情况提出有利于三者合作的政策框架，促进企业和社会有效参与到农民工的就业培训中来，将有利于完善发展型社会政策和福利多元主义。

二 实践意义

由于就业与民生相关，因此促进就业具有外溢性，有利于创造社会价值。

第一，有利于提升农民工就业能力，促进农民工的就业，实现积极的就业政策目标。当前农民工所面临的就业问题主要由结构性因素引起，毫无疑问，之前完全由市场主导的农民工就业模式已无力解决这一问题，需要综合运用多种手段共同促进农民工转移就业。就当前而言，迫切需要国家和社会介入，通过三者的合力共同促进农民工就业。同时，根据相关要求，至 2020 年我国要引导约 1 亿人在中西部地区就近城镇化，推动农民工转移就业规模持续扩大。要达到此目的，更需加大对农民工就业的支持。而以农民工就业中的国家、市场与社会的合作为研究主题，研究三者在农民工人力资本提升中的合作关系，将能有利于提升农民工就业培训的效果，增进农民工的就业能力。此外，还有助于帮助国家、市场与社会明了各自在农民工就业中的角色与责任，在此基础上所建构起三者的合作机制可以为国家的改革提供思路，这些都将直接促进农民工就业，提升农民工的就业质量，为农民工就业难问题的解决提供思路。

第二，有利于推进农民工的市民化进程，帮助农民工更好地实现城市融合。在农民工市民化的诸多层面（职业、社会身份、自身素质和意识行为等）中，就业起着重要作用。就业是农民工在城市中获取新的社会身份、正常参与城市生活、进行社会交往、积累社会资本和经济资本、实现社会流动的重要渠道。吉姆·克里夫顿曾指出，"能不能有一个好工作，决定着每个人和他所生活的城市、所依属的国家，以及和整个世界的关系"。[1] 因此，许多学者将农民工就业作为农民工市民化和城市融入的重要指标。很明显，以农民工就业促进为研究主题，研究福利三角对农民工的就业促进作用，将有利于提升农民工的就业质量，大大促进农民工的市民化进程，加快农民工的城市融入。

第三，有助于提升我国目前各项有利于促进农民工就业工程的实施效

---

[1] 吉姆·克里夫顿：《盖洛普写给中国官员的书》，中国青年出版社 2012 年版，第 18—19 页。

率。2003 年以来，我国实施了一系列有利于促进农民工就业的工程和计划，如"农村劳动力转移培训计划""阳光工程""星火计划""雨露计划""建筑业农民工技能培训示范工程"等。根据人社部安排，从 2014年起，我国将重点推进"春潮工程"，至 2020 年力争使新进入人力资源市场的农村转移就业劳动者都有机会接受一次相应的就业技能培训；力争使企业技能岗位的农村转移就业劳动者得到一次岗位技能提升培训或高技能人才培训。如此庞大的工程实施需要国家、市场与社会的良好合作。而本研究通过研究三者的合作模式所提出的三者关系的优化路径，将会大大促进各类农民工培训项目的实施，增进农民工培训政策的实施绩效。

第四，有利于促进新型城镇化建设。在我国，农民工转移就业与城市化是一体两面的关系。农民工进城就业是城市人口增加的主要原因。新型城镇化是我国未来的发展方向，它要达到大、中、小城市协调发展的目标，需要合理引导农民工的流动。对中、小城市而言，要增加对农民工的吸引力，除了需"以产留人"外，还需通过完善的就业服务来帮助农民工就业。本研究通过研究国家、市场与社会在农民工就业中的合作路径与合作机制，将为中、小城市农民工就业政策的制定提供借鉴，有利于各类中、小城市制定适用的农民工就业服务政策，增进中、小城市对农民工的吸引力，促进广大中、小城市的均衡发展，进而推进新型城镇化建设。

本章小结：我国农民工的就业形势严峻，不少农民工不能实现顺利就业，就业稳定性差，此种就业特征不能满足新生代农民工的需求。造成农民工就业难的主要原因在于农民工普遍文化水平不高、缺乏职业技能、就业能力差。虽然我国已在农民工培训方面建立了较为完整的政策体系，但我国现有农民工就业政策对农民工就业的促进效果还十分有限。一方面，农民工的培训福利仍呈现出供给不足的特征，已获得培训的农民工比例仍很少；另一方面，国家、企业、社会等主体在农民工培训中的关系混乱，尚未建立起多元主体之间的合作关系框架，大大制约了农民工培训的开展。在发达国家，自 20 世纪 60 年代以来，就业促进的重点落在了积极的劳动力市场政策上，由此出现了经济政策与社会政策合流的趋势。发达国家对培训的态度也由救济性福利理念转向了工作性福利，并抛弃了之前只注重市场或国家一方的理念，转而把社会因素考虑进来。在此背景下，通过培训来提升劳动力者就业能力以促进就业已成为欧盟各国及其他发达国家共同的做法，并取得了积极效果。受以上观点启发，本研究将主题聚焦于促进农民工就业中的国家、市场与社会的关系互动上，将研究的问题设定为"现阶段福利三角中的国家、市场与社会的关系状况是如何形成的，它会对新生代农民工就业促进产生何种影响"。本研究认为，这一问题在理论上能促进我国经济政策和就业政策的融合，补充和完善福利三角理论及福利治理理论；在实践上有利于提升农民工的就业能力，推进农民工的市民化进程，促进农民工各类就业工程的实施效率和新型城镇化建设。

第二章　文献综述

第一节　福利三角中的国家、市场与社会

一　福利三角的产生背景与内涵

个人福利与国家、市场、社会的关系是社会政策的重要主题。在该主题方面，福利多元主义形成了非常具有特色的分析。该理论在反对第二次世界大战后西方国家的福利全部由国家提供的福利模式的基础上，着重以国家、市场与社会在福利供给方面的合作问题为分析对象。这一分析思路的初衷是通过扩充福利的来源减轻福利国家的负担。因此在 20 世纪 70 年代后，福利国家出现了严重危机，如失去合法化、政府的失败、政府过度负荷、经济危机等。特别是政府过度负荷问题，在很多福利国家都有显现。为此，学者们主张在国家之外，引入了家庭、社会组织、市场等力量来充当福利的供给主体。由此使福利混合经济盛行。

1986 年，罗斯从福利供给的主体角度对福利多元主义进行了详细剖析。他提出市场、国家和家庭三个部门在社会中提供的福利总和即社会总福利。一个福利部门的减弱并不必然意味着福利的净损失。市场、国家和家庭作为单独的福利提供者都存在一定的缺陷，三者间相互补偿、此消彼长，一方的增长对其他方的贡献具有替代性。[1] 罗斯的论断开启了福利多元主义的三分法。福利多元主义主张社会福利由多部门承担，政府不再是福利供给的唯一渠道，福利的提供也变得更具多样化和竞争性。正因为

---

[1] Rose, R., Common Goals But Different Roles: The State's Contribution to the Welfare Mix, In Rose R. & R. Shiratori, et al., *The Welfare State East and West*, Oxford University Press, New York, 1986, pp. 13—14.

此，福利多元主义有时候也被称为福利混合经济（welfare mix）。同时，罗斯关于国家、市场与社会在福利供给中的替代性关系论断有助于区分国家福利与社会福利的关系，要求重新分配各种福利提供者之间的功能。这一观点正切合了福利国家的收缩趋势。

后来，德国学者伊瓦斯（Evers）发展了罗斯的框架，提出了福利三角范式。伊瓦斯在批评了罗斯的福利混合理论基础上，认为福利混合必须考虑不同参与者之间的参与动机（如个人利益与团结，自利与利他）等。因此，他将三角中的三方具体化为对应的组织、价值和相应的福利制度，并将之纳入特定的文化、经济、社会和政治的背景中分析。市场对应的是正式组织，体现的价值是选择和自主，提供就业福利；国家对应的是公共组织，体现的价值是平等和保障，通过正规的社会福利制度将社会资源再分配；家庭对应的是非正式/私人组织，体现的价值是团结和共有，它是非正规福利的核心。[①] 伊瓦斯的福利三角理论在罗斯的理论基础上有所进步。他不仅继承了罗斯关于国家、市场和社会共同组成福利总体的思想，而且还指出了三角之间的互动关系，认为三者互动的基础是三角各自所提供的福利产品及各自所代表的价值观。伊瓦斯认为，福利三角框架可以很好地反映国家、市场、社会在工作、社会福利等领域的关系。福利三角具体关系模式详见图 2-1。

在伊瓦斯之后，一些学者（也包括伊瓦斯本人）对福利三角不同关系的组合模式以及所造成的影响进行了细化。例如，约翰逊（Johnson）和吉尔伯特（Gilbert）等人在福利三角中增加了志愿组织或民间社会，[②]这样就产生了福利多元主义的四分法。此外，还有一些学者对福利三角的关系进行了细化。例如，阿布瑞汉森将福利三角演化成提供权力的国家、提供财源的市场和提供团结的市民社会的组合。杜非认为国家一角提供保障和被动性，市场一角提供机会和风险，市民社会一角提供团结和分离，

---

① Evers, A. & H. Wintersberger, *Shifts in the Welfare Mix*: *Their Impact on Work*, *Social Services and Welfare Policies*, Frankfurt am Main; Capus Verlag; Boulder, Colorado; Westview Press, 1990, pp. 12—17.

② Johnson, N., The Privatization of Welfare, *Social Policy & Administration*, Vol. 23, No. 1, May 1989.

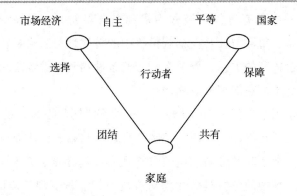

图 2—1　伊瓦斯的福利三角框架

由此组成一个分析社会排斥和社会融合的福利三角。[①]

二　福利三角的反思与发展

福利三角理论出现后，赞扬声与批评声并存。在赞同者看来，福利三角理论作为福利多元主义理论的一种类型，揭示了参与服务供给的不同主体之间的角色和责任。为使该理论更具有应用性，一些学者对其进行了补充和思考，这些思考主要是从福利混合的角度集中考虑福利三角的整合与协同的影响因素及促进方法。伊瓦斯后来补充到，除价值观因素外，工作机会与社会服务供给中的规制与再规制是影响福利三角整合的主要变量。伊凡（Ivan Svetlik）借鉴卢曼的多层规制（plural regulation）概念来分析三者的关系，他认为这一概念与新合作主义非常相似，他将中心化和去中心化、多元与一元的维度区分了四种规制的类型，分别为自我规制、新合作主义、去中心化与国家中心主义、中心化与国家中心主义模式。[②] 通过讨论规制的类型，伊凡提醒我们要注意国家规制对福利多元主体的影响。

福利多元主义产生后，有些研究认为福利多元不能仅局限于制度供给上，还要体现在福利传递上。因此，一些学者研究了福利三角的协同问题，认为福利的传递会影响到福利三角间的协同。例如，约翰逊提出，实

---

① 彭华民：《福利三角：一个社会政策的分析范式》，《社会学研究》2006 年第 4 期。

② Ivan Svetlik, *Regulation of the Plural and Mixed Welfare System*, In Evers, A. &I. Svetlik, *Balancing Pluralism: New Welfare Mixes in Care for the Elderly*, Brookfield: Ashgate Publishing Compa-ny, 1990, pp. 41—45.

现福利多元主义的最佳途径是分权和参与。① 分权强调社会保障可以由政府、营利组织、非营利组织、家庭和社区共同承担，政府应当成为社会保障服务的仲裁者与管理者，同时引导与促使其他部门从事社会保障的供给；参与强调非政府组织参与福利服务的提供或规划，福利消费者也可以和福利提供者共同参与决策。这些对策非常容易与新公共管理理论和治理理论相结合。例如，20 世纪末出现的网络式治理模式也主张治理主体之间的协同。通过政府的治理理念与角色的转换，可以带来多元主体之间的平衡。因此，新公共管理的相关理论有助于完善福利三角理论。福利传递的一个重要体现是资金的传递。一些学者也研究了资金传递对福利三角整合的影响。例如，安德森研究了荷兰等国的灵活就业模式的原因，发现政府向企业购买就业服务的模式对底层人群的就业促进效果大于政府直接雇佣模式，通过资金在三者间的流动可以实现福利三角的和谐。因此，规制与福利资金的流动是影响福利三角关系及其效果的重要变量。

当然，对福利三角的批评声音也有很多。这些批评主要集中在福利三角的组合变化与社会经济文化背景的关系、关系维度与福利三角的风险等方面。在福利三角的组合变化方面，哈格（Hage）批评到，虽然福利三角框架倡导将福利三方纳入特定的文化、经济、社会和政治的背景中去分析，但是这种纳入是不彻底的，它不能解释为什么特定的福利混合模式会在特定的历史背景下发生。② 例如，即使是在国家控制居于中心地位的社会中，第三部门或志愿组织仍然能够发挥着比较重要的作用。玛丽（Mary Ruggle）批评到，福利三角关于福利混合的关系仍然停留在经验领域而未在宏观上理论化。③ 其最主要的问题是未在理论上说明如何将国家和非正式部门之间的关系制度化，并且对福利混合的社会后果太过悲观。这点也引起了伊瓦斯本人的注意。伊瓦斯自己后来也补充到，对福利三角的研究要积极关注代理机构、代理机构的旨趣以及供给者的结构形态和移动，

① Johnson, N., The Privatization of Welfare, *Social Policy & Administration*, Vol. 23, No. 1, May 1989.

② Hage, J., Review, *American Journal of Sociology*, Vol. 97, No. 5, March 1992.

③ Ruggie, M., Review, *Contemporary Sociology*, Vol. 21, No. 1, January 1992.

同时要注意制度化的合作和混合的危险。①

在关系维度方面，福利三角理论也受到了学者的质疑。例如，米什拉通过批评福利混合来批评福利三角的互补关系，认为福利混合经济中的"混合"不能被忽略，几个组成部分也不能被简单看作是功能对等的，因为它们是以不同的原则为基础混合的，并且在不同的领域中会有差异。②因为，在对福利三角的分析时，不能将福利简单看成是"功能的等同物"（functional equivalents）。而且，学者们认为，福利三角之间的关系会受很多因素的影响。例如，约翰逊认为，伊瓦斯对国家、市场和社会的关系分析存在着单维度的问题。针对这一不足，贾奇（Judge）增加了融资的维度，他提出了一个"福利混合经济的分类框架"，用以区分福利的融资模式和生产模式。③ 这种二维分析思路得到了纳普和格伦内斯特等人的支持。在二维分析的基础上，一些学者还增加了决策或规制作为第三维。例如，伯查特（Burchardt）等人提出了一个供给、融资和决策的三维度框架，约翰逊提出了一个供给、融资、规制的三维度框架。④ 也就是说，福利多元主体之间的关系具有多种组合形态，具有多维性。对于规制而言，只有政府才有能力进行。因此，安妮·贾米森（Anne Jamieson）提示，在分析福利三角的互动关系时，还应将焦点聚焦于国家的角色上，对国家的分析不仅应注意供给者角色，还应注意规制者角色。此外，对于国家角色对福利三角关系的影响，有些学者还从福利意识形态的角度进行了反思。大致而言，"左"派学者倾向于认为国家对福利三角形态有巨大影响，主张保留国家在福利中的强功能，他们倾向于法定福利而非职业和财税福利。⑤ 例如，贝雷斯福德和克罗夫特（Beresford and Croft）反思了福利多元主义的关系形态，认为福利多元主义仅仅是费边主义的一个新面

　　① Evers, A., The Welfare Mix Approach: Understanding the Pluralism of Welfare Systems. in Evers, A. & I. Svetlik, *Balancing Pluralism: New Welfare Mixes in Care for the Elderly*, Brookfield: Ashgate Publishing Company, 1990, pp. 21—28.

　　② R. 米什拉：《资本主义世界的福利国家》，法律出版社 1990 年版，第 196 页。

　　③ Judge, K., Is There a Crisis in the Welfare State? *International Jounal of Sociology and Social Policy*, Vol. 1, No. 2, 1981.

　　④ 马丁·鲍威尔：《理解福利混合经济》，北京大学出版社 2011 年版，第 19 页。

　　⑤ Beresford, P. & S. Croft, Welfare Pluralism: the New Face of Fabianism, *Critical Social Policy*, Vol. 3, No. 9, December 1983.

目，它是"左"派滑向右派的一个"烟雾弹"，确实会使"左"派福利政策撤退，但其实质是发展了福利的自我修辞。而右派学者则反对国家在福利中的角色，认为它会使福利供给低效，商业的、志愿性和非正式的福利供给方式比国家方式更有效，主张倡导建立一个福利社会而非福利国家。在此背景下，福利私有化和市场化受到强调。例如，萨尔登（Seldon）就强调福利的私有化。[①] 卡莫孟和卡恩（Kamerman and Kahn）指出福利私有化有两种方式，一种是直接由非政府部门提供服务给受益人，另一种是政府增强中介机构的权力以提供服务。[②]

质疑声还源于学者们对福利三角风险的担心。其中最大的两个风险在于碎片化和失衡。在风险方面，约翰逊从福利多元的机会与风险出发，研究了福利混合的风险，包括碎片化、供给中的巨大不均衡性、非正式照顾中的巨大压力和更强调商业管理（安排）等，他认为这些风险在福利三角中同样存在。同时他强调，在去中心化的过程中，存在着过度碎片化的风险。[③] 为此，约翰逊引用辛克莱等人的成果，认为在英国的社会服务部门内，合作是遥远的现象，在家庭帮助或日常照料中的计划和实施都是彼此隔离的。多纳蒂（Pierpaolo Donati）和科洛（Ivo Colozzi）研究了意大利20世纪80年代的福利供给状况，发现正式部门和非正式部门的福利供给存在着彼此隔离而不能互补的现象。[④] 碎片化的风险带来福利三角解体的张力，甚至会造成福利三角的零和博弈。福利三角的碎片化风险也引起了伊瓦斯和伊凡的注意，他们在研究老年人的照料时曾提示要注意福利混合的碎片化风险，同时要注意福利三方有相互博弈而非合作的可能。他们

①　Seldon, A., *Re-privatising Welfare*, London：Institute of Economic Affairs, 转引自马丁·鲍威尔：《理解福利混合经济》，北京大学出版社2011年版，第6页。

②　Kamerman, S. B. &J. K. Alfred, *Privatization and the Welfare State*, Princeton：Princeton University Press, 1995, p. 48.

③　Norman Johnson, Welfare Pluralism：Opportunities and Risks, In Evers, A& I. Svetlik, *Balancing Pluralism：New Welfare Mixes in Care for the Elderly*, Brookfield：Ashgate Publishing Company, 1993, pp. 59—60.

④　Pierpaolo Donati and Ivo Colozzi, Institutional Reorganization and New Shifts in the Welfare Mix in Italy during the 1980s, In Evers, A. & H. Wintersberger, *Shifts in the Welfare Mix：their Impact on Work, Social Services, and Welfare Policies*, Frankfurt am Main：Campus Verlag; Boulder, Colorado：Westview Press, 1990, p. 63.

认为，造成零和博弈的重要原因是福利三角之间的动机不一，难以在效率与团结、自利与利他之间达到平衡。

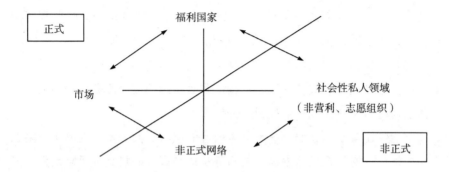

图 2—2　意大利 20 世纪 80 年代的福利混合隔离图

注：该图由多纳蒂和科洛（Pierpaolo Donati and Ivo Colozzi）绘制，资料来源于Evers，A. & H. Wintersberger. Shifts in the welfare mix：their impact on work，social services，and welfare policies. Frankfurt am Main：Campus Verlag；Boulder，Colorado：Westview Press，1990，p. 65。

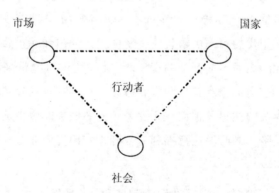

图 2—3　福利三角的零和博弈图

注：根据 Evers 等人的论述整理。

根据约翰逊的理解，福利三角的失衡风险主要源于福利的供给方没有权利去平衡对方。此外，还有学者指出，福利三方的失衡还源于福利三方的一方或者几方缺乏互补的能力。例如，在福利国家的改革中，由于家庭能力的匮乏，往往难以承担起国家的退出给家庭福利供给所带来的影响，因此导致福利三角的互补关系解体。约翰逊认为，要达成福利三方的平衡，需要发展出新的权利理论。[1] 此外，一些研究合作治理的学者也发现，在治理的过程中，存在着国家与社会脱节的危险，使三者的关系呈现出碎片化特征。因此，学者们提出了网络化治理、整体治理等观点。[2] 这些观点也会对福利三角的关系分析产生影响。

此外，还有一些学者认为，就关系而言，福利三角之间的关系可能是冲突的，而非互补的。例如，纳丁·雷切兹·巴特斯提（Nadine Richez Battesti）和奥德瑞·科林斯基（Audrey Koulinsky）的研究发现，在欧洲存在着经济增长、收入公平分配和预算纪律之间互斥三角形的现象，它实际上说明在就业和社会保护之间存在着"两难困境"。[3] 这就是所谓的福利的互斥三角形。

总体来看，不论福利三角理论如何发展，以及福利三角的主体如何变化、数量如何增多，其传达的福利供给中的整体性思维对解决现实中社会服务的供给问题具有重要借鉴意义。因此，许多学者指出，福利三角的整体分析比各部门简单相加分析对于福利资源的利用效率更好。但是，由于福利各部门之间的动机与价值观不一，福利三角之间存在着碎片化和失衡的风险。而融资与规制是影响福利三角关系的重要变量。特别是规制，可以平衡不同福利供给主体之间的互动与紧张关系，实现福利三角的互补。

三 福利三角的应用研究

福利三角范式的提出为分析国家、市场与社会的关系提供了严谨而又具有操作性的分析框架，受到学者的广泛欢迎。

（一）福利三角与福利体制的划分

通过福利三角及福利多元组合的分析，可以区分不同国家的福利体制特征。伊瓦斯本人曾根据福利三角组合关系的特征，建立了发达国家与发

① Norman Johnson, Welfare Pluralism: Opportunities and Risks, In Evers, A. & I. Svetlik, *Balancing Pluralism: New Welfare Mixes in Care for the Elderly*, Brookfield: Ashgate Publishing Company, 1993, p. 61.

② Emerson, K. &T. Nabatchi, et al., An Integrative Framework for Collaborative Governance, *Journal of Public Administration Research and Theory*, Vol. 22, No. 1, May 2011.

③ 罗兰德·斯哥：《地球村的社会保障——全球化和社会保障面临的挑战》，中国劳动社会出版社 2004 年版，第 281 页。

展中国家、西方国家与东方国家的福利三角组合模式。他认为，发达国家或西方国家更注重正式部门之间的合作，而东方国家和发展中国家更偏重国家和非正式部门之间的组合。

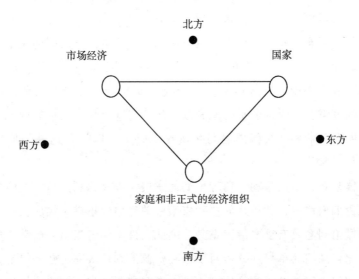

图 2—4　伊瓦斯的福利三角组合与国家之间的关系

安德森利用去商品化概念将福利国家分成自由主义、保守主义和社会民主主义三种类型，三者反映了国家、市场、社会在福利体制中的不同地位。魏格（Joachim Vogel）根据国家、市场与社会的关系，认为欧洲国家可以分成三个不同的福利传输系统，分别为北欧国家（以瑞典、丹麦、芬兰为代表）、南欧国家（以希腊、意大利、西班牙、葡萄牙为代表）和欧洲中心国家（以英国为代表），三种福利输送系统造成的社会结构与社会平等程度是不一样的。北欧国家的特征如下：高额的社会开支、高劳动力市场参与率、弱家庭联系，低收入不平等、贫困率和阶层不平等，但代际不平等高；南欧国家低福利供给、低雇佣率、强传统家庭、高收入不平等、贫困率和阶层不平等，但水平低、代际不平等严重；欧洲中心国家较高水平的收入不平等、贫困和阶层不平等。[①] 韩国学者朴炳铉将韩国的福

---

① Vogel, J., The European "Welfare Mix": Institutional Configuration and Distributive Outcome. in Swedenand, The European Union: A Longitudinal and Comparative Perspective, *Social Indicators Research*, Vol. 48, No. 3, November 1999.

利体制定义为生产型福利体制，在国家、市场与社会的关系方面，家庭在福利供给中的角色突出。这主要是受儒家文化的影响。① 类似的分类方法还有许多。不过，在众多的福利体制中，合作主义福利体制由于强调三方伙伴关系（国家、雇主组织与雇员组织），因此，该种福利体制对国家、市场与社会的合作有更多的强调。中国台湾学者林万亿曾根据西方国家的公私关系，提出了国家、社会与市场的合作框架，用以划分集中化福利国家、地方化福利国家、私有化福利国家。其中集中化福利国家较为注重政府、公共社会部门和市场的福利；而地方化福利国家较为注重民间社会市场的福利，注重去科层化、参与、去规制化、地方决策、民主化、自我管理；私有化福利国家包括再私有化、再商品化、市场化。集中化、地方化和私有化构成了一个福利三角。②

（二）西方就业中的福利三角研究

国外对于劳动力就业的研究，一直较为倡导国家、市场与社会在就业中的合作关系。在就业领域，泰勒—古庇曾根据各主体在就业中所起的作用，简单地将就业政策分为三类，分别为以市场为中心的就业政策、凯恩斯的就业政策和第三条道路就业政策。③ 米拉什根据 20 世纪 90 年代后发达国家的就业政策发展趋势，将就业政策分为两类，分别为新自由主义就业政策（以英、美为代表）和合作主义就业政策（以瑞典为代表）。④ 吉尔斯·圣保罗（Gilles Saint‑Paul）则将发达国家就业政策分为四类：大爆炸政策（以英、美为代表）、边缘灵活化政策（以欧洲大陆国家为代表）、合作主义政策（以斯堪的纳维亚国家为代表）和灵活安全性就业政策（以丹麦为代表）。⑤ 以上分类实际上反映了国家、社会、市场等主体在就业中的不同关系组合的重要性。彼得·克雷西通过系统总结英国 20世纪 70 年代之后就业政策的发展脉络发现，即使是在同一个国家内，国

---

① 朴炳铉：《社会福利与文化——用文化解析社会福利制度的发展》，商务印书馆 2012 年版，第 229—234 页。

② 林万亿：《福利国家——历史比较的分析》，巨流图书公司 2006 年版，第 125 页。

③ Taylor‑Gooby, P., *Ideas and Welfare State Reform in Welfare Europe*, Landon: Palgrave Macmillan Press, 2005, p. 125.

④ R. 米拉什：《资本主义社会的福利国家》，法律出版社 2003 年版，第 21—71 页。

⑤ 转引自孔德威：《劳动就业政策的国际比较研究》，博士学位论文，东北师范大学，2007年，第 9 页。

家、市场、社会和个人都有不同的关系组合。在20世纪70年代，就业补贴是主导的就业政策，80年代则变成了就业培训，90年代变成了求职补助，1999年后则是创造就业补贴。①不同的方法反映的是国家、市场、社会在就业领域内的角色与责任的不同。就业补贴倡导国家与企业的合作，而就业培训侧重国家与社会组织的合作，求职补助侧重国家与劳动者个人的合作。

虽然各国的情况不一，福利三角在就业中有着不同的组合方式，但如果仔细分析这些不同的关系组合，就会发现它们之间仍存在许多的共性。

首先，国家在就业促进中处于第一责任主体地位，发达的职业培训体系为国家责任的履行提供了保障。

受福利国家传统的影响，发达国家始终将"充分就业"作为社会政策的一个重要目标。虽然石油危机的爆发使发达国家看到维持充分就业已不可能，但在福利国家的改革中，始终没有放弃国家对就业促进的责任。由于人力资本投资具有良好的就业促进效果，且在20世纪六七十年代就开展了对员工的培训（例如各国的学徒制、为减少青年失业而制定的培训计划、瑞典在20世纪60年代针对结构性失业所建立起来的培训中心网络等），因此发达国家普遍将政府定位于公民职业培训的第一责任主体，纷纷制定了大量的法律或培训计划指导职业培训的开展，履行政府的责任。

早在20世纪80年代，欧共体就将"接受职业培训"的权利写入了《共同体基本社会权利》（*Community Chater of Fundamental Social Rights*）中，将之作为公民的12项基本社会权利予以保障。为此，欧盟建立了发达的职业培训体系。1990年5月，欧共体开始执行"力量项目"（Force），强调每一个劳动者在其工作生涯中都应该接受相应的培训。《欧洲联盟条约》（1992）对教育和职业培训有了详细规定，提出各国应实施一项职业培训政策。之后，欧盟实施了一系列的项目政策以推动职业培训发展，这些项目包括：强力项目、彗星项目、苏格拉底项目、青年欧洲三号项目和达·芬奇项目。1993年，欧盟发布了《关于继续职业培训建议

---

① ［英］马丁·鲍威尔：《新工党，新福利国家？英国社会政策中的"第三条道路"》，林德山、李资姿、吕楠译，重庆出版社集团、重庆出版社2010年版，第170页。

书》，其目标是要实现每个工人都能接受职业培训，并从中获得终身收益。1998 年，欧盟依据《阿姆斯特丹条约》出台了第一份《就业指南》，明确提出了关于就业的四项支柱性内容，其核心之一就是增强劳动者的就业能力，以教育和培训系统的现代化来增强雇员和工作之间的关系。2000年的里斯本首脑会议制定了 2010 年的战略目标，并据此制定了相关的就业政策，其重要内容包括增强就业能力和减少技能差距，将终身学习作为欧盟社会的基本要素等。为实现终身学习的政策目标，欧盟在发展传统学徒制培训方式的基础上，广泛开展了正规成人教育和培训、工作场所和非正规学习等活动。后来，欧盟又提出了终身学习的理念，欧盟在 2001 年颁布的《就业指南》中要求各成员国在各类人群中推广终身学习计划。根据预测，欧盟社会福利基金在 2000—2006 年期间用于发展终身学习的费用至少为 120 亿欧元。2005 年，欧盟委员会强调要提高职业教育和培训的开放性、吸引性。在 2006 年的《赫尔辛基公报》中，欧盟重申了里斯本战略，主张发展共同的工具，以早日形成"欧洲职业教育与培训区"和欧洲劳动力市场的形成。① 为促进职业培训的发展，2009 年欧盟理事会又建立了欧洲职业教育和培训质量保障框架（EQAVET）。这些都充分说明，在职业培训方面已建立起了"欧洲工具和原则"。

职业培训的"欧洲工具与原则"对欧盟所属国家产生了巨大影响。针对学徒制的失效，英国政府早在 1964 年就宣布职业培训是政府的责任，② 表明员工培训的政策由市场主义转向了国家干预。为应对 20 世纪70 年代的失业危机，工党政府于 1973 年颁布了《就业培训法》，赋予了国家从宏观上制定培训政策的责任。1983 年，英国政府实施了大规模的培训项目。1986 年，英国政府为了推动职业培训的发展，设立了国家职业资格咨询委员会，在全国范围内建立职业资格证书制度。获得职业资格证书制度的途径，主要是通过各种形式的培训学习（如在继续教育学院学习或通过在各种培训中心、企业参加培训）。其中，企业的培训内容有许多与职业资格挂钩。③ 1997 年新工党政府上台后，坚持第三条道路社会

① 约翰·吉恩：《增强职业教育的吸引力——欧洲的政策、理念与实践》，《职业技术教育》2009 年第 12 期。

② 徐国庆：《英、德职业教育体系差异的政策分析及启示》，《教育科学》2006 年第 3 期。

③ 石伟平、陈霞：《职教课程与教学改革的国际比较》，《职业技术教育》2001 年第 11 期。

政策，在就业培训方面，推行了雄心勃勃的"新政计划"，并发表了以大范围技能培训和成人学习改革为宗旨的"白皮书"，致力于解决雇主、工会和培训机构之间频繁而错综的各种问题。2003 年 7 月，英国政府发表《21 世纪的技能——发挥英国的潜力》白皮书，要求发动一次全国性的技能提高运动，"通过确保政府及其机构起到积极的带头作用，在支持技能和生产力提高方面进行更加密切的合作，从而实现这些变化"。①

德国、瑞典、丹麦、美国等国的职业教育体系相当完备，不仅学生的职业技能素质较高，而且还为那些不准备进入大学深造的学生提供了从学校到就业的完善服务。德国的职业教育历史悠久，其保守主义的传统使培训政策一直没有偏向市场主义，国家在其中一直起着重要作用。并于 20 世纪中期形成了"双元制"职业教育体系。经过多年建设，德国建立了一个完备的，具有高、中、低级不同层次的，纵横交叉的社会职业培训网络，开展不同的培训项目，提高公民的技能。其双元制的培训体系以政府为主导。瑞典的培训主要依靠发达的社会培训中心网络。从 1958 年起瑞典政府就开始建立劳动力市场培训中心，该中心由瑞典劳动力市场管理局统一规划发展起来。至 1995 年，瑞典已经建立了 150 多所这样的培训中心，分布在全国各地，并保证每年至少有全国劳动力的 2% 在培训中心接受培训。② 20 世纪 90 年代后，瑞典开始对培训中心进行改革，实行购买培训制度，建立起更加完整的多元化的培训体系，涉及企业、部门、院校、私人培训公司等多个主体，有力地促进了劳动力的培训。美国从 20 世纪 60 年代起就对职业教育进行了改革。早在 1962 年的《人力开发与培训法》就确立了联邦政府与州政府对员工培训的责任，设立了两级政府共同提供配套资金的原则和劳工部长负责的就业与培训信息报告制度。20 世纪 90 年代，在《1990 年卡尔·珀金斯职业教育和应用技术法》《1994 年从学校到就业机会法》的刺激下，美国将高中生纳入职业教育系统，实施了"从学校到学徒计划"，为高中 2 年级以上的学生提供职业学徒培训。一些地方还实施了"学校—工作过渡青年师范计划"，项目的对象主

---

① 鲁昕主译：《技能促进增长——英国国家技能战略》，高等教育出版社 2010 年版，第 23 页。

② 吴江：《瑞典的公共就业服务及劳动力市场培训（下）》，《劳动理论与实践》1997 年第 2 期。

要为高中2、3年级学生，学生毕业时发给高中毕业证书和岗位培训就业证，他们可以选择继续深造或直接就业。[①]

由此可见，各国发达的职业教育既是国家责任的体现，又为劳动力培训的开展提供了良好基础。

表2—1　　　　　　　　欧盟15国教育和培训参与率　　　　（单位:%）

年龄	性别	1995年	1996年	1997年	1998年	1999年	2000年
	总体	5.7	6.5	6.6	5.8	7.8	8.2
25—64岁	男性	5.9	6.6	6.6	5.9	7.5	7.8
	女性	5.4	6.3	6.5	5.7	8.1	8.5
技能（25—64岁）	性别	1995年	1996年	1997年	1998年	1999年	2000年
	总体	2	2.6	2.6	1.6	2.3	2.4
低	男性	2	2.6	2.7	1.6	2.3	2.3
	女性	2	2.6	2.6	1.5	2.3	2.5
	总体	6.7	8	7.8	6.7	9.3	9.7
中	男性	6.8	8.2	7.7	6.5	8.8	9.2
	女性	6.5	7.8	7.9	6.9	9.9	10.2
	总体	11.4	13	13.3	10.4	15.5	15.7
高	男性	10.4	11.7	11.9	9.8	13.7	13.7
	女性	12.5	14.8	14.9	11	17.8	18.8

资料来源：转引自杨雪：《欧盟共同就业政策研究》，中国社会科学出版社2004年版，第148—149页。对原表有删减。

其次，在劳动力的人力资本投资中，国家和企业是两个重要投资主体。发达国家的人力投资，大部分依靠国家和私营机构，对个人投资的要求少。从国家角度看，国家对劳动力培训的责任不仅体现在法律和项目上，还体现在资金的供给方面。从表1—3可见，近三十年来，欧盟国家在劳动力市场培训上的资金投入超过了公共就业服务及工作创造。自1995年以来，大部分欧盟国家都加大了对人力资本投资的资金供给。虽然私人部门也在增加，但是增加幅度不如国家投入增长的快。而且，在公

① 梁茂信：《美国人力培训与就业政策》，人民出版社2006年版，第359页。

私投入的份额方面，国家投入远多于私人投入。不论是在自由主义盛行的英国，还是保守主义鲜明的德国，抑或是在实行灵活就业政策的荷兰，国家投入远远超过了私人投入。

表 2—2　　　2001 年欧盟部分国家教育与培训资金支出的公私对比

国别	公共支出		私人支出	
	占 GDP 比重	1995 = 100	占 GDP 比重	1995 = 100
奥地利	3.8	103	0.1	99
比利时	4.0	m	0.2	m
捷克	2.8	92	0.2	79
丹麦	4.2	126	0.1	114
芬兰	3.7	118	n	m
法国	4.0	112	0.2	104
德国	2.9	108	0.7	104
匈牙利	2.8	109	0.2	88
爱尔兰	2.9	134	0.1	180
意大利	3.6	110	0.1	m
荷兰	3.1	130	0.1	102
波兰	4.0	140	m	m
葡萄牙	4.2	137	n	178
瑞士	3.9	107	0.6	m
英国	3.4	120	0.5	136
……	…	…	…	…
欧盟	3.5	119	0.3	124

注：m 代表无法获得数据，n 代表无限趋近于零。

资料来源：Tessaring, M. & J. Wannan, *Vocational Education and Training － Key to the Future*：Lisbon － Copenhagen － Mastricht：*Mobilising for 2010*，p. 30（http：//europa. eu/index_ en. htm）。

此外，企业在劳动力培训资金的投入作用不容忽视。1993年欧盟颁布的《关于继续职业培训建议书》中非常重视公司在培训上的参与度，认为这是决定一个国家继续职业培训开展状况的重要影响因素。在欧盟的共同就业政策中，将私人机构的培训纳入终身学习体系中，非常重视企业对劳动力的培训。从资金的投入来看，欧盟各国的企业也加大了对员工培训的资金投入。2000年，欧盟12国继续职业培训费用占企业总劳动成本接近2.5%。① 其中，尤以英国的比例最高。在法国，企业的培训费用相当于国家在培训方面的开支总额。② 分行业看，金融部门、电水气、零售和汽车修理等行业的员工培训率都在80%上下。根据调查，2005年欧盟每位参与CVI课程的员工平均费用为710镑，全部由企业承担。③ 此外，发达国家的许多培训计划都与企业参与和投入相关，有些项目的投入非常大。以德国的双元制职业教育为例，雇主需要为学徒工支付工资，这笔投入远高于政府的补贴。根据统计，德国企业每年花在一个学徒身上的净成本平均大约在8700欧元（政府经费只有2200欧元）。2011年，德国企业培养学徒的总花费为238亿欧元，3倍于政府在此项的支出。④ 而个人则不需要缴纳任何费用。

企业对劳动力的人力资本投资的参与，不仅体现在资金的投入上，还体现在开展培训的覆盖面上。自欧盟采取积极的职业培训政策以来，企业就十分注重开展职业培训，大约有3/4（超过80%）的企业能够为职工提供继续职业培训活动，其中法国、卢森堡和挪威的企业，大约有一半能为职工提供培训。而且，企业的规模越大，提供员工培训的概率越高。在英国，1999—2002年间，员工总数在500人以上的企业培训参与率都在90%以上。2006年欧盟统计局开展的"企业继续职业培训调查"发现，在2005年度，有高达91%的企业提供继续职业培训。⑤ 这些数据都充分说明，企业是发达国家劳动力培训中福利三角中的重要一角。

---

① 李新功：《欧盟职业培训政策与实践》，中国经济出版社2005年版，第222页。
② 帕特里克·鲍里洛特：《就业能力的两个主角：雇主和工人》，载帕特丽夏·威奈尔特等：《就业能力——从理论到实践》，中国劳动社会保障出版社2004年版，第4页。
③ 孙玫璐：《从CVTS3数据看英国企业继续职业培训现状》，《职教通讯》2011年第17期。
④ 华璐：《双元制对症结构性失业》，《财经》2013年第27期。
⑤ 孙玫璐：《从CVTS3数据看英国企业继续职业培训现状》，《职教通讯》2011年第17期。

表 2—3　　　　　1999—2002 年英国不同规模企业的培训参与率　　　（单位:%）

员工总数 （人）	培训企业的比例			
	1999 年	2000 年	2001 年	2002 年
5—24	47	54	49	57
25—99	72	78	75	79
100—199	82	92	87	89
200—499	89	96	85	92
500 以上	91	98	93	93
总计	52	59	55	62

资料来源：转引自王雁琳：《政府和市场的博弈——英国技能短缺问题研究》，浙江大学出版社 2013 年版，第 257 页。

再次，政府的融资与规制手段的运用以及公私伙伴关系的营造对福利三角中的多元整合起着至关重要的作用。

在融资方面，发达国家除了利用财政和税收工具促进中小企业发展外，还采取了多样化的资金补贴方法（如直接补贴、税收减免等）对劳动力的培训进行直接或间接干预。这些补贴既有针对企业的，也有针对劳动者个人和家庭的，还有针对企业和家庭的。例如，在英国的"新政计划"中，雇主除了每周可以获得 60 英镑的工资补贴外，还可以得到 750 英镑的补助用于支付相当于每周一天的最低岗位培训费用。在加拿大，企业主对培训中的投资可以得到 1∶1.38 比例的补贴。① 西班牙建立了国家促进职业培训的机制，从社会保障基金中划出 0.7% 款项，专门资助企业开展职业培训活动。爱尔兰也制定了相应的税收和补贴机制，鼓励企业开展培训。② 在德国，有些培训还会对求职者家庭进行补贴。例如，德国政府就业部门建立了职业培训资助制度，这是劳动局对国家认可的企业内、外职业培训班的资助，学员每月可得到 1100 欧元的资助，涵盖以下项目：学习期间的住宿费（不超过 348 欧元，如住在父母家可得 192 欧元补贴）；学习资料费、实习劳动服装费（19 欧元/月）；学习期间孩子照顾

---

① 刘艳春、刘春、王洪斌：《美国和加拿大学徒制比较及对我国工学结合的启示》，《职业技术教育》2011 年第 19 期。

② 李新功：《欧盟职业培训政策与实践》，中国经济出版社 2005 年版，第 173 页。

费（不超过 130 欧元/月）；交通费，每月回家一次的往返费用可报销；家庭困难补助（在证明学员和其父母收入低于标准线时，可获得补助：a 类 572 欧元，b 类 268 欧元）。① 英国新工党政府还建立了 100 万个培训账户。政府给每个人 150 英镑的初始注资，雇主和雇员向这些账户的捐款予以免税。除此之外，任何开设个人学习账户的成人都可以就他所选择的培训申请 20% 的费用减免，或高达 100 英镑的额外助学金。② 1998 年，澳大利亚推行了"新学徒计划"，企业雇佣学徒需支付工资，学徒的保险、福利等由国家负责，培训费用则由澳大利亚各州地区内的 TAFE 学院承担。同时，澳大利亚政府还实施了政府购买就业培训服务，2000—2003 年澳大利亚购买就业培训服务的资金约 30 亿澳元。为促进国家、企业和个人对培训的参与，加拿大政府从 2001 年 7 月开始，采取政府和个人共同出资的办法，鼓励劳动者购买培训服务。这些补贴和减免政策，使资金在国家、市场、社会与个人之间流转了起来，将国家、市场、社会与劳动者紧密地联系在一起。

规制方面主要体现为政府对企业、社会、劳动力自身等做出具体规定。在福利国家实施的劳动力投资计划过程中，设置了许多工作换福利的项目，强制企业和劳动力参与培训、提升技能。例如，德国规定就业者必须首先接受正规的职业教育才能进入职场。培训包括在校期间和上岗前两部分。青年人在中学毕业后，如想进入职场，必须接受几年的职业学习，通过职业技能考核后方可被企业雇佣为正式工。③ 同时德国还对企业的培训有强制规定。1988 年，德国成立了"职业培训运作集团"，要求每个企业必须配有内部企业培训场所，举办企业内部培训。法国政府规定企业每年必须按职工数量和职业工资的收入比例，提取相应的培训基金用于资助企业开展职业培训。④ 瑞典政府在 20 世纪八九十年代也改革了劳动力市场制度，将失业人员参加培训、教育或积极寻找工作作为享受福利的必要

① 刘跃斌、黄琳：《德国的失业保障政策研究》，《德国研究》2003 年第 3 期。

② 彼得·泰勒—顾柏：《新风险、新福利——欧洲福利国家的转变》，中国劳动社会保障出版社 2010 年版，第 210 页。

③ 中国就业培训技术指导中心：《中美德公共就业服务比较——公共就业服务课题报告》，中国劳动社会保障出版社 2013 年版，第 80—81 页。

④ 陈雅华：《德国就业促进政策与措施》，《福建劳动与社会保障》2002 年第 11 期。

条件，对无故不参加培训者给予一定的降低福利待遇处罚。荷兰政府规定企业承担的培训费用最低额度不超过工资总额的 1.25%。① 葡萄牙要求所有的员工每年要有一定数量的培训时间（2003 年为 20 个小时，2005 年增加到 35 个小时），并且规定每个公司每年要有 10% 的员工参加继续学习。②

　　除了资格规定外，发达国家还充分利用其他规制手段（如减轻行政负担）促进劳动力的培训。例如，英国为促进雇主参与劳动力培训，学习与技能委员会还会给企业发放《雇主良好培训指南》。丹麦政府为员工设立了培训假期，规定 25 岁以上的个人休假时间为 13—52 周，政府支付给工人休假年津贴，津贴数额为最高失业津贴的 60%。而雇主则必须雇佣注册为失业人员至少 1 年以上的工人接替休假员工的工作。有研究表明，福利国家对企业采取的多样化融资与规制方法对企业的培训参与度有正向促进作用。③

表 2—4　　2001 年欧盟成员国在发展企业家地位和职能方面所采取的政策

	对新规则影响评估	减轻企业行政负担	减少启动障碍	更容易得到财政支持	解决不公平工作	在服务业、环境和知识经济方面提供更多工作机会
奥地利	√		√		√	√
比利时		√	√		√	
丹麦	√			√		
芬兰		√		√		
法国		√		√	√	√
德国		√		√		√
希腊		√			√	
爱尔兰				√		
意大利			√		√	√

---

① 帕特里克·鲍里洛特：《就业能力的两个主角：雇主和工人》，载帕特丽夏·威奈尔特等：《就业能力——从理论到实践》，中国劳动社会保障出版社 2004 年版，第 53 页。

② 杨雪：《欧盟共同就业政策研究》，中国社会科学出版社 2004 年版，第 145 页。

③ 龚春雷：《英国企业开展员工培训的现状分析》，《职教通讯》2007 年第 12 期。

	对新规则影响评估	减轻企业行政负担	减少启动障碍	更容易得到财政支持	解决不公平工作	在服务业、环境和知识经济方面提供更多工作机会
卢森堡	√	√			√	√
荷兰		√	√		√	
葡萄牙		√	√		√	√
西班牙		√				√
瑞典	√	√	√	√	√	
英国	√			√	√	√

资料来源：转引自杨雪：《欧盟共同就业政策研究》，中国社会科学出版社 2004 年版，第 97 页。对原表有删减。

　　此外，为促进福利三角的整合，发达国家还充分发展了公私伙伴关系，畅通国家、市场与社会之间的沟通渠道，增进多元主体之间的协调来促进劳动力的培训。吉登斯曾指出伙伴关系是欧洲模式的重要特征之一。卡尔·艾金格与阿洛伊斯·古格也认为，以社会性对话、劳动法规和集体协议为基础的伙伴关系，有利于将劳资关系加以制度化。[①] 在 20 世纪 60 年代，美国在职业培训中就引入了公私伙伴关系，建立起了培训的福利三角。各类人才培训计划的每个环节都是由劳工部通过其在各地的办事处以招标的方式，与地方的学校、企业或非营利性私人机构签订合同，然后再与其所在的州就业局和教育机构签订协议。在这种三角关系下，联邦提供资金、项目计划和准备达到的标准，由合同单位负责实施，教育机构负责监督，州就业局负责向用人单位推荐结业的学员。[②]

　　1993 年，欧盟理事会发布了《关于继续职业培训的建议书》，正式将社会合作伙伴关系纳入职业培训范畴，要求欧共体在社会合作伙伴之间建立社会对话机制。伙伴关系的提出有利于各国落实培训政策。为此，发达国家积极建立公私伙伴关系的协调机构，促进政府、企业、培训机构的协

---

　　① 安东尼·吉登斯、帕德里克·戴蒙德、罗杰·里德：《欧洲模式：全球欧洲，社会欧洲》，社会科学文献出版社 2010 年版，第 112 页。

　　② 梁茂信：《美国人力培训与就业政策》，人民出版社 2006 年版，第 201—202 页。

调。例如，英国成立了由政府牵头的技能联盟，以该联盟为平台建立政府、雇主组织、工会、教育和培训机构之间的协商与合作机制。① 在其"雇主培训计划"中，国家设立专门的经纪人帮助雇主鉴别雇员需要改善的技能。瑞典政府成立了全国性的劳动力市场委员会，该委员会涵盖政府、工会和雇主，由它们来共同协商、改善劳资关系。1976 年瑞典颁布了《劳动生活公决法》，用制度化方式将合作伙伴关系固定下来。这种伙伴关系对劳动力的培训产生了重要影响，使多元主体可以在一个公有的平台内充分沟通，协商解决培训问题。后来，瑞典在此基础上发展出了劳动力培训与雇主意见相结合的方法，可以选择性培训。为避免员工的学习时间与工作相冲突，西班牙、芬兰、瑞典和法国等在多方协商基础上设定了培训时间可以暂时离开工作岗位的制度，其中芬兰和瑞典还在法律上规定了工人离岗参加培训的期限。而希腊、比利时等国则制定了工作轮换和带薪培训相结合的方法，葡萄牙则设立了非全职工作（part - time job）以缓和雇主与劳动力培训的冲突。

　　总结发达国家在人力资本投资中的国家、市场、社会的角色可以得到以下几点结论：（1）权利视角使政府在劳动力的人力资本投资中承担着"兜底性"的责任，提供大量的、普惠的公共就业培训；（2）政府通过融资和规制手段对市场、社会和劳动力个人的激励，有力地提高了国家、市场、社会与个人在劳动力培训中的参与，消除了福利三角碎片化的张力，解决了福利三角在劳动力培训中的碎片化和失衡风险。其中，企业在劳动力培训中的作用不容忽视；（3）伙伴关系导致公私间的合作成为可能。这些结论反映在福利三角方面，可以用如图 2—5 表示。其中国家和企业居于福利三角的上方，反映出二者对劳动力的人力资本投资起主要作用；家庭居于福利三角下方，对劳动力的人力资本投资起次要作用。国家、企业和家庭三方通过融资、规制与公私伙伴关系整合在一起，形成一个劳动力人力投资的福利三角。

　　（三）福利三角在我国社会政策领域的应用

　　福利三角理论引入我国后受到学者的广泛关注。最早是彭华民于2006 年撰文对福利三角进行了详细介绍，他将该理论与社会排斥相结合，

---

① 　吴雪萍、范琳：《英国的成人职业培训改革》，《比较教育研究》2006 年第 11 期。

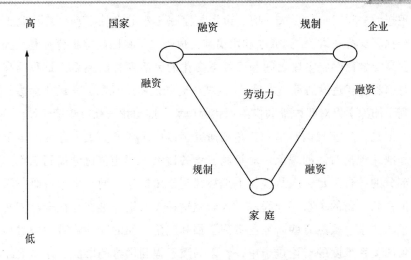

图2—5 发达国家劳动力人力资本投资的福利三角框架

设计了一个福利三角关系框架,用以检视该框架对城市贫困人群的影响,她发现这些制度会对城市贫困人员产生更多的社会排斥。目前,福利三角理论在学界的应用广泛,用于分析福利供给中某部分群体的不足所造成的影响。例如,王永杰以福利三角为基础,讨论了农民工法律援助方面政府、市场和非政府组织的作用,以及三者的冲突与协调,以求最终实现福利和谐;① 韩央迪利用该框架讨论了我国城乡社会保障的衔接问题,提出应该以团结与共有的价值基础来建构我国的社会保障体系。② 洪韬利用福利三角视角研究了我国机构养老的发展困境与对策,提出需要政府、企业和社会承担好各自的角色。③ 张笑会研究了我国当前社会服务供给主体(国家、市场、社会、家庭与邻里组织等)各自存在的问题。④ 吴立保、陈秀梅、张永宏认为福利三角中的市场失灵与政府缺乏是导致当代大学生在就业市场中被排斥的主因。要消解大学生在就业市场中被排斥,需要建

① 王永杰:《福利三角结构视野下的中国法律援助制度》,《社会科学》2007年第6期。

② 韩央迪:《消解与重构:福利三角视角下中国城乡社会保障的衔接研究》,《中国农业大学学报》2008年第2期。

③ 洪韬:《关于我国机构养老模式发展的思考——基于福利三角范式的视角》,《湖北职业技术学院学报》2012年第3期。

④ 张笑会:《福利多元主义视角下的社会服务供给主体探析》,《理论月刊》2013年第5期。

立理想的福利三角，形成政府、市场与家庭三角的良性互动，建构完善的社会福利支持网络。① 张务农利用福利三角研究了我国高等教育福利，提出建立高等教育供应主体之间基于社会变化的灵活互补的关系，是我国高等教育福利制度建设的重中之重。② 这些研究既证明了福利三角的生命力，也有利于加深学界对我国福利供给现状的理解，推动我国社会政策建设。

但是，目前我国对福利三角的研究多以应用研究为主，存在着本土演绎和缺乏理论对话的现象。对福利三角的讨论，多侧重讨论福利三角的不同部分的各自不足，未从整体上把握福利三角框架，同时也未有研究深入讨论福利三角的关系互动问题，未研究这种关系组合形态与社会经济文化背景的关系。虽然有些研究注意到了福利三角之间的互动障碍，但对福利三角的关系维度的讨论过于单一，多局限于福利供给的层次。这方面经济学对国家与市场的关系分析可提供借鉴。例如，新保守主义经济学给就业问题开出的"药方"不是不主张国家对市场的干预，而是在干预的层次和维度上开始转向安全、规制和调控，而非直接干预。

第二节　农民工就业促进的相关研究进展

促进农民工进城就业是中国现代化的必由之路，对我国的现代化建设具有重要意义。农民工问题的实质是农民工的就业问题，当前农民工所面临的许多问题都与就业相关。农民工进城就业能增加个人收入③、拓展关系网络④、促进职业流动⑤，还有助于改善城市的劳动力市场⑥、促进我国

---

① 吴立保、陈秀梅、张永宏：《大学生就业的社会福利排斥：福利三角模型的视角》，《江苏高教》2013 年第 3 期。

② 张务农：《福利三角框架下的高等教育福利制度研究》，《东南学术》2014 年第 3 期。

③ 参见高文书、黄乾等人的论述。高文书：《进城农民工就业状况及收入影响因素分析——以北京、石家庄、沈阳、无锡和东莞为例》，《中国农村经济》2006 年第 1 期；黄乾：《工作转换对城市农民工收入增长的影响》，《中国农村经济》2010 年第 9 期。

④ 单菁菁：《农民工的社会网络变迁》，《城市问题》2007 年第 4 期。

⑤ 许传新：《农民工的进城方式与职业流动——两代农民工的比较分析》，《青年研究》2010 年第 3 期。

⑥ 赵永乐：《城乡和谐就业理论：农民工进城对就业影响研究》，江苏人民出版社 2009 年版，第 150—158 页。

城市化的健康发展①，甚至对农村社会的发展以及城乡一体化建设具有重要意义。但是，目前农民工的就业形势和就业质量不容乐观。农民工就业具有流动性特征，主要以非正规就业为主，被排斥在低端领域就业，存在着就业层次低、劳动保护不足等问题。② 2008 年金融危机后，经济形势的变化给农民工的就业产生了很大冲击，农民工的结构性就业难现象更加突出。针对此种情形，千方百计扩大农民工就业、鼓励农民工创业就成为这一时期农民工就业促进工作的两个重点。但是，影响就业的因素有很多，促进就业也有多种方法，围绕着这些问题，学术界从国家、市场、社会等多角度进行了深入研究。

一　市场角度的相关研究进展

市场角度对农民工就业促进的研究，侧重于从经济学的视角分析各类经济因子对农民工就业的影响，所提出的就业促进建议也是针对这些因子展开。经济学的古典学派、新古典学派与新保守主义、凯恩斯主义与新凯恩斯主义、就业市场理论、发展经济学理论、人力资本理论等都在就业促进方面形成了系统的观点。学界从以上理论出发，较为系统地研究了经济增长、经济波动、经济结构、劳动报酬、城市化、经济政策、劳动力市场性质等经济因子对农民工就业的影响，并提出了针对性的建议。

受古典就业理论影响，市场角度最初侧重从需求角度分析经济需求对就业促进的影响，不少学者一度认为经济增长速度是影响农民工就业的关键指标。③ 在此影响下，学者们系统讨论了经济结构、城市化、劳动力市场性质等因子对农民工就业的影响。研究成果集中在对二元经济结构④、

①　穆光宗：《民工潮与中国的城市化》，《社会科学家》1990 年第 6 期。

②　参见郑功成、黄黎若莲、段成荣等人的研究。郑功成、黄黎若莲等：《中国农民工问题与社会保护》，人民出版社 2007 年版，第 55—115 页；段成荣、杨舸、张斐、卢雪和：《改革开放以来我国流动人口变动的九大趋势》，《人口研究》2008 年第 6 期。

③　参见韩长赋：《中国农民工发展趋势与展望》，《经济研究》2006 年第 12 期；朱善利：《劳动力转移与经济发展——湖南省攸县外出务工模式研究》，经济科学出版社 2008 年版；《我国农民工工作"十二五"发展规划纲要研究》课题组：《中国农民工问题总体趋势：观测"十二五"》，《改革》2010 年第 8 期。

④　肖卫、朱有志、肖琳子：《二元经济结构、劳动力报酬差异与城乡统筹发展——基于中国 1978—2007 年的实证分析》，《中国人口科学》2009 年第 4 期。

非正规经济[①]、多重分割的劳动力市场[②]、产业结构调整[③]、经济波动[④]等对农民工就业的双重影响上。不过，学者们更为强调以上因素对农民工就业的屏蔽与排斥作用，它们会造成农民工就业障碍、就业质量低。这些因子与农民工较低的人力资本相结合，进一步加大了农民工的就业困难。例如，李春玲认为三层制度分割会影响到农民工的市场进入机制，使流动人口劳动力被隔离在特定的社会和经济空间之内。[⑤] 王晓丽认为它还会影响到农民工的工资状况，导致同工不同酬现象严重。[⑥] 肖卫等人认为城乡分割的政策因素导致以"农民工"身份进入现代产业的劳动者不能获得全部的要素报酬，并导致改革中城乡收入差距不断扩大，进而限制了城乡统筹发展。[⑦] 还有学者（如张智勇、刘传江、程建林等人）认为劳动力市场分割还会造成对农民工劳动就业的歧视[⑧]，它是现阶段我国经济领域经常出现"用工荒"的根源。[⑨] 此外，市场角度的研究还涉及经济政策方面，

① 参见董克用、李强、唐壮、柴定红、胡凤霞、姚先国、胡鞍钢等学者的论述。董克用：《关于"非正规部门就业—分散性就业"问题的研究》，《中国劳动》2000 年第 12 期；李强、唐壮：《城市农民工与城市中的非正规就业》，《社会学研究》2002 年第 6 期；柴定红：《上海非正规经济发展对农民工就业空间的挤压》，《社会》2003 年第 9 期；胡凤霞、姚先国：《农民工非正规就业选择研究》，《人口与经济》2011 年第 4 期；胡鞍钢、程永宏、杨韵新：《扩大就业与挑战失业——中国就业政策评估（1949—2001）》，中国劳动社会保障出版社 2002 年版。

② 陈宪、黄健柏：《劳动力市场分割对农民工就业影响的机理分析》，《开发研究》2009 年第 10 期。

③ 参见王春超、吴佩勋、葛晓巍、叶俊涛等人的论述。王春超、吴佩勋：《产业结构调整背景下农民工流动就业决策行为的双重决定——珠江三角洲地区农民工流动就业调查研究》，《经济社会体制比较》2011 年第 5 期；葛晓巍、叶俊涛：《刘易斯拐点下农民工就业结构及产业结构变化——基于苏、浙、粤的调查》，《经济学家》2014 年第 12 期。

④ 黄瑞玲、安二中：《经济波动下返乡农民工就业促进机制的创新——基于江苏省 13 市 1106 名返乡农民工的调研》，《现代经济探讨》2011 年第 9 期。

⑤ 李春玲：《流动人口地位获得的非制度途径——流动劳动力与非流动劳动力之比较》，《社会学研究》2006 年第 5 期。

⑥ 王晓丽：《城市劳动力市场分割与工资决定》，《人口与经济》2013 年第 5 期。

⑦ 肖卫、朱有志、肖琳子：《二元经济结构、劳动力报酬差异与城乡统筹发展——基于中国 1978—2007 年的实证分析》，《中国人口科学》2009 年第 4 期。

⑧ 参见张智勇、刘传江、程建林等人的论述。张智勇：《农民工市民化的代际实现——基于农户兼业、农民工就业与农民工市民化比较的视角》，《江汉论坛》2009 年第 8 期；刘传江、程建林：《第二代农民工市民化：现状分析与进程测度》，《人口研究》2008 年第 5 期。

⑨ 晋利珍、刘玥：《新一轮"用工荒"现象的经济学分析——基于劳动力市场双重二元分割的视角》，《云南社会科学》2013 年第 3 期。

学者们系统分析了现阶段国家的产业结构政策①、财政政策②、税收政策③、信贷政策④、最低工资政策⑤与城市化政策⑥等对农民工就业的支持效应，发现现有政策对农民工就业的促进效果有限。例如，程名望、史清华基于中国1978—2004年的数据分析表明，农业经济增长和农村改革为我国的农村劳动力转移创造了条件，城镇经济（工业、建筑业和服务业）的发展则为我国农村劳动力转移形成了强大的拉力。其中，城市服务业则是我国农村劳动力转移的主要去向，正规工业部门和建筑业的发展虽然对我国农村劳动力转移有促进作用，但相对较弱。⑦ 杜剑、李家鸽、赵雪认为，当前经济形势下，惠及农民工群体就业的税收政策不仅有利于缓解我国目前所面临的巨大的就业压力，也有利于推进我国的城市化和工业化进程，但是不能适应农民工就业总量加大、就业形势严峻的特点，需要加以多方面的改进。⑧

依据以上研究发现，学者们从市场角度提出了许多就业促进建议。这些建议集中在经济增长、改变劳动力市场性质、完善就业领域的制度建设、优化产业结构等方面。其中，首先是要大力促进经济增长。许多学者（尤其是主流经济学家）都赞同通过经济增长，能有效扩张城市的就业能力、增加就业岗位，进而吸纳农民工进城就业。⑨ 其次是要改变现阶段城

① 叶琪：《农村劳动力转移与产业结构调整互动》，《财经科学》2006年第3期。

② 潘寄青、沈涛：《财政转移支付：支持农民工就业的政策研究》，《生产力研究》2009年第8期。

③ 参见马列、石红梅、杜剑、李家鸽、赵雪等人的论述。马列、石红梅：《促进"农民工"群体就业的税收政策》，《税务研究》2008年第3期；杜剑、李家鸽、赵雪：《促进就业的税收政策——以农民工群体为研究视角》，《生产力研究》2009年第21期。

④ 苏文军：《金融服务支持返乡农民工就业途径探讨》，《贵州社会科学》2009年第4期。

⑤ 罗小兰：《我国最低工资标准农民工就业效应分析——对全国、地区及行业的实证研究》，《财经研究》2011年第11期。

⑥ 杨宜勇、顾严、魏恒：《我国城市化进程与就业增长相关分析》，《教学与研究》2005年第4期。

⑦ 程名望、史清华：《经济增长、产业结构与农村劳动力转移》，《经济学家》2007年第5期。

⑧ 杜剑、李家鸽、赵雪：《促进就业的税收政策——以农民工群体为研究视角》，《生产力研究》2009年第21期。

⑨ 《我国农民工工作"十二五"发展规划纲要研究》课题组：《中国农民工问题总体趋势：观测"十二五"》，《改革》2010年第8期。

乡多层分割的劳动力市场的性质。不少学者主张应通过建立竞争公平、运行有序、调控有力、城乡统一的现代劳动力市场体系来消除既有的二元劳动力市场分割对农民工就业的阻碍效应。[1] 为此，首当其冲的是要推进户籍制度改革，给予农民工自由迁移的权利[2]；改变不平等的就业政策，建立由市场调节的劳动力要素自由流动的体系，搭建好农民工就业务工的信息化平台，解决好就业岗位与人员之间的不匹配问题[3]。同时要完善我国就业公平的相关保障制度和法律制度建设[4]，消除对农民工的各类歧视。在经济结构与经济波动方面，针对经济结构调整给农民工就业带来的风险，建立城乡统一的就业制度、福利制度和教育制度受到学者们的广泛赞同[5]。此外，还需要促进农民工就业岗位和产业、企业需求结构进一步耦合，把第三产业作为扩大农民工就业的主要产业方向[6]，优化产业结构、扶持中小企业、规范企业用工[7]。

受人力资本理论的影响，不少学者将提升农民工的人力资本作为消解经济波动、劳动力市场对农民工就业产生排斥效应的重要方法，纷纷提出要加强对农民工的技术培训和基础教育[8]。并且提出各项经济政策（如金

① 参见张慧、田松青等人的论述。张慧：《农民工就业歧视问题分析》，《上海经济研究》2005 年第 10 期；田松青：《农民工返乡创业的政府支持体系研究》，《中国行政管理》2010 年第 11 期。

② 冯虹、杨桂宏：《户籍制度与农民工就业歧视辨析》，《人口与经济》2013 年第 2 期。

③ 张车伟、王智勇：《全球金融危机对农民工就业的冲击——影响分析及对策思考》，《中国人口科学》2009 年第 2 期。

④ 徐旭晖：《广州市劳动力市场农民工就业歧视问题研究》，《统计与决策》2008 年第 15 期。

⑤ 宗强：《从农民工权益保障谈我国二元经济结构向一元经济结构的转化》，《理论界》2008 年第 3 期。

⑥ 陈东有、钱芳、周小刚：《农民工就业波动现象分析——以农民工为例》，《江西社会科学》2012 年第 12 期。

⑦ 黄瑞玲、安二中：《经济波动下返乡农民工就业促进机制的创新——基于江苏省 13 市 1106 名返乡农民工的调研》，《现代经济探讨》2011 年第 9 期。

⑧ 参见严善平、刘林平、张春泥、赵显洲等人的论述。严善平：《人力资本、制度与工资差别——对大城市二元劳动力市场的实证分析》，《管理世界》2007 年第 6 期；刘林平、张春泥：《农民工工资：人力资本、社会资本、企业制度还是社会环境？——珠江三角洲农民工工资的决定模型》，《社会学研究》2007 年第 6 期；赵显洲：《人力资本、市场分割与农民工的工资决定》，《农业经济问题》2012 年第 2 期。

融政策、税收政策、信贷政策等）应向农民工就业领域进行更多的倾斜。例如，杜剑、李家鸽、赵雪提出调整税收政策，建立促进农民工群体就业与再就业的税收政策体系[①]；马列、石红梅提出创立税收补偿基金，对中小企业实行税收优惠政策，分区域、分类设计开征社会保障税等[②]；韩俊与崔传义更是系统地设计了农民工回乡创业的财政、税收和金融支持方案，例如农民工回乡创办的企业享受国家和地方扶持发展中小企业、非公有制经济服务业、开发农业、农产品加工业以及外地客商所享有的一系列优惠政策；农民工创办企业在三至五年内不收税；通过国家转移支付和地方财政设立扶持农民工回乡创业的专项基金；加大政策性金融对农民工回乡创业的扶持；发展重点服务中小企业和农村社区的金融组织等。[③] 苏文军提出要充分发挥农村金融服务机构的信贷杠杆作用，为返乡农民工创业量身定做金融产品。[④] 此外，还有学者认为企业也是提升农民工人力资本的重要主体，应充分利用税收优惠方法促进企业开展农民工培训。[⑤]

　　由于培训是提高人力资本的主要手段，因此不少研究讨论了农民工培训的影响因素及改进策略。"农民的培训需求及培训模式研究"课题组认为企业对农民工重用轻养的原因在于企业与农民工之间缺乏长期稳定的合约关系，企业发展中存在短期行为，使企业对于农民工培训往往缺乏足够的动力。[⑥] 许昆鹏、黄祖辉、贾驰等人认为，在当前的农村劳动力转移培训中，培训投资收益和实现利润最大化的目的使企业具有投资培训的动力，但市场机制无法兼顾效率与公平，这种固有缺陷在农村劳动力转移培训中得到了体现，为此需要政府的介入来克服市场机制的缺陷。[⑦] 人力资

　　① 杜剑、李家鸽、赵雪：《促进就业的税收政策——以农民工群体为研究视角》，《生产力研究》2009 年第 21 期。

　　② 马列、石红梅：《促进"农民工"群体就业的税收政策》，《税务研究》2008 年第 3 期。

　　③ 韩俊、崔传义：《我国农民工回乡创业面临的困难及对策》，《经济纵横》2008 年第 11 期。

　　④ 苏文军：《金融服务支持返乡农民工就业途径探讨》，《贵州社会科学》2009 年第 4 期。

　　⑤ 谭寒、潘寄青：《促进农民工培训的财税政策研究》，《职教论坛》2010 年第 31 期。

　　⑥ "农民的培训需求及培训模式研究"课题组：《农民的培训需求及培训模式研究（总报告）》，《经济研究参考》2005 年第 35 期。

　　⑦ 许昆鹏、黄祖辉、贾驰：《农村劳动力转移培训的市场机制分析及政策启示》，《中国人口科学》2007 年第 2 期。

源和社会保障部职业能力建设司课题组认为，企业在农民工培训中的作用发挥不充分的原因在于，对企业在农民工培训中的责任缺乏明确的法律和制度规范，对企业承担农民工培训缺乏有效的政策激励。同时，企业多出于自身利益的考虑未与学校、培训机构和社会等其他力量开展培训合作。① 刘国永认为培训具有外溢性，导致企业对培训有所顾虑。为此，应鼓励用人企业和农民工之间建立稳定的、持久的、长期化的雇佣关系。②

总之，市场视角所提出的对策主要集中在经济领域，较为强调通过发挥市场以及与市场相关的各类政策手段的调节作用来促进农民工就业。同时，市场视角也极为重视对农民工的培训，认为这是突破既有不平等市场结构对农民工就业限制的最好方法。

二　国家角度的相关研究进展

国家角度的相关研究主要从政府角度研究现阶段我国的政府职能、责任与角色、行为对农民工就业的影响。其中，大量的研究共同指向政府的缺位、越位和错位对农民工就业的阻碍和限制作用。因此，国家视角所提出的就业促进方法，主要集中在政府理念、角色和具体政策等方面，其基本促进思路在于改变政府在农民工就业促进中的角色。

政府的角色、责任等主要通过政策和行为来体现。在政策方面，学者们集中研究了户籍制度③、社会保障④、教育培训政策与就业政策⑤、公共

---

① 国务院农民工办课题组：《中国农民工发展研究》，中国劳动社会保障出版社 2013 年版，第 97—98 页。

② 刘国永：《我国农村劳动力转移培训实践与政策思考》，《华中师范大学学报》2006 年第 4 期。

③ 新型城镇化课题组：《打破户籍制度壁垒——新型城镇化建议之四》，《宏观经济管理》2014 年第 7 期。

④ 参见李强、冯虹、叶迎、余运江、孙斌栋、孙旭等人的论述。李强：《城市农民工的失业与社会保障问题》，《新视野》2011 年第 5 期；冯虹、叶迎：《完善社会正义原则实现农民工就业待遇公平》，《管理世界》2009 年第 8 期；余运江、孙斌栋、孙旭：《社会保障对农民工回流意愿有影响吗？——基于上海调查数据的实证分析》，《人口与经济》2014 年第 6 期。

⑤ 耿金龙、郭伟、赵喜文、王志成：《农民工就业培训——困厄与出路——基于河北省四市就业培训实证调查结果》，《成人教育》2010 年第 6 期；纪韶：《改革开放以来的中国农民工就业政策社会效应评估研究》，《经济与管理研究》2010 年第 10 期。

服务政策①、劳动力市场政策与工资政策②、社会管理体制③、劳动保护政策与人力资源配置制度④等因子对农民工就业的影响，这些因子共同对农民工的就业产生了制度性排斥，其中户籍制度的排斥是显性的，而就业制度、教育制度、社会保障制度等共同构成了"隐性户籍墙"⑤，使农民工在求职、就业待遇、权益维护等方面处于不利境地。在政府行为方面，研究主要集中在政府的政策执行不当（越位和错位）等方面对农民工就业的影响上。例如，纪韶发现农民工就业政策中存在着中央政府与地方政府、地方政府之间、政府与企业之间的博弈，这严重影响了政策的执行效果。⑥ 顾微微认为，政府的角色失当是导致农民工就业困难的主要原因。⑦

近些年，国家对农民工就业促进（尤其是培训）的投入有所加大，实施了一系列针对农民工培训的项目。为此，国家在农民工培训中的角色与责任也受到学界的关注。虽然有不少成果发现了政府培训、职业教育等对农民工就业具有积极作用，因此农民工就业促进政策建设需完善农民工培训的政府支持系统，如保证政策公平性、行政服务体系等⑧，但更多的成果则是指出政府在农民工就业促进中的各种不足。例如，郭亚非、鲍景认为政府定位对农民工培训工作影响巨大，政府扮演实施者

---

① 于建嵘：《基本公共服务均等化与农民工问题》，《中国农村观察》2008年第2期。

② 参见谢桂华、高飞等人的研究。谢桂华：《农民工与城市劳动力市场》，《社会学研究》2007年第5期；高飞：《农民工工资政策》，《新农业》2010年第9期。

③ 李华红：《西部农民工可持续就业语域中的社会管理创新研究——基于贵州省的实证调查》，《东疆学刊》2013年第1期。

④ 参见江立华、符平、李迎生、刘艳霞、宋艳等人的论述。江立华、符平：《断裂与弥补——农民工权益保障中的法与政府角色》，《社会科学研究》2005年第6期；李迎生、刘艳霞：《社会政策与农民工群体的社会保护》，《社会科学研究》2006年第6期；宋艳：《进城农民工弱势地位改变研究——政府人力资源管理的视角》，吉林大学出版社2010年版，第74—103页。

⑤ 刘传江、程建林：《双重"户籍墙"对农民工市民化的影响》，《经济学家》2009年第10期。

⑥ 纪韶：《改革开放以来的中国农民工就业政策社会效应评估研究》，《经济与管理研究》2010年第10期。

⑦ 顾微微：《论农民工就业扶持中的政府角色》，《科学·经济·社会》2013年第2期。

⑧ 参见田松青、刘万霞等人的论述。田松青：《农民工返乡创业的政府支持体系研究》，《中国行政管理》2010年第11期；刘万霞：《职业教育对农民工就业的影响——基于对全国农民工调查的实证分析》，《管理世界》2013年第5期。

角色严重阻碍了农民工的培训效果。① 赵树凯指出政府的资金投入、与农民工的关系及工作机制等严重影响了农民工培训的绩效。② 梁栩凌、王春稍指出了政府直接参加培训和编写教材等会造成越位。③ 高洪贵认为政府购买培训服务中存在着绩效评价机制不健全、制度保障缺乏、政府自身管理能力不足等诸多问题。④ 王飞指出了政府购买就业培训券模式的不足。⑤

在具体的就业促进方法上，国家视角主要关注国家该以何种方式介入农民工就业，以及该以何种方式促进农民工就业。这些对策主要集中在政府理念、角色和具体政策等方面。

理念是政策制定的价值观。鉴于理念对政策制定的作用，许多学者纷纷指出，政府应改变之前对农民工就业区别对待的理念，重视农民工就业。学者们所提出的理念包括公平和公正理念⑥、合作理念和服务理念⑦、协同理念和责任理念⑧等。在以上理念的指导下，学者们针对之前在农民工就业治理中的政府缺位、越位和错位等问题，提出当务之急是要实现政府责任的回归，建设责任型政府。为此，学者建议应突出国家在农民工就业中的作用，主动承担起对农民工就业促进的责任，正确扮演自己的角色。例如，肖云、徐艳指出政府应该做社会保障产品的提供者、就业促进政策的制定者、困难群体就业的服务者、平等就业环境的营造者、保障体

　　① 郭亚非、鲍景：《入城农民工就业培训中政府角色定位分析——以云南省调查为例》，《学术探索》2006 年第 3 期。

　　② 赵树凯：《农民工培训的绩效挑战》，《华中师范大学学报》2011 年第 2 期。

　　③ 梁栩凌、王春稍：《缺位或越位：农民工培训中的政府角色研究》，《经济问题》2014 年第 9 期。

　　④ 高洪贵：《农民工教育培训的困境及其超越——以政府购买公共服务理论为视角》，《现代远距离教育》2014 年第 2 期。

　　⑤ 王飞：《浅析政府购买农民工就业培训服务》，《创新》2012 年第 6 期。

　　⑥ 冯虹、叶迎：《完善社会正义原则实现农民工就业待遇公平》，《管理世界》2009 年第 8 期。

　　⑦ 张志胜：《加强政府间合作　保障农民工权益》，《中国人力资源开发》2007 年第 2 期；谭彦红：《基本公共服务均等化与农民工问题》，《财政监督》2009 年第 15 期。

　　⑧ 参见谭彦红、许丽英、王跃华等人的论述。谭彦红：《基本公共服务均等化与农民工问题》，《财政监督》2009 年第 15 期；许丽英、王跃华：《新生代农民工劳动就业权益保障与政府责任探析》，《行政论坛》2014 年第 2 期。

系运行的监督者、社会支持系统的引导者。① 顾微微提出政府应是保障农民工实现平等就业权的主导力量，是农民工就业公共服务的提供者，是农民工就业政策和法规的制定者、公平就业环境的营造者、劳动利益的协调者和秩序的维护者、农民工人力资本的投资者。② 郭亚非、鲍景认为政府应该是推动者而不是具体实施者，应是各类资源的组合者和加强农民工培训工作的督促者和服务者。③ 王书军等则强调政府的"补充角色"，认为政府应该是市场的维护者、矫正者和守护者。④ 罗忆源提出政府在农民工的培训中既是资源的配置者、整合者，也是培育者，还是教育培训市场机制的维护者、社会公平的守护者，更是政策、制度障碍的消除者。⑤ 高洋、许艳丽提出政府应转换角色，应从"划桨人"转换到"掌舵人"，发挥引导作用，培育培训市场。⑥ 朱善利也提出，政府在劳动力转移过程中的政策定位就是回归市场、培育市场、尊重市场、引导市场。⑦ 在以上角色中，政府的引导者角色被许多学者所强调，纷纷建议政府应引导市场和社会力量共同促进农民工就业。不过，崔传义指出，体制转轨期农民就业转移权利和制度环境是一个政府承担重要责任的关键性因素。⑧

在责任型政府的指导下，不少学者提出在制度上应不断推进基本公共服务的均等化，为农民工建立起完善的、公平的、城乡统一的就业服务体

---

① 肖云、徐艳：《论农民工就业社会保障与政府主体角色》，《佛山科学技术学院学报》2005 年第 6 期。

② 顾微微：《论农民工就业扶持中的政府角色》，《科学·经济·社会》2013 年第 2 期。

③ 郭亚非、鲍景：《入城农民工就业培训中政府角色定位分析——以云南省调查为例》，《学术探索》2006 年第 3 期。

④ 王书军、王素君：《农民工培训中的市场失灵及对策分析》，《农业经济》2007 年第 5 期。

⑤ 罗忆源：《农民工教育培训中政府应然角色探讨》，《广州大学学报》2009 年第 8 期。

⑥ 高洋、许艳丽：《转换政府角色 培育民办教育服务市场》，《内蒙古师范大学学报》2006 年第 11 期。

⑦ 朱善利：《劳动力转移与经济发展——湖南省攸县外出务工模式研究》，经济科学出版社 2008 年版，第 238—242 页。

⑧ 崔传义：《农民进城就业与市民化的制度创新》，山西出版社 2008 年版，第 42—46 页。

系和就业促进制度，使农民工能享受到就业技能培训和就业援助①，并加强对劳动力市场秩序的监管②。在推进公共服务均等化的过程中，王跃进认为，教育公正与体制创新是农民工职业培训的根本保证，为此需要正确处理财权与事权的关系、扩大政府就业与再就业培训的服务范围等。③

此外，国家视角也注重通过投资农民工人力资本来促进就业。在此过程中，学者提出，政府应扮演好更加积极的角色。根据"谁投资、谁受益"的原则，政府特别是流入地政府是培训的主要受益者，为此，要积极推动新生代农民工职业教育培训治理能力的现代化，做好简政放权，提升培训中的多中心治理能力④；针对农民工返乡的现实，田松青指出，应为农民工返乡创业建立完善的政府支持体系，包括培训体系、信用体系、行政服务体系和政策体系等⑤。其中，政策支持是最核心的支持，因此简新华、黄锟提出应建立农民工人力资本投资的公共政策，它包括激励企业和农民工增加人力资本投资的公共政策和政府直接增加农民工人力资本投资的公共政策，用于农民工迁移、就业、教育、培训等方面的支出纳入财政预算，完善转移支付制度。⑥在此基础上，有不少学者分析了政府为农民工培训提供财政支持的最优路径。张伶、何建华主张当务之急是要把农民工培训投入纳入公共财政的支持范围，增加培训的投资力度。⑦潘寄青与沈涛指出，农民工的基础教育、免费职业培训、创业培训、成人教育四方面都应获得财政支持。⑧孔荣与魏涛提出应利用财政转移支付为农村家庭困难学生提供免费职业教育和免费职业培训。⑨谭寒、潘寄青认为可以

---

① 王阳：《加快健全城乡劳动者平等就业制度》，《宏观经济管理》2013年第10期。

② 朱秀茹、郑玉刚：《就业歧视与建立农民工就业服务体系研究》，《农业经济》2008年第7期。

③ 王跃进：《公共服务均等化与农民工培训》，《职教论坛》2010年第1期。

④ 田书芹、王东强：《新生代农民工职业教育培训主体博弈与政府治理能力提升》，《教育发展研究》2014年第19期。

⑤ 田松青：《农民工返乡创业的政府支持体系研究》，《中国行政管理》2010年第11期。

⑥ 简新华、黄锟：《中国工业化和城市化过程中的农民工问题研究》，人民出版社2008年版，第128—133页。

⑦ 张伶、何建华：《培训系统与农民工职业培训绩效关系的实证研究》，《经济管理》2011年第11期。

⑧ 潘寄青、沈涛：《农民工培训需求与资金支持机制建设》，《求索》2009年第5期。

⑨ 孔荣、魏涛：《支持农民工返乡创业的财政政策研究》，《科技创业月刊》2010年第10期。

通过增加财政转移支付力度来为相关企业提供税收优惠，设立国家级的农民工培训专项基金等。[①] 财政部社保司撰文指出，农民工培训资金的管理应完善"两体多翼"管理体制，实行"两分五统"目标，统一培训规划、培训机构、补贴标准、信息平台和考核办法。[②] 除财政支持外，学者们认为政府还应从以下方面来做出变革，包括健全投入、完善监管和配套法规[③]，营造农民工技能培训的良好社会氛围，建立长效机制，提供全方位的服务[④]，改善政府工作机制等，尽快使转移培训主体法制化，加强政府规制建设，完善就业准入制度[⑤]，依法营造全民终身学习的环境。

除了政府支持外，还有学者认为，政府还可以通过直接提供培训服务的方式，来促进农民工职业能力的提升。例如，北京市农村工作委员会和北京市农村经济研究中心等单位研究了北京市平谷区南独乐河镇形成了以镇社区教育中心为"龙头"、村成人学校为基础的社区教育网络的绩效，认为它对镇域内农民工就业和岗位知识进行培训有积极的促进效果。[⑥]

总体来看，国家视角侧重从政府角色的改变和政府政策的支持来促进农民工就业。

三 社会角度的相关研究进展

社会视角对农民工就业促进的研究，最初的研究主要集中于分析农民工的社会关系对其转移就业的影响上。刚开始研究者侧重分析农民工的非正式关系网络（如传统的地缘关系和血缘关系）在农民工的求职与地位

---

① 谭寒、潘寄青：《促进农民工培训的财税政策研究》，《职教论坛》2010 年第 31 期。

② 财政部社保司：《完善"两体多翼"体制 实现"两分五统"目标——关于统筹农民工培训资金的思考》，《农村财政与财务》2012 年第 3 期。

③ 吴义太、邓有莲：《试论我国农民工培训的政府责任》，《成人教育》2012 年第 3 期。

④ 许项发：《基于公共管理的农民工职业技能培训》，《成人教育》2007 年第 2 期。

⑤ 朱占峰：《农村剩余劳动力转移培训实效研究》，武汉大学出版社 2014 年版，第 175—179 页。

⑥ 北京市农村工作委员会、北京市财政局、北京市农村经济研究中心：《北京市农村劳动力转移培训的实践与探索》，中国农业出版社 2004 年版，第 13 页。

获得中发挥的重要作用。这方面涌现了大部分的成果。① 这些成果共同指出农民工自身的关系网络（规模、性质、层次性）是影响其在城市中求职与获得地位的关键性变量。除此之外，学者们还发现，农民工对关系网络的运用方式也会影响到就业效果。例如，李怀和李强发现，农民工对关系网络的策略性建构与运作有利于增加求职的成功性。② 当然，还有一些研究发现农民工的非正式关系网络对其就业具有负功能，容易导致权益受损。③

后来，学界逐渐用社会资本概念取代关系网络研究，因为它比关系网络的范围更广，且由于它可以与人力资本和经济资本进行比较，因此受到多学科的使用和重视。学界非常强调社会资本对农民工求职的正（弥补劳动力市场失灵、促进农民进城就业）、负（限制农民工消费、阻碍交往等）功能。④ 同时，许多研究强调中观层面的社会资本即社会组织（包括家庭、培训学校、非营利组织等）对农民工人力资本提升的影响。一方面，学者们普遍赞同社会组织的介入对农民工人力资本的提升有积极作用。这种作用可以从社会组织的培训与政府的培训相比所具有的优势来体现，其优势包括师资队伍、场地、课程设计优势，与市场对接容易，便于

---

① 这方面的成果包括李培林对流动民工的社会网络和交往方式对其社会地位的影响分析，王汉生、刘世定、孙立平、项飚等人对北京"浙江村"的分析，王春光对温州人的研究，刘林平对深圳"平江村"的个案分析，翟学伟对流动人口求职的关系强度与信任的分析等。参见王汉生、刘世定、孙立平、项飚：《"浙江村"：中国农民进入城市的一种独特方式》，《社会学研究》1997年第1期；王春光：《流动中的社会网络：温州人在巴黎和北京的行动方式》，《社会学研究》2000年第3期；刘林平：《外来人群体中的关系运用——以深圳"平江村"为个案》，《中国社会科学》2001年第5期；翟学伟：《社会流动与关系信任——论关系强度与农民工的求职策略》，《社会学研究》2003年第1期。

② 李怀、李强：《农民工求职关系网络的再生产——基于对兰州市江苏籍装修工的案例分析》，《西北师大学报》2008年第6期。

③ 参见甘满堂、张智勇、张国英、汪阔朋等人的研究。甘满堂：《城市外来农民工街头非正规就业现象浅析》，《中共福建省委党校学报》2001年第8期；张智勇：《社会资本与农民工就业》，《经济社会体制比较》2007年第6期；张国英、汪阔朋：《农民工就业权益保障的缺失及构筑》，《经济问题》2009年第4期。

④ 参见马九杰、孟凡友、牛喜霞等人的研究。马九杰、孟凡友：《城市农民工第二市场择业——关于深圳市的个案剖析》，《开放时代》2003年第4期；牛喜霞：《社会资本在农民工流动中的负面作用探析》，《求实》2007年第8期。

整合社会资源，公益性明显等。① 例如，翁杰、郭天航发现职业教育对农民工就业的帮助超过政府组织的短期培训②，戴国琴发现民工学校对建筑工的人力资本和社会资本提升具有显著的正向作用。③ 另一方面，学者们还从社会组织的视角集中研究了各地区在农民工培训中的成功经验（主要是各种模式）对农民工人力资本提升的作用及其运作机理。所概括出的模式典型的有富平模式（民办公助）、民工子弟学校模式、送教上门模式、订单模式、补偿教育模式④，并指出了这些模式中培训机构的角色及其功能。再者，学者们还重点研究了目前培训组织的各种不足对农民工培训的制约作用。这些不足包括丧失公益性、收费偏高、培训学校的师资不足、培训内容与培训方法与市场脱节、技术手段低、对培训的认识与投入不足等⑤，还包括承担农民工培训的意愿不强⑥、承接政府购买农民工服务的能力参差不齐等。⑦

由于家庭也是社会资本的一种类型，因此一些学者还研究了家庭对农民工培训的影响，所得出的结论主要是家庭对培训投资具有阻碍作用。例如，张艳、陈丽瑶通过对辽宁省返乡农民工的调查发现，家庭因素（家庭人口数量、收入）是阻碍返乡农民工培训的重要变量之一。⑧ 吴丹、颜怀坤、曾盼盼也发现，赡养老人和子女教育的负担会阻碍农民工参与培训

① 参见王春光、王鹏、王秋芳等人的研究。王春光：《流动中的社会网络：温州人在巴黎和北京的行动方式》，《社会学研究》2000 年第 3 期；王鹏、王秋芳：《农民工职业培训：高职院校的优势体现与操作策略》，《继续教育研究》2010 年第 5 期。

② 翁杰、郭天航：《中国农村转移劳动力需要什么样的政府培训？——基于培训效果的视角》，《中国软科学》2014 年第 4 期。

③ 戴国琴：《民工学校在农民工人力资本和社会资本提升中的作用研究》，《浙江农业学报》2012 年第 2 期。

④ 李湘萍：《富平模式：农民工培训的制度创新》，《教育发展研究》2005 年第 12 期。

⑤ 吕莉敏、马建富：《新生代农民工教育培训需求及策略探究》，《中国职业技术教育》2010 年第 33 期。

⑥ 张胜军：《农民工培训的公益性及其保障》，《职业技术教育》2011 年第 31 期。

⑦ 高洪贵：《农民工教育培训的困境及其超越——以政府购买公共服务理论为视角》，《现代远距离教育》2014 年第 2 期。

⑧ 张艳、陈丽瑶：《辽宁省返乡农民工就业培训存在的问题与对策》，《高等农业教育》2013 年第 6 期。

和投资额度。①

　　社会视角的对策主要是提出要发挥社会力量介入农民工就业。王春光曾公开呼吁，应该重视社会力量在落实农民工就业政策上的放大效应。② 目前，学界主要围绕着就业服务和培训两方面来讨论社会力量的介入问题。

　　在就业服务中，学者们纷纷提出应大力发展非政府组织建设，扩充农民工的社会资本，以此来提升就业服务质量，促进农民工就业。例如，李占五提出社会力量应积极介入信息服务、培训服务、劳资关系服务、文化服务、创业服务等流动就业体系。③ 王飞提出在为农民工提供就业服务的过程中，应发挥第三部门机制的作用，鼓励、支持、引导和促进非营利组织参与农民工就业服务，建立健全非营利组织参与就业服务体系。④ 陈成文、王修晓根据社会资本对农民工就业的影响，提出应在农民工群体中成立工会、志愿协会等非政府组织，给予农民工就业保护。⑤ 丁开杰认为由于我国开展农民工服务时间较短，服务农民工的社会组织还处于"婴儿期"，因此现阶段应改变法律政策环境，加强对农民工社会组织的有效监管，推动农民工社会组织健康发展。⑥ 此外，还有学者从社会资本建设的角度来提出建议。例如，彭国胜、陈成文指出，有必要保留城市中的农民工集聚地，维系和发展青年农民工的关系型社会资本，同时注重加强组织建设，丰富青年农民工的组织型社会资本。⑦ 王春超、周先波

　　① 吴丹、颜怀坤、曾盼盼：《二代农民工培训状况及制度保障研究——基于四川省 4 个县 14 个村的实证调查》，《全国商情》2010 年第 17 期。

　　② 王春光：《重视社会力量在落实农民工就业政策上的放大效应》，《中国党政干部论坛》2009 年第 4 期。

　　③ 李占五：《充分发挥社会力量　建立健全农民工流动就业服务体系》，《宏观经济研究》2007 年第 6 期。

　　④ 王飞：《农民工就业服务体系建设研究——基于城市社区为平台的视角》，《当代青年研究》2013 年第 2 期。

　　⑤ 陈成文、王修晓：《人力资本、社会资本对城市农民工就业的影响——来自长沙市的一项实证研究》，《学海》2004 年第 6 期。

　　⑥ 丁开杰：《农民工社会服务的第三方供给研究》，《中共杭州市委党校学报》2013 年第 2 期。

　　⑦ 彭国胜、陈成文：《社会资本与青年农民工的就业质量——基于长沙市的实证调查》，《湖北行政学院学报》2009 年第 4 期。

提出应帮助农民工由"整合型"向"跨越型"社会资本延伸，鼓励农民工参与城市当地社区和各类社会组织的交流活动以提高农民工的收入。[①]

　　培训方面的建议主要集中在如何推动社会组织参与农民工培训方面。[②] 这些建议除了解决培训机构存在的各种问题外，还主张要引导、规范和扶持社会培训资源。例如，李树林强调必须加强对培训机构的管理，特别是加强培训经费专款专用的监督指导，清理整顿各种违法违规行为，全面规范培训市场。同时加强培训机构建设，完善培训机构资质的认定机制，大力整合培训资源，完善对社会组织的监督、管理。[③] 高洪贵提出要积极培育农民工培训的社会组织，通过营造社会组织发展的良好制度环境、出台税收优惠政策扶持社会组织发展壮大，对承接农民工培训的社会组织要利用财政新增资金加大农民工培训财政投入力度，激发社会组织参与政府购买农民工培训服务的积极性。[④] 张胜军提出培训机构坚持教育公益性原则，坚决杜绝农民工培训中的逐利行为[⑤]；何腊柏则主张用市场竞争机制选择培训机构。[⑥] 李君甫比较了三类投资主体的特点，回答了农业就业由谁培训的问题。他认为，在农民的就业培训中有三类投资主体，即政府部门、私人部门和非政府组织；相应的农民就业有三类培训机构，即公办职业技术学校、民办职业技术培训学校和非政府组织的职业培训学校。公办学校培训的对象是资质较好、家境富裕的农民子弟，以正规职业教育为主；民办学校和非政府组织培训的对象是资质较差或者家境贫困的农民及农民子弟，以非正规教育为主。为促进农民就业数量和质量的提

---

　　① 王春超、周先波：《社会资本能影响农民工收入吗？——基于有序响应收入模型的估计和检验》，《管理世界》2013 年第 9 期。

　　② 刘万霞：《职业教育对农民工就业的影响——基于对全国农民工调查的实证分析》，《管理世界》2013 年第 5 期。

　　③ 李树林：《上海市闵行区职业技能培训的现状、问题及对策》，《职教论坛》2008 年第 21 期。

　　④ 高洪贵：《农民工教育培训的困境及其超越——以政府购买公共服务理论为视角》，《现代远距离教育》2014 年第 2 期。

　　⑤ 张胜军：《农民工培训的公益性及其保障》，《职业技术教育》2011 年第 31 期。

　　⑥ 何腊柏：《构建农民工培训体系的几个重要环节》，《中国人力资源开发》2006 年第 3 期。

高，我们应该充分发挥三类学校各自的长处和作用。①

此外，还有少数学者研究了农民工家庭对培训的投入问题。例如朱占峰发现农民工家庭存在着小富即安心理，大大制约了农民工创业，农民工家庭对培训的投入斤斤计较，免费培训尚能参与，对需要自己支出一部分时间和成本的培训则不感兴趣。因此，要发挥培训的就业促进效果，还需在家庭方面做文章。②

四　农民工就业中国家、市场与社会的关系研究进展

除了单独讨论外，还有一些研究系统讨论了国家、市场、社会的关系对农民工就业的影响。这些成果虽然没有上述主题丰富，但在影响因素和促进路径方面都有所涉及。

在影响因素方面，有一些研究发现人口结构、国家、市场、社会和个人对农民工就业的影响存在着相互关系，各因素之间共同起作用。例如，单正丰、季文、陈如东发现社会资本与人力资本分别对农民工就业和城市融合起到"两级遴选"作用，其中人力资本起决定作用，社会资本起支持作用。③ 陈宪、黄健柏发现劳动力市场分割和农民工自身条件是影响农民工就业的第一主成分因素，政府服务水平和思想文化是第二主成分因素，信息灵敏性和就业岗位是第三主成分因素，家庭条件和农民工工资待遇是第四主成分因素。④ 此外，还有少数学者分别从政府、社会、家庭和农民工自身角度研究了农民工培训的障碍问题。例如刘奉越认为，农民工培训中的障碍包括意向障碍、素养障碍、情境障碍、机构障碍和信息障碍五个方面。⑤

在具体的促进对策方面，不少学者认为应将政府、企业、培训机构、社会组织及农民工自身力量综合起来，共同促进农民工就业。例如，高灵

---

① 李君甫：《农民就业由谁来培训——三类农民培训投资主体与三类培训机构的比较》，《农村经济》2006 年第 10 期。

② 朱占峰：《农村剩余劳动力转移培训实效研究》，武汉大学出版社 2014 年版，第 1138—1141 页。

③ 单正丰、季文、陈如东：《农村劳动力迁移中的两级遴选机制与群体分化——农村劳动力迁移过程中的公共政策选择》，《农业经济问题》2009 年第 6 期。

④ 陈宪、黄健柏：《农民工就业影响因素的主成分分析》，《生产力研究》2009 年第 18 期。

⑤ 刘奉越：《农民工培训的障碍因素及对策分析》，《成人教育》2009 年第 2 期。

芝倡导建立健全由政府部门、非营利性组织、营利性组织、用人单位、农民工等各责任主体共同参与的农民工就业促进组织网络。① 综合性思路在农民工培训中体现得最为明显，许多学者主张建立多元主体在培训中的协同关系。例如，王飞在政府推行就业培训券的基础上，提出了一个就业培训多元模式。② 赵泽洪、李传香从政府、社会、个体三个层面构造了一个新生代农民工就业能力再造系统，政府主要做好基本公共服务，社会组织提供培训和就业信息。③ 冯旭芳提出了一个政府、企业、学校三方联动推进农民工职业技能培训框架，政府主要做好制度和经费供给，企业承担培训成本，学校为农民工提供培训机会。④ 田书芹、王东强、牟芷提出了一个新生代农民工返乡创业多中心治理模式，他们从政府、新生代农民工、职业机构培训、社会组织等不同主体的关联性入手，提出应从政策扶持机制、人力资本投入机制、立体化培训机制、资源整合机制、制度设计角度系统地提出政策。⑤

类似的研究还有很多，总结来看，目前对国家、市场和社会在培训中的关系模式主要有两种观点：一种是认为政府应该在其中起主导作用模式。例如，张三保、吴绍棠基于"民工荒"的实质，提出应发挥政府的主导作用和服务职能，走市场化道路，以此来刺激企业和农民工的培训需求。⑥ 另一种是从权责角度来建构政府、市场与社会的关系。权责分析主要是依据国家、市场、社会各自的特性来分配其在农民工培训中的角色。例如，王春光认为，在培训模式上，可以建立政府出资买培训、民间搞培

① 高灵芝：《"治理理论"视角下的城市农民工就业促进的组织网络——以济南市为个案》，《东岳论丛》2006 年第 6 期。

② 王飞：《浅析政府购买农民工就业培训服务》，《创新》2012 年第 6 期。

③ 赵泽洪、李传香：《就业能力贫困与再造：新生代农民工就业悖论及其破解》，《中国人力资源开发》2011 年第 9 期。

④ 冯旭芳：《政府、企业、学校三方联动推进农民工职业技能培训》，《中等职业教育》2010 年第 35 期。

⑤ 田书芹、王东强、牟芷：《新生代农民工返乡创业能力的多中心治理模式研究》，《济南大学学报》2014 年第 4 期。

⑥ 张三保、吴绍棠：《农民工培训体系建设与政府角色定位》，《当代经济》2006 年第 6 期。

训、农民工选培训的机制。① 叶玲提出，在农民工培训中，教育部要负责制定政策，各级政府负责统筹与指导，金融、市场、税务部门要实施优惠，各类职校、培训机构、成人学校提供培训，企业、社区积极参与。② 杨晓军提出了一个促进就业技能培训模式。该模式以农民工、政府部门和用人单位为主体，三者合理分工。其运作方法是农民工选培训、政府提供帮助、用人单位积极参与培训、培训机构良好运作。所以，为实施该模式，要走使培训运作市场化的道路。培训以市场需求为导向，增加劳动力培训的市场供给，实现培训投入的多元化。③ 权责分析体现在农民工培训的筹资方面，主张国家、市场、社会与农民工个人共同承担。例如，有学者指出，应形成国家、企业、农民工和社会四位一体的培训资金保障机制④，使培训成本分摊，相互协同。

总体来看，无论是政府主导模式，还是多元分担的观点，从权责角度来讨论国家、市场、社会在农民工就业促进中的具体关系只是一种理想的合作状态，并不会必然带来几者关系的融洽。例如，有研究揭示，不少培训学校经常采取非法手段，骗取国家对农民工的培训补贴。⑤ 另外，有些学者通过研究一些具体的成功培训模式，总结出了一些可行的关系状况，为就业促进中的国家、市场、社会的合作提供可能。例如，谢勇、黄承贵总结了五种农民工培训模式，即委托模式、定点模式、订单和联合模式、企业培训模式、商业培训模式。⑥ 袁庆林、林新奇、洪姗姗提炼了六种模

① 王春光：《重视社会力量在落实农民工就业政策上的放大效应》，《中国党政干部论坛》2009 年第 4 期。

② 叶玲：《回流农民工人力资本再开发途径及对策建议》，《成人教育》2012 年第 4 期。

③ 杨晓军：《农民工就业技能培训模式研究》，中国社会科学出版社 2011 年版。

④ 参见张翠莲、李善同、吕莉敏、马建富、张伶、何建华等人的论述。张翠莲：《农民工培训中三大主体的参与意愿与承担能力探讨》，《农村经济与科技》2008 年第 7 期；李善同：《农民工在城市的就业、收入与公共服务——城市贫困的视角》，经济科学出版社 2009 年版；吕莉敏、马建富：《新生代农民工教育培训需求及策略探究》，《中国职业技术教育》2010 年第 33 期；张伶、何建华：《培训系统与农民工职业培训绩效关系的实证研究》，《经济管理》2011 年第 11 期。

⑤ 李忠将、田苗：《"民生工程"缘何成了腐败温床——贵州套取农民工就业培训资金系列窝案透视》，《就业与保障》2009 年第 1 期。

⑥ 谢勇、黄承贵：《农民工参加职业培训意愿的代际间差异分析》，《调研世界》2011 年第 10 期。

式，分别为农民工自发培训模式、政府主导的公共职业培训模式、职业院校主导的职业培训模式、企业主导的职业培训模式、民办公助的"富平模式"和多元化模式。[①] 但是模式研究也遇到一些问题，这些研究并不能很好地结合特定的政策框架和社会背景，因此会阻碍模式的适用空间。

五　对以上研究的述评

农民工就业是多学科关注的一个问题，在该领域也已产生了大量的研究成果。通过对农民工就业研究进行简要述评，有以下三方面的发现。

第一，影响农民工就业的因素是多元的。农民工、国家、市场与社会领域都存在阻碍农民工就业的因素。因此，要促进农民工就业，应该舍弃单纯从传统的就业理论（如古典就业理论、保守主义、凯恩斯主义、新凯恩斯主义、工作搜寻理论、人力资本理论等）出发，偏重国家或市场一方的力量去研究农民工就业问题，而应采取多元视角，吸纳多学科的观点，将国家、市场、社会和个人的力量综合起来进行考量。这一点已得到多个学科认同。但是，就目前而言，在农民工就业促进中，在如何将国家、市场、社会与个人的力量综合起来方面，各个学科均有不足。

（1）在研究取向上，重对策研究、轻理论分析。各学科目前均没有建立比较有效的理论框架去解释国家、市场、社会与个人的合作问题。大量的研究都是以应用研究为主，侧重在分析既有政策（包括人口政策、经济政策、社会政策、公共服务政策等）不足的基础上提出相应针对性建议。研究的应用取向使目前研究理论缺乏积累，鲜有好的理论框架去解释国家、市场、社会和农民工个体在就业促进中的合作问题。

（2）在研究内容上，各学科均未能将国家、市场、社会与农民工个人等多元主体不合作的原因作为研究的重点，只是从单一的角度（如市场、国家、社会）去解释某一主体为什么不愿意合作。虽然国家视角对政府的解释已较为深入，但是单侧面的解释不足以从整体上把握多元主体的合作问题。实质上，根据合作理论，国家、市场与社会的合作具有多个维度。此外，在研究内容方面，研究较为关注国家与第三部门的关系，却

①　袁庆林、林新奇、洪姗姗：《我国新生代农民工培训主要模式及其比较研究》，《南方农村》2011 年第 5 期。

缺少对国家与家庭、第三部门与家庭的关系分析。也即，家庭并没有被纳入农民工培训的范畴。

（3）在具体对策建议上，虽然有些研究提出过综合性的合作框架，但是这些框架大部分是按照国家、社会、市场的责任来提出多元主体应该扮演的角色，类似于多元培训责任的分解，并没有对多元主体间的深层合作机制展开深入讨论。国家视角虽然看到了国家角色的变化对农民工就业促进的影响，也主张通过国家角色的改变（例如由缺位状态变成首要责任者与引导者等），但它对其他主体（社会与市场）的分析还欠深入，也没有针对我国新生代农民工就业的现实研究国家角色该如何转换等问题。例如，国家视角提出国家应该变成新生代农民工培训的引导者，但是引导者的角色是否具有文化和领域的差异性？现阶段在新生代农民工的就业领域，国家该如何当好一个引导者？这一系列的问题都需要深入解答。因此，从政府的角度讨论国家在农民工就业中的一般性角色不利于找到新生代农民工就业促进的最好方法。此外，虽有研究也总结了不少多元主体可行模式，但它对这些模式的保障机制缺乏深入讨论。

可见，学界在对农民工就业促进的研究方面，虽然赞同国家、市场、社会、个人的合作，但一直未能提出比较契合的合作理论框架。不过，国家视角提供了一个很好的建议，即要重视国家角色在综合分析框架中的作用。

第二，多重视角的研究共同指出，人力资本因素是导致农民工就业难的主要变量，也是提升农民工就业促进的重要方法。上文表明，人力资本不足是影响农民工就业的直接因素。促进农民工就业的具体方法，已由经济学视角的注重需求转向了注重供给，以提升农民工的人力资本为主，解决手段也已由经济政策转向了经济政策和社会政策并重。因此，如何从社会政策的角度来研究农民工的人力资本投资成为一个非常重要的主题。目前，社会政策领域具有许多分析国家、社会、市场关系的理论框架，有些学者也已从福利治理的角度讨论了农民工人力资本投资中国家、市场与社会的合作问题，但仍留有许多不足。

（1）在研究成果方面，目前社会政策对农民工就业促进的研究无论是在广度还是在深度方面都稍显薄弱。这与当前社会政策的整体研究水平相关，也与学者的假定相关。不少学者认为，人力资本投资是经济学和教育学而非社会政策的范畴，他们将社会政策局限在社会保障、公共服务、最低工资政策等传统的再分配领域，而未看到社会政策的发展性功能。因此，社会政策对农民工培训中该如何投资及具体培训模式的总结等方面还不如教育学深入。实际上，培训是一种福利机会，在发展型社会政策看来，它兼具经济和社会意义，应该被纳入社会政策的分析范围。

（2）社会政策视角在对农民工就业促进进行研究时，具有较强的社会权利倾向，侧重从权利不平等角度研究既有社会政策对农民工就业的阻碍作用。权利中心论倾向忽略了社会政策与之所处的社会经济文化背景之间的关联。在农民工所享受的全部福利中，培训福利是一种新福利，是国家根据社会和经济环境的变化为农民工逐步提供的。农民工就业培训的开展状况如何与国家的提供逻辑直接相关。但目前权利中心论的社会政策研究倾向在分析农民工培训政策时明显忽略了国家的作用。虽然国家视角的一些研究弥补了权利中心论的缺陷，但是并没有将国家分析与社会政策（农民工的就业促进政策）分析相结合，使研究成果更多地停留在应然的状态中，许多学者发现了国家在农民工培训中的缺位、失位等，但并没有找到国家缺位与失位的根源，因此所提出的相应对策也缺乏适用性。

（3）在多元主体的合作方面，社会政策领域虽然也总结或者提出了多种模式，这些模式格局特征各异，也涉及国家、市场、社会、个人之间不同的组合，有效地弥补了国家、市场、社会单一视角分割研究的不足。但现有成果对模式的关系分析还不是很深入，还未涉及各种模式的使用范围，未分析各种模式与国家治理结构、新型城镇化、农民工群体结构变化的关系，也未分析不同模式的风险、各种模式未来的变化趋势，以及各种模式的实施保障等，大大制约了模式的适用范围。

第三，目前还缺乏将福利三角与农民工培训政策的分析。虽然福利三角框架有利于分析国家、市场与社会的关系。目前也有一些研究讨论了职业培训中国家、市场的合作问题，但这些研究在合作的维度上偏窄，仅局限于就业服务的供给，而未涉及融资和规制的角度，更没有对农民工就业领域福利三角的关系互动展开深入讨论。虽然有一些研究从国家、市场、社会的角度提出过综合性解决框架，但由于缺少对福利三角互动关系的讨论，这些综合性对策不一定能带来 “1＋1＞2” 的效果。同时，也无法回答以下问题：如何通过三者的合作提高农民工的总体就业福利？如何建立制度性方法，减少三角之间的合作障碍？如何使福利三角中的三方扮演好各自角色，实现彼此互补？如何避免三角之间的零和博弈？如何解决公私伙伴关系对弱势农民工的社会排斥？

综合来看，目前学界对农民工培训政策的研究，缺乏合作视角、福利视角和国家中心主义视角，这恰恰给本研究留下了巨大的研究空间。

本章小结：通过对农民工就业促进的多学科梳理发现，农民工的就业能力低是导致农民工结构性就业的一个直接原因，因而对农民工进行人力资本投入，通过培训提高农民工的就业能力业已成为促进农民工就业的关键一步。这既得到了多学科的认同，也是我国未来农民工政策调整的重点。提高农民工的就业能力，虽然符合经济学对劳动力供给方的强调，但是在农民工就业能力提升的具体政策制定中，不能简单由企业或政府一方来承担，而应将国家、市场、社会与农民工个人等多元主体纳入进去，这就需要建构一个能将多元主体整合在一起的理论框架。社会政策领域对农民工的就业促进问题研究，目前较为强调社会排斥、就业歧视和社会保障等方面，还未对就业能力的具体提升路径有更深层次的考量。这既与农民工就业政策的不完整有关，也与就业兼具经济政策和社会政策的双重属性有关。社会政策领域的福利三角框架通过引入融资和规制等因子，可以很好地解释多元主体的合作问题。但目前在对福利三角的应用时，还存在着维度单一、不注重三方互动关系分析的问题。同时，至今也未有研究从福利三角角度分析农民工就业能力的提升路径。

第三章　研究设计

第一节　主要概念界定

一　农民工

目前学术界对"农民工"一词的使用仍存在着争议，概念的内涵和外延并不清晰。存在很多词语（如民工、流动人口、进城务工者、农民外出务工人员）与"农民工"这一称谓产生交集。许多学者认为，"农民工"一词对所指向的群体具有歧视性特征。因此，有些地方使用"外来工"或"异地务工人员"等词汇来代替"农民工"这一称谓。在就业领域的各种官方文件中，"农民工"一词至今仍在使用。为与中央政策保持一致，本研究对农民工的定义，采用2006年《国务院关于解决农民工问题的若干意见》中的定义，将农民工定义为户籍仍在农村，主要从事非农产业，有的在农闲季节外出务工、亦工亦农，流动性强，有的长期在城市就业，已成为产业工人的重要组成部分。

这一定义将农民工群体看成是我国现代化进程中的一个特殊现象，与我国城乡二元社会体系高度相关。本研究在使用这一定义时，主要从社会政策与社会功能的角度来考虑，将农民工群体假设为"在就业方面存在弱势、需要给其增能的特殊群体"。由于农民工群体在就业中的弱势地位、功能不足，使其不能顺利就业。在概念的外延上，本研究的农民工，主要是指户籍在农村但在工厂务工的新生代农民工（1980年以后出生）。从这一意义上考量，不管农民工就业与否，他们都处于劳动力市场中的弱势地位。同时，既有的研究也发现，即使已经就业的农民工，他们的就业质量低，经常遭受失业的风险。从社会政策的角度而言，改变农民工就业弱势地位的主要方法在于使其自身增能。

二　就业促进

要定义"就业促进"，首先要定义"就业"。法律意义上的"就业"是指处于法定劳动年龄范围内，具有劳动能力和就业愿望的公民，参加国民经济中某个部门的社会劳动，从而获得有劳动报酬或劳动收入作为其生活主要来源的状况。国际劳工组织将就业定位为在一定年龄阶段内人们所从事的为获取报酬或为赚取利润进行的活动。① 本研究的就业，不是指获取报酬活动的持续状态，而是指获得稳定报酬的资格，更侧重从资格的角度来考察就业。

所谓"就业促进"则是指采取的一系列有助于获取稳定报酬资格的行动。在就业领域，提升就业能力已成为就业促进的一个主要对策。因此本研究将农民工就业促进限定在农民工的就业能力提升方面。具体而言，主要指国家、企业与家庭对农民工的培训投入。

三　自主性

本文所采用的"自主性"这个概念来源于韦伯学派对国家的看法，指国家有能力独立于或对抗歧异的社会利益，而形成自己的利益。自主性这一概念用以说明国家在制定政策时可以在多大程度上不受社会力量的影响，其具体的政策主张与投入是什么，以及国家达到其政策目标的能力。佛利门将国家自主性区分为非共识自主性（non‑consensual autonomy）、准共识自主性（quasi‑consensual autonomy）以及共识自主性（consensual autonomy）三类。斯考切波（Skocpol）提出，有意致力于国家自主性研究的学者所面临的最基本的研究任务就是要发掘国家为什么、在什么时候，以及如何会提出这种与众不同的政策。② 借鉴以上观点，本研究将自主性概念扩大，认为国家、市场与社会都有着各自的自主性。这种自主性与自身的性质、选择偏好相关，同时也与自身能力、社会结构相关，是一种"嵌入性自主"（embedded autonomy）。嵌入性自主这一概念实质上反

---

① 边文霞：《就业结构内涵、理论与趋势分析——以北京市为例》，《北京工商大学学报》2009 年第 5 期。

② 彼得·埃文斯、迪特里希·鲁施迈耶、西达·斯考切波：《找回国家》，生活·读书·新知三联书店 2009 年版，第 10 页。

映的是社会学一直所关心的结构与行动的关系。当代西方社会学的多种理论都揭示，行动者不仅具有能动性，同时也受结构的影响。因此，自主性不只是国家组织与资源的函数，而且也决定了国家与社会的关系。

四　融资

"融资"是一个经济学术语，主要指筹集资金的过程。本研究对融资的定义，采用约翰逊等学者的观点，将融资界定为资金的供给和传递过程。资金的供给指资金的来源，资金的传递指资金在福利三角中的传递过程。

五　规制

"规制"一词来源于英文 regulation，在汉语中指规则制式之意，在英语中其含义是指按一定的规则、方法或确立的模式进行调整，依一定的规则进行指导，或受管理型原则或法律、法规的管辖。在学术研究中，规制通常与政府相联系，由于只有政府才有规制的能力，很多学者将规制看成政府"看得见的手"的重要组成部门。因此，对规制的讨论实际上是对政府规制的讨论。通常而言，政府规制具有特定的含义，指以矫正和改善市场机制内在的问题（如垄断、市场信息不对称等）对经济主体的干预活动。对于规制研究，主要有两类视角，一类是经济学的视角，关注政府对微观经济主体（主要指企业）的介入。例如，王健将规制定义为政府为了维护公众利益、纠正市场失灵、依据法律和法规，以行政、法律和经济等手段限制和规范市场中特定市场主体活动的行为[①]。另一类是公共政策视角，它将规制的客体范围扩大，侧重政府的规制过程。例如，王俊豪认为规制是既有法律地位的、相对独立的政府规制者，依据一定的法规对被规制者所采取的一系列行政管理与监督行为。[②] 本研究主要从公共政策的角度来定义规制。在借鉴相关定义的基础上，本研究将规制对象和规制手段扩大，认为规制是政府为纠正市场的各种失灵、维护公众利益、规范各类行动主体的活动，依据法律和法规，以行政、法律和经济等手段对特

---

① 王健：《中国政府规制理论与政策》，经济科学出版社 2008 年版，第 4 页。

② 王俊豪：《管制经济学》，高等教育出版社 2007 年版，第 4 页。

定行为主体活动（包括市场主体和社会主体）进行干预的行为。本研究更倾向于把规制当成一种政策工具。

　　根据规制的目的与手段，可以将规制分为直接规制、间接规制。在主流经济规制理论中，直接规制又可分为经济规制、社会规制两部分。政府的经济规制方法包括进入规制、质量规制、数量规制、设备规制、价格规制、投资规制和激励性规制等。而社会规制方法则较多，包括许可规制、市场准入、产品或服务质量规制、安全规制、环境规制等。具体而言，政府的社会规制政策包括标准政策、许可证政策、信息披露政策、税费与补贴政策、市场化政策等。① 本研究对规制的使用，侧重于社会福利角度，但也会兼及经济规制。

第二节　分析框架

一　研究目标

　　基于农民工的就业形势以及目前学界对农民工就业促进的研究现象，本研究将主要问题设定为现阶段福利三角中的国家、市场与社会的关系状况是如何形成的，它会对新生代农民工就业促进产生何种影响。基于这一问题，本研究的目的不仅仅是要发现目前农民工就业促进领域福利三角的关系形态，还要发现形成这种关系组合的结构性因素，以及在此基础上建构出一个平衡的、相互合作的新福利三角框架，用以指导农民工就业促进政策的调整。

二　研究的理论视角

　　为了实现以上研究目的，本研究拟从福利三角理论、国家中心主义理论和合作治理理论出发，研究福利三角的关系组合对农民工就业促进的影响。

　　（一）人力资本理论

　　现代人力资本理论认为，人力资本是促进经济社会发展的核心资源之一，具有经济和社会双层效应。人力资本是一种多维的能力，包括能力

---

① 王健：《中国政府规制理论与政策》，经济科学出版社 2008 年版，第 195 页。

（认知和非认知技能）、技能（教育或在职培训）以及健康（身体健康和心理健康）等要素。[①] 人力资本具有生产性和可获利性特征，可以通过对人力资本投资对人力资本进行动态补充。所谓人力资本投资是"为了获取人力资本这一生产性资产而花费的各种资源的总和，包括各种资源的机会成本"。[②] 人力资本投资的形式包括学校教育、在职培训、医疗保健、企业以外组织为成年人举办学习项目、个人和家庭适应于交换就业机会的迁移等。[③] 其中，教育和培训是人力资本投资的两种主要形式。通常而言，对人力资本的投资回报率高于对物质资本的回报率。因此，对人力资本含义的理解不能"仅限于宏观意义上企业和个人对教育、培训、知识和技能等方面的投资行为，它也可以帮助我们理解一些经济领域的变化，例如它可以用来解释经济增长、失业、对外贸易等"[④]。

该理论认为人力资本投资是在"成本—收益"权衡下，有关主体对投资额度、成本分担、收益分享等所进行的决策。在此背景下，贝克尔建立了在职培训投资决策模型，在一般培训方面，他认为企业只有在不承担任何费用的情况下才会提供一般培训，接受培训者由于可以提高未来的收益，将愿意承担一般培训的费用。在特殊培训方面，由于特殊培训增加了员工离职的可能性，企业的合理做法是提高培训工人工资的同时，将部分培训费用转给受训者，这时企业和工人将分担培训费用并分享收益。[⑤]

（二）福利三角理论

福利三角理论认为，社会的总福利是由国家、市场和社会三方提供的。国家对应的是公共组织，社会对应的是家庭等非正式私人组织，市场对应的是正式组织。三者所体现的价值观不一样，其中国家代表的是平等与保障，社会体现的是选择与自主，家庭体现的是团结与共有。三者代表着社会中不同的福利制度，给社会成员提供福利。三者间的关系是互补

① 李晓曼、曾湘泉：《新人力资本理论——基于能力的人力资本理论研究动态》，《经济学动态》2012 年第 11 期。

② 莫荣：《国外就业理论、实践和启示》，中国劳动社会保障出版社 2014 年版，第 220 页。

③ 西奥多·W. 舒尔茨：《论人力资本投资》，北京经济学院出版社 1990 年版，第 9—10 页。

④ 加里·贝克尔：《人力资本理论——关于教育的理论和实证分析》，中信出版社 2007 年版，第 183 页。

⑤ 莫荣：《国外就业理论、实践和启示》，中国劳动社会保障出版社 2014 年版，第 237 页。

的，当一方不能提供福利时，其他两方会替代其不足。但是，由于福利三角中的每一方都有自己独特的价值观和动机，每一方在福利供给中均会有各自的考量，这些考量由此构成了福利三角的解体张力。而融资和规制具有使国家、市场与社会连接起来的能力，由此使福利三角整合在一起。福利三角的关系组合状况与福利三角中的解体张力和整合力之间的平衡相关。

（三）国家中心主义

国家中心主义兴起于 20 世纪 80 年代，它反对之前将国家阶级化的观点，不再将国家假定为反映社会团体、阶级利益集团的利益需要，而是将国家看作一种行政和强制组织，有着管制权力和使用强权的合法性地位，拥有潜在独立于社会经济利益和结构的自主性。"国家应当适当地被理解为不仅仅是一个社会经济冲突展开战斗的一个场所，毋宁说，它是一套以执行权威为首，并或多或少是由执行权威加以良性协调的行政、政策和军事组织"。① 在社会政策领域，国家中心主义的提出是为了反对以往社会变迁和福利发展中过强的"社会中心"取向，而主张将国家带回社会政策研究的中心。例如，其代表人物斯考切波认为，非常有必要将国家重新带回社会变迁的分析中，用以解释政策发展和社会变迁。国家中心主义是一种新制度主义视角，其基本论点是强调国家角色在社会政策中的作用。在社会政策分析中，国家中心主义强调国家是解释社会发展的一个中心变量，它将国家当成是一个特定的制度与行动者、经济发展与社会再分配的促进者。国家结构与政策传承通过政策相关的知识创新、政府结构与公务员的活动、社会团体的政治表达需要三个方式影响政府政策。② 详见图 3—1。

在具体的研究策略中，国家中心主义不再将国家视为完全依赖一般的社会结构特征，或是特定利益团体间政治权力与资源分配。而是将国家看成一个影响政治形态的制度安排以及在政治制定中具有自己影响力的行动者，它可以系统地表达和推进自己的目标。这一行动者具有自己的自主性（state autonomy）。这一自主性由国家的结构特征决定。其中，发展目标与

---

① 西达·斯考切波：《国家与社会革命——对法国、俄国和中国的比较分析》，上海世纪出版集团 2004 年版，第 30 页。

② 林万亿：《福利国家——历史比较的分析》，巨流图书公司 2006 年版，第 87 页。

国家能力是决定国家自主性的关键变量，使国家自主性体现为一种嵌入性自主。例如，斯考切波认为，作为一种对特定领土和人民主张其控制权的组织，国家肯定会确立并追求一些并非仅仅是反映社会集团、阶级或社团之需求或利益的目标，这就是通常所说的国家自主性（state autonomy）①。彼得·埃文斯（Peter B. Evans）认为，国家自主性的来源并不像以往国家论者所强调的是单向的，它必须要经由国家与社会以及公私部门之间的合作来达成，因而国家的自主性往往是一种"嵌入性自主"（embedded autonomy）。这种嵌入性自主是一种无奈之举。因为仅仅具有自主性的国家既缺乏智力资源，也缺少依靠分散化的私人执行的能力。没有一个充满活力的内部机构，紧密的联系网络就会令国家无法超越与之相对应的私人部门的利益去解决"集体行动"的难题。② 在国家能力方面，政策工具是衡量国家能力的重要指标，通常而言，这些工具包括财政能力、行政能力与规制能力等。

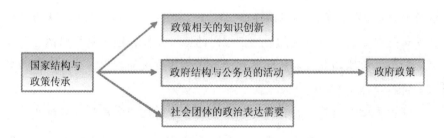

图 3—1　国家结构与社会政策形成的关系图

资料来源：转引林万亿：《福利国家——历史比较的分析》，巨流图书公司 2006 年版，第 87 页。

国家的嵌入性自主特征倡导在政策分析时，要结合特殊的社会经济与社会文化脉络来分析国家的角色。正是基于这一特征，有学者提出，国家中心主义视角对我国的社会政策分析尤为重要。③

① 彼得·埃文斯、迪特里希·鲁施迈耶、西达·斯考切波：《找回国家》，生活·读书·新知三联书店 2009 年版，第 10 页。

② Evans, P. B., *Embeded Autonomy*: *State and Industrial Transformation*, Princeton: Princeton University Press, 1995, p. 49.

③ 李莹、周永新：《我国农民工社会政策的变迁：一个分析框架及其应用》，《中国人民大学学报》2012 年第 5 期。

（四）合作治理理论

合作治理理论是西方治理理论的一种新形式，它是在解决跨部门合作的基础上发展起来的。其理论来源包括治理理论、新公共管理理论，以及法团主义等。里瑞（O'Leary）等人将它定义为"控制那些影响私人部门、公共部门和公民团体联合决策和行为过程的手段"[①]；布莱森（Bryson）等人将其看作是一系列用于确保合作伙伴关系和制度有效的协调和控制的活动。[②] 崔（Taehyon Choi）认为合作治理是指一组相互依存的利益相关者，通常来自于多个部门（公共的、私人的以及非营利部门），为了解决一个复杂的、涉及多面的公共难题或情境而协同工作并制定相关政策的过程和制度。[③] 柯克（Kirk Emerson）、蒂娜（Tina Nabatchi）和史蒂芬（Stephen Balogh）认为，所谓合作治理是指公共政策制定和管理中的程序与结构，它能使人们建设性地跨越公共机构、不从层级的政策及公共的、私人的与市民社会的界限，以达成在其他条件下所不能完成的一系列的公共目标。[④] 克里斯（Chris Ansell）和艾丽森（Alison Gash）认为，合作治理是国家的一种正式的、共识取向的微妙安排，通过它可以使一个或更多的公共机构与非政府的利益相关者在公共政策的制定、公共项目的管理中进行集体决策。[⑤]

从以上定义可见，合作治理更加强调非政府部门的参与、伙伴关系的建立、治理主体之间的地位平等、共识的建立等对治理结果的影响，更加注重参与者卷入决策的制定而非仅仅是为公共机构提供咨询。在具体研究中，合作治理主要治理主体之间以及治理主体与对象之间的互动，以期解

---

① O'Leary, R. et al., *Special Issue on Collaborative Public Management*, *Collaborative Public Management*, Washington: American Society for Public Administration, 2006, p. 7.

② John M. Brysm, Barbara C. Crosby, Melissa Middleton Stone, The Design and Implementation of Cross – sector Collaborations: Propositions Form the Literature, *Public Administration Review*, Vol. 66, No. 1, December 2006.

③ Choi, T., *Information Sharing, Deliberation, and Collective Decision – making*; *A Computation Model of Collaborative Governance*, Proquest, Umi Dissertation Publishing, 2012, p. 4.

④ Kirk Emerson, Tina Nabatchi, Stephen Balogh, An Integrative Framework for Collaborative Governance, *Journal of Public Administration Research and Theory*, Vol. 22, No. 1, May 2011.

⑤ Ansell, C. & A. Gash, Collaborative Governance in Theory and Practice, *Journal of Public Administration Research and Theory*, Vol. 18, No. 4, November 2007.

决共同问题，实现一致的目标。为保证各主体间能平等地彼此合作，该理论注重参与者对决策权力的实质拥有，要求参与者在反映其偏好时具有平等的机会，因此集体决策的过程是一个集体的、平等的互动过程。按照克丽丝（Chris Ansell）和艾莉森（Alism Gash）的观点，合作治理是一种结构化的行动，它涉及"联合行动、共同结构和共享资源"。合作治理的质量和范围依靠生产和自我强化的原则之间的互动参与，共享动机和联合行动的能力。影响合作治理的关键变量包括之前冲突与合作的历史、参与者的积极性、权力与资源的平衡、领导能力、体制设计等。[①]

合作治理对福利生产具有重要影响。罗伯逊（Peter J. Robertson）和崔（Taehyon Choi）认为，未来组织与跨组织间的合作会大大影响社区和社会的福利生产效率。[②]

三 研究的具体分析框架

在以上四个理论的基础上，本研究建立了如下分析框架。

首先，根据伊瓦斯的观点，福利三角的各自动机与价值观是导致福利三角碎片化和失衡风险的主要原因。人力资本理论则从"经济人"假设出发，将福利三角的动机与价值观限定在"成本—收益"方面，认为福利三角对人力资本的投资决策与投资行为主要受"成本—收益"的影响。国家中心主义在对国家的分析时，将国家看成一个具有自主性的实体，受发展目标和发展能力的影响。比较三个理论可以发现，三者都承认福利三角的各自不同的动机、能力对三角关系的影响。由于自主性这一概念明显超越了"成本—收益"的功利自主性和福利三角的动机分析范围，因此可以推断，在福利三角中国家、市场与社会三者都是具有自主性的实体，具有各自不同的动机、价值观和行动能力。正是由于三者存在着不同的自主性，导致福利三角中的每一方在福利供给时往往并不是从整体出发，而是从各自的动机（尤其是功利动机）和能力出发，由此使福利三角的关系组合呈现不同的特征。同时，自主性的存在也总是使福利三方具有脱离

---

① Ansell, C. &A. Gash, Collaborative Governance in Theory and Practice, *Journal of Public Administration Research and Theory*, Vol. 18, No. 4, November 2007.

② Peter J. R. & T. Choi, Ecological Governance：Organizing Principles for an Emerging Era, *Public Administration Review*, Vol. 70, No. 1, December 2010.

福利三角框架的张力。

其次，根据约翰逊等人的论述，福利三角的互动具有多层维度，其中融资与规制能加深国家、市场和社会的联系，将三者整合在一起。因此，可以认为融资与规制是福利三角关系形态的整合力，它能消解福利三角各自的自主性对福利三角的张力，对福利三角的关系形态具有整合功能。

再次，由于融资与规制与国家密切相关。特别就规制而言，只有国家才具有，它是国家的特有能力。因此可以认为，国家对福利三角的影响比市场和社会更重要，它可能是福利三角关系形态的结构性原因。

根据以上分析，本研究认为，福利三角的关系形态围绕着福利三角的张力与整合力之间的互动展开，其根源则与国家相关。具体到新生代农民工培训的福利三角中，研究首先将农民工的就业促进具体化为新生代农民工的就业能力提升，其主要路径在于对农民工进行培训。同时，研究将福利三角操作化为国家、市场与家庭。受自主性的影响，国家、市场和家庭之间存在着彼此解体的张力，而规制与融资手段的应用具有消解张力的功能，是福利三角的整合力。张力与整合力的角逐由此构成了当前农民工就业促进领域福利三角的关系状态；这种关系状态影响了农民工就业能力的提升。对于福利三角关系组合特征的测量，本研究拟从三个指标进行，分别为福利责任、资金与培训内容。福利责任是法律意义上所规定的福利三角对农民工培训的责任，资金是指福利三角对农民工培训所投入的资金，而培训内容是指福利三角对农民工就业所能提供的培训类型。笔者之所以将福利三角操作化为国家、市场与家庭，主要是基于学理和实践的双重考虑。伊瓦斯最初将福利三角操作化为国家、市场与家庭，亚伯拉罕森（Abrahamson）将福利三角操作化为国家、市场和市民社会。后来约翰逊又加入了社会组织，变成了福利四角。国内彭华民教授曾将福利三角操作化为社会福利制度（代表国家）、就业制度（代表市场）和家庭制度（代表社会）。本研究认为，由于我国市民社会的不发达，农民工培训领域内真正的 NGO 组织数量还很少。目前社会领域虽然有一些社会组织介入了农民工培训，但以职业院校和私人培训机构为主，前者的公有性质明显，后者的市场逐利特征明显。鉴于此，本研究将福利三角操作化为国家、市场和家庭。而研究的后续分析也将沿着以下框架展开。

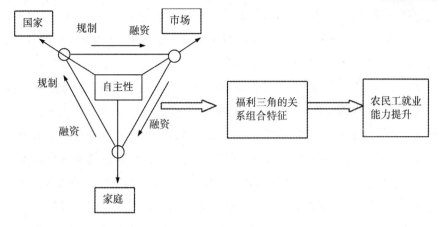

图3—2　本研究的分析框架图

第三节　研究方法

一　研究方法

（一）个案研究法

本研究将以个案研究法作为主要方法。个案研究的根本目的是要精确描述或再现个案。[①] 这种研究设计除了能够以比较具体的方式呈现证据，有助于理论的抽象思考外，也希望以透过深度观察与解析某特定分析单元的特质为基础，作为跨层次推论的依据，进而了解其所属类别的整体性质。[②] 在社会政策领域，个案研究有着自身的优势。因为政策的制度文本对每一个地区而言都是无差别的。因此，本研究选择J省Y县的A企业作为个案分析对象，对该企业新生代农民工参加培训的状况进行深度分析。之所以选择J省，既有学理的考虑，也有便利的原因。学理方面，新型城镇化要求大、中、小城镇均衡、协调发展，这迫切需要增强中、小城市的就业吸纳能力。根据国家要求，至2020年我国要引导约1亿人在中西部地区就近城镇化，推动农民工转移就业规模持续扩大。而且，数据显示，目前我国的农民工流动已进入"回流"阶段，农民工往大城市和东部

---

① 伍威·弗里克：《质性研究导引》，孙进译，重庆大学出版社2011年版，第110页。

② 翟海源、毕恒达、刘长萱、杨国枢：《社会及行为科学研究法（二）质性研究法》，社会科学文献出版社2013年版，第228页。

发达地区流动的趋势已有所改观。2013 年东部地区农民工比上年减少
0.2%，中部地区增长 9.4%，西部地区增长 3.3%。[1] 这些数据充分说明，
探索中部地区中小城镇农民工的就业对新型城镇化，以及下一阶段农民工
的就业工作具有重要意义。J 省是中部地区的劳务输出大省，目前 J 省的流
动人口就业率为 86.9%，其中省内流动人口就业率为 84.5%，这一比例明
显低于跨省流出的就业率（87.5%）。近些年来，J 省充分利用环鄱阳湖生
态经济示范区建设的契机，努力做好产业的升级转移以及结构优化调整工
作，对农民工的吸纳能力大大增强。Y 县位于 J 省中部地区，是著名的革命
老区。它是第一次和第二次反"围剿"的主战场，苏维埃政府时期是中央
革命根据地的重点区域。与 J 省的整体情况一样，该县属于典型的劳务输出
县，总人口约 44.7 万，但城市化率仅为 32.11%[2]，农民工就业压力大。全
县在外务工的农民工约 11 万。近几年来，该县的工业园区建设取得长足进
步，对农民工的需求增多，目前已出现农民工返乡就业趋势。与此相对，
该县的农民工就业培训工作也受到重视，各项工作都已有序开展。因此，
基于国家政策和地域情况的考量，本研究将样本地区选择在该县。

　　笔者之所以选择 A 企业作为研究单位，是因为该企业的主营产业为
碳酸钙加工，是传统的制造业，符合本研究对农民工的范围设定。而且，
制造业仍然是 J 省农民工就业的主要产业。数据显示，在就业的流动人口
中，制造业是吸纳农民工就业的最主要行业，有 27.4% 的农民工从事制
造业。[3] 另外，从样本地区的产业构成看，碳酸钙产业是 J 省积极培育发
展的产业集群之一。Y 县是中国碳酸钙产业基地县，是 J 省碳酸钙新材料
产业基地，该县现有碳酸钙生产厂家近 60 家。2014 年 Y 县的碳酸钙产量
突破 230 万吨，占整个行业的 12%，带动了 1.6 万余人就业。A 企业是该
县碳酸钙的龙头企业，2013 年被评为全国重质碳酸钙行业年度第一。因
此，选取该厂作为案例分析对象具有一定的典型性。

　　① 国家卫生和计划生育委员会流动人口司：《中国流动人口发展报告 2014》，中国人口出版
社 2014 年版，第 7 页。
　　② Y 县统计局：《Y 县 2010 年第六次全国人口普查主要数据公报》（http：//www. jx-
stj. gov. cn/News. shtml？p5 = 2280592）。
　　③ 国家卫生和计划生育委员会流动人口司：《中国流动人口发展分省报告 2013》，中国人
口出版社 2013 年版，第 72 页。

在资料搜集方面，本研究综合运用问卷法和访谈法，对该厂 52 名新生代农民工的接受培训的基本情况进行问卷调查，并运用访谈法对其中的 6 名农民工展开深度访谈。同时，还将对该厂负责员工培训的相关部门负责人进行深度访谈，访谈了该厂的总经理、负责企业运营的副总、企业部与工会主任共 3 人。另外，为了解当地政府的情况，笔者还访谈了该县人力资源和社会保障局的相关负责人及其下属负责农民工培训工作的劳动就业局的相关工作人员。

个案研究可以更深入地解释现实，但是本研究的最终目的并不在此，而在于走出个案，对福利三角理论进行回应。因此，在对所搜集的资料进行分析时，研究始终侧重与理论的对话。

（二）文献法

文献研究是社会科学研究的一种重要方法，它可以超越时空限制，进行历史分析。在本研究中，文献法的应用如下：（1）梳理分析福利三角理论、合作治理理论、国家自主性理论、国家与社会关系理论等与本研究相关的理论；通过梳理找出各理论对于国家、市场与社会合作的主要观点。（2）梳理分析我国和样本地区（J 省 Y 县）颁布的有关农民工就业促进、培训的相关政策以及历年的财政和培训统计数据。其中将重点分析 J 省与 Y 县在改革开放后制定的各类与农民工培训相关的政策。在研究中，将运用文献法对这些政策的内容做出全面的梳理和分析。

（三）比较法

比较法是社会科学定性研究法中的一种重要方法，在社会政策分析中具有重要的价值。有学者认为，比较研究方法改变了福利国家分析的面貌。[①] 比较既可以做时间序列的历史比较，也可以做横断面的异同比较。在本研究中，主要运用异同比较法。具体而言，将会比较福利国家劳动力培训的福利三角与我国目前新生代农民工培训的福利三角之间的差别，以发现我国农民工培训政策的不足，在此基础上提出农民工培训福利三角的建设方向。同时，在探讨对新生代农民工培训的福利三角关系形态时，笔者还将运用比较法分析政府、企业和家庭在培训中的角色差别，对比政府、企业和家庭的自主性对福利三角的影响，比较自主性与融资、规制对

---

① 彭华民、顾金土：《论福利国家研究中的比较研究方法》，《东岳论丛》2009 年第 1 期。

福利三角影响的异同等。

二　研究的信度、效度与研究伦理

信度是对研究真实性的要求。在资料收集过程中，本研究充分考虑到了各种外在因素对研究的信度制约，并采取了各种方法以提升信度。在调查中，研究者充分与被访者进行沟通，使被访者明了研究的目的与研究的价值，以获取被访者充分的理解和重视。问卷调查采用问答的方式进行。在问卷调查和深度访谈中，研究者都对访问过程进行全程录音。访问结束后，研究者根据录音和文字再进行一次比对，减少误差。在深度访谈中，研究者在结构式访谈基础上，对被访者进行相关问题的追问，力求使被访者尽可能多地呈现自己的信息。

研究伦理是质性研究必须考虑的问题。在研究中，本研究始终遵守知情同意、无伤害原则，尊重被访者，坚持匿名与保密等研究伦理。在访谈前，对访谈对象详尽解释本研究的目的，使被访者能理解本研究的价值。在录音方面，访谈者都征得被访者的同意后才进行。无伤害方面，问卷调查和访谈时，针对一些敏感性问题（如失业时间、家庭收入等），在提问时尽量使用婉转提问的方法，尽力消除被访者的误解。在尊重与平等方面，研究者与被访者始终坚守平等沟通原则，努力营造一种轻松愉快的访问气氛。在匿名与保密方面，研究者在资料收集和分析阶段都坚持对被访者的信息进行匿名化处理，使用符号代替研究者姓名，严守保密原则，不向他人透露被研究者的信息。

第四节　研究路线

国家、市场与社会的关系反映了一个国家的福利体制特征。在创新社会治理的大背景下，更需要建立起三者之间的信任、协商机制，彼此合作。但是，本研究并不从宏观角度（如去商品化）讨论三者在我国农民工培训中的关系，也不从某一特定的理论视角出发，按照某些抽象的原则去建构三者的合作关系。本研究认为，国家、市场与社会的合作问题，需要嵌入到更广阔的社会经济文化背景中。因此本研究将侧重去解释当前农民工培训领域中国家、市场与社会的关系状态对农民工就业的影响，并分析导致这种状态的结构性原因。在解释三者关系时，本研究从微观视角出发，将国家、市场和社会放入福利三角的分析框架中，通过分析国家、市场与社会的自主性对农民工就业能力提升的影响，来把握当前农民工培训领域福利三角的关系特征，并评析这种关系形态对农民工就业所产生的影响。在对福利三角的关系测量时，本研究将福利三角细化为政府、企业和家庭，主要从福利责任、培训内容与资金来源三个方面对福利三角的关系形态进行衡量。本研究认为，只有深刻把握三者各自的逻辑，才能建构起适应三者合作的框架。但是，三者的逻辑既有基于自身特征的偏好，又受制于结构性因素。为解释三者的逻辑差异，本研究引入"嵌入性自主"这一概念，不仅用于说明政府、企业和家庭的自主性特征，还要说明三者的自主性要受社会结构的影响。之后，研究将聚焦于嵌入性自主的结构性因素。结合农民工就业促进政策中国家中心主义明显的特征，分析国家角色对福利三角中的融资与规制的影响。在此基础上，本研究将结合国外就业促进中国家、市场与社会的合作经验，建立一个新的促进新生代农民工就业的福利三角政策框架，以解决新生代农民工的结构性就业难问题。具体的研究路线图可用图3—3来展示。

依据研究路径，论文总共分为七章。第一章为导论，主要介绍选题的背景，包括我国农民工的就业形势严峻；农民工群体的新变化（新生代农民工、流动家庭化）与新型城镇化对农民工就业提出新要求；现有农民工就业政策的就业促进效果还有待提升；发达国家普遍将培训作为促进就业的主要方法。第二章为文献综述，分别综述了福利三角理论和农民工就业促进的相关研究进展，通过综述了解目前研究存在的不足。第三章为研究设计，主要介绍文章的主要概念、研究的分析框架、研究方法和具体路径等。第四章为我国新生代农民工培训的福利三角：倒置与碎片化，主要描述J省A企业新生代农民工培训的福利三角的关系形态，并评估这种关系形态所导致的福利结果。第五章为福利三角的自主性、融资与规制，主要研究福利三角的各自自主性以及培训汇总的融资、规制特征，并分析这些特征对福利三角关系形态的影响。第六章为后全能国家与新生代农民工培训的国家逻辑，主要从国家中心主义视角研究我国现阶段的国家形态以及它对福利三角的自主性、融资与规制的影响。第七章为结论与相关政策建议，主要介绍了研究的主要发现、创新之处与不足，并提出新生代农

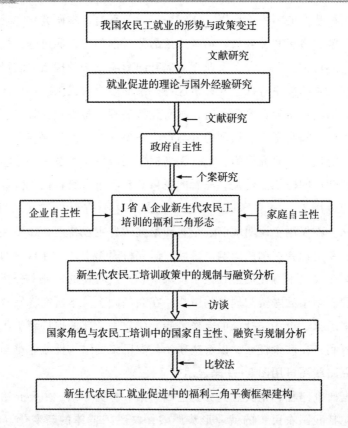

图3—3　研究路线图

民工培训的新福利三角框架建设的具体对策。

　　本章小结：本章说明了研究的目的，即不仅仅是要发现目前农民工就业促进领域福利三角的关系形态，而且要发现形成这种关系组合的结构性因素，在此基础上建构出一个平衡的、相互合作的新福利三角框架，用以指导农民工就业促进政策的调整。为达到该研究目的，笔者拟从人力资本理论、福利三角理论、国家中心主义、合作治理理论四个理论出发，以个案研究法和文献法作为主要研究方法。

第四章 我国新生代农民工培训的
福利三角:倒置与碎片化

第一节 A企业新生代农民工的就业能力透视

一 A企业新生代农民工的基本情况

(一) A企业简介

A企业是一家以生产碳酸钙为主营业务的民营企业,位于Y县的城关镇以南工业园区,临靠高速公路。企业成立于2003年,成立之初,该企业仅有1条生产线,年产量3万吨。经过十年的努力建设,A企业完成了跨越式发展。至2014年,除在Y县外,A企业还在广东连州、辽宁海城、四川雅安等地分别建立了生产基地,拥有30条生产线,产品粒度达9000目,年产碳酸钙120万吨,年销售收入超过6亿元,年纳税额超过3000万元。该企业不仅是当地的龙头企业,也是全国的行业领跑者。2013年该企业被评为全国重质碳酸钙行业年度第一。目前该企业在全国各地拥有60多家分公司、办事处及仓储中心,带动解决了1200余人就业。

基于企业的良好业绩,企业在员工福利、教育培训与企业社会责任承担等方面的工作也有不错表现。近几年企业员工工资的增长速度很快,平均薪资远超过当地其他企业。并且,员工还能享受车补、旅游补贴、在职教育培训等福利。此外,公司还为员工建立了公寓式宿舍,成立了职工俱乐部,经常开展各种类型的职工活动,增进员工凝聚力。因此该企业员工队伍较为稳定,离职率不高。近两年来,A企业的就业工作经常受到当地政府的表彰与嘉奖。从2011年起,该企业与当地残联合作,雇用了当地136名残疾人,根据其能力安排不同的工作岗位,公司每月付给残疾人相应的工资（大约在 1060—2100 元之间），此举大大解决了当地残疾人就业问题。目前该企业总部现有职工约 220 人，雇佣农民工 132 人，其中雇佣新生代农民工（1980 年之后出生）52 人。

图 4—1　A 企业的地理区位图（★号标出）

（二）A 企业新生代农民工基本情况

笔者首先用问卷法对 A 企业的 52 名新生代农民工员工进行了普查，发现 A 企业的新生代农民工以男性为主，共有 40 名男性，占 76.9%；女性有 12 名，占 23.1%。年龄方面，平均年龄为 28.2 岁，最小的为 19 岁，最大的为 34 岁。婚姻状况方面，A 企业大部分新生代农民工都已成家，已婚者占 73.1%，未婚者占 23.1%，还有 2 人在婚姻方面处于离婚或丧偶状态。这些农民工绝大部分都是来自该县，仅有 4 人的户口不在当地，其中有 1 人来自邻近县，但离 A 企业所在的县城更近；另外 3 人来自外省，都是在外务工时与当地人相识结婚后来该企业务工。他们绝大部分都有多年的外出务工经历，占 88.5%，有人已在外务工十二年才回乡工作。

教育程度方面，调查发现 A 企业新生代农民工的文化水平偏低，以初中和小学学历为主，初中学历占 44.2%，位居第一；小学学历占 26.9%，高中学历占 23.1%；仅有 3 人接受过职业中专教育，占 5.8%。A 企业新生代农民工的教育水平与全国的数据相比也较为一致。2010 年全国新生代农民工的平均受教育年限为 9.8 年[①]，大多数新生代农民工的教育水平处于初中毕业水平。

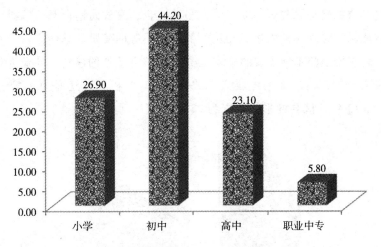

图 4—2 A 企业新生代农民工的学历分布图（单位：%）

52 名新生代农民工目前分布在 A 企业的各类岗位中，其中操作岗占 48.1%，技能岗占 17.3%，管理岗占 15.4%，后勤岗占 11.5%。操作岗主要是普工，从事搬运、产品的分检、封口、贮存等工作，在生产线上作业。从事管理岗的新生代农民工虽有 8 人，但是他们算不上企业的管理者，他们以生产线上的小组长居多，有 1 人为后勤班的主管，都要与其他

---

① 国家人口和计划生育委员会流动人口服务管理司：《中国流动人口发展报告 2011》，中国人口出版社 2011 年版，第 130 页。

农民工一道从事一线工作，只是薪酬和责任比操作岗的农民工稍高。从事技能岗位的新生代农民工有9位，他们主要为叉车司机、水电工、产品检验员等，所处岗位具有一定的技术要求，有些岗位还需要有相应的职业资格证书。例如叉车司机、水电工等，都需要相应的职业资格证书才能上岗。

　　收入方面，A企业对操作岗的员工实行基本工资加计件工资的方式，有25%的新生代农民工月收入在2000元以下，这部分人主要是操作岗和后勤岗员工；38.5%的被访者收入在2001—3000元之间；34.6%的新生代农民工月收入在3001—4000元之间，他们主要是从事技能岗和管理岗工作；还有1人的月收入在4000元以上，来自销售部门。此外，A企业每年年底还会拿出一笔资金给员工发放奖金。据介绍，2013年底A企业年终发放的奖金总数近500万元。虽然奖金的发放向销售部门倾斜，但从事技能岗和管理岗的农民工也能得到数额不等的奖励。总体来看，A企业的平均工资虽略低于J省的平均工资（2013年J省的建筑业就业人员平均工资为38753元，月平均收入3229元[①]），但在当地还是有一定竞争力的。2013年，该县的平均工资为2350元。

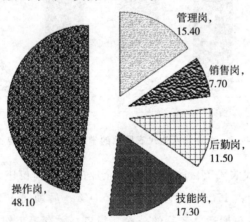

图4—3　A企业新生代农民工就业岗位分布图（单位：%）

---

① 江西省统计局人口和就业统计处：《2013年江西省城镇非私营单位就业人员年平均工资42473元》（http：//www.jxstj.gov.cn/zh_ cn/News.shtml？p5＝4733471）。

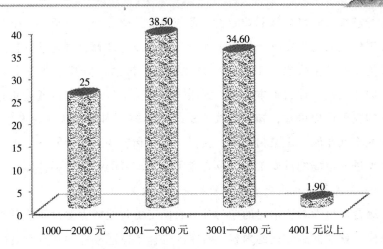

图4—4　A企业新生代农民工月收入分布图（单位:%）

二　A企业新生代农民工的就业能力测评

"就业能力"这一概念在国际上通常被认为是一个抵抗失业、反对劳动者在劳动力市场被边缘化的工具。目前该概念被广泛用于各国积极的劳动力市场政策中。例如，1998年《欧盟就业指导方针》指出，欧洲就业策略的第一要素就是"提高就业能力"，并要求各成员国在早期确认个人需要的基础上，制定以提高就业能力为中心的预防性策略。[1]这些措施包括培训、后续培训、工作实习、工作等。英国的"新政计划"的核心思想也是要将激活就业能力与工作福利有效结合起来。

虽然就业能力的使用范围广泛，但对于就业能力的测量目前并无统一的标准。其重要原因在于就业能力是一个复杂的政策概念。伯纳德·加兹尔曾梳理得出就业能力具有七种解释。最初的解释兴起于20世纪初的英国，是一种二分法的解释，认为能在就业市场上顺利找到相应职位的劳动者就具备了就业能力。至20世纪80年代中后期，主动就业能力概念兴起，它可以通过潜在的或已获得的人力资本与社会资本来进行测量。至1990年代，又兴起了交互型就业能力概念，这时对就业能力的测量需要综合个体特征和环境因素。进入21世纪以来，基于胜任力的就业能力概

---

① 帕特丽夏·威奈尔特：《就业能力——从理论到实践》，中国劳动社会保障出版社2004年版，第20页。

念流行起来，它可以从职业专长、预期与最优化、个人灵活性、企业认同感和工作生活的平衡五个维度来测量。依据以上解释，国内学者曾建立起多种类型的新生代农民工就业能力评价指标体系，但基本涉及个体适应性、职业认同、社会资本、基本素质等方面。不过通过分析就业能力这一概念的发展历史可知，知识与技能始终是其核心内涵。从这一内涵出发，本研究将就业能力定义为识别、获得、保持和改变工作的能力，将它看成劳动者进入市场的重要工具以及有竞争力劳动者的一个重要特征。

（一）A 企业新生代农民工的就业能力状况

综合多位学者所构建的专门针对农民工的就业能力评价体系以及国家对农民工就业促进政策的内容，研究仅选择个体适应性和基本素质作为指标，用以评价新生代农民工就业能力。之所以舍弃职业认同和社会资本两个指标维度是因为二者不是我国农民工就业促进政策的主要内容。个体适应性是指劳动者适应劳动力市场变化的能力，本研究拟从主观和客观两个维度来测量，主观维度是个体的职业信心，客观维度是个体转换工作的能力。在基本素质方面，不少学者的评价模型（如高建丽与张同全建立的新生代农民工就业能力量化评价体系）涵盖了性别、年龄、健康程度、受教育水平、工作经验、技能水平等方面。但是在目前流行的胜任力就业能力模型中，个体基本素质往往通过职业专长来衡量。布德罗（Boudreau）、鲍斯韦尔（Boswell）与贾奇（Judge）认为职业专长是就业能力的核心要素。[①] 因此，本研究舍弃了性别、年龄和健康等指标，而侧重于从受教育程度、工作经验、技能水平、培训经历四个指标来测量职业专长。

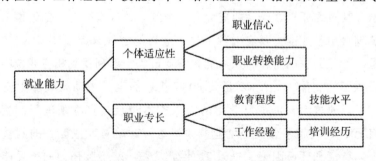

图4—5　新生代农民工就业能力测量体系

①　Boudreau, J. W. &W. R. Boswell, et al., Effects of Personality on Executive Career Success in the United States and Europe, *Journal of Vocational Behavior*, Vol. 58, No. 1, February 2001.

个体适应性主要反映农民工对劳动力市场搜寻工作的能力和忍耐力。在 A 企业中，虽然绝大部分被访者认为自己的能力与现在的工作要求基本相匹配，但仍有 25% 的新生代农民工对自己的工作岗位没有自信，害怕失去当前工作。有 26.9% 的新生代农民工认为，假如自己从该企业失业，比较难以找到一份与当前工作相当的职业，选择"一般"的农民工占 34.6%，仅有 36.5% 的被访者认为失业后比较容易找到工作。由此可见，被访者对于适应性的主观自评状况不理想，职业信心不足，害怕失业。

客观方面，有 10 位新生代农民工一直在 A 企业务工，从来没有变换过职业，有一位李姓青年从 A 企业成立起就一直在此工作，从没变换过职业。而剩下 41 位新生代农民工都有过职业转换的经历，他们在进入 A 企业工作以前都曾在其他企业工作过。本研究以他们上一份工作结束到获得这份工作的时间间隔作为衡量他们职业转换能力的指标，结果发现 41 名新生代农民工的工作转换所花费的平均时间为 4.19 个月，其中有 5 人的工作转换时间超过 10 个月；如果舍弃这 5 个极端值，剩下 36 人的平均工作转换时间为 3.07 个月。这说明大部分 A 企业新生代农民工获得当前工作并不容易。

职业专长方面，上文已提及，A 企业新生代农民工的文化程度都不高，大部分人只完成了九年制义务教育，仅有 28.9% 的新生代农民工具有初中以上学历。不过，绝大多数新生代农民工都有外出务工的经历，具有一定的工作经验。有 80.8% 的新生代农民工更换过至少 1 份职业。其中，更换过 1 次的占 38.5%，更换过 2 次的占 19.2%，更换过 3 次的占 19.2%，另有 1 人更换过 4 次，还有 1 人更换过 7 次工作。这些职业包括裁缝、磁芯工、包装工、保安、机械工、车工、电工、仓管、做鞋工、泥工、流水线工人等。虽然有些工作与现在岗位不相关，但这些工作经历或多或少对他们获得目前的职业产生了影响。该企业的总经理（WZ）介绍道："我们喜欢招熟练工，尤其喜欢招在正规企业和大企业干过的，他们听话，有纪律，好管理。而且在外工作后见识也多，什么事情跟他们一说就明白。不像那些在家种地的，做个事跟他解释半天他都不明白。"

任职资格是职业专长的直接体现，它能反映劳动者职业技能水平情况。在现代社会，任职资格主要通过职业资格证书体现。我国早在 1995

年已建立了国家职业资格制度，用以规范、促进劳动力就业。1995年人事部印发《职业资格证书制度暂行办法》规定，职业资格证书是持有人专业水平能力的证明，可作为求职、就业凭证和从事特定专业的法定注册凭证。从A企业情况看，52名新生代农民工中仅有8人获得职业资格证书。当然技能不一定要全部通过职业资格衡量。调查发现，有36.5%被访者认为自己有一技之长。这些一技之长来源于自己之前的职业积累（如在之前工作的企业学习获得），或是自己主动学习（如拜师学艺）或主动钻研取得。有些技能有助于他们获得目前的工作。

WDG：我做电工已经有好多年了。2003年我高二没读完就跟一个本家出去（浙江）温州打工。刚开始是在一个机械厂做，跟着师傅学一些机械操作、修理什么的，没什么意思。那时厂里的一个电工师傅是我老乡，我们经常一起吃饭。他当时工资比我们高多了，我很羡慕，就跟着他学了一点。后来机械厂里搞了一个免费培训，里面有电工培训的内容，我学了1—2个月吧，当时我家里也比较支持我参加那个培训。考试（技能鉴定）通过后就拿到了（电工）操作证。然后我就转岗做了电工，一直做到现在这个厂。

由此可见，A企业新生代农民工职业专长不理想，拥有职业技能的比例不高。这种状况反过来会影响到新生代农民工就业能力中的适应性。这也可以从他们对求职中的困难预测中得到体现。当问及"你现在找一份工作所遇到的最大困难是什么"这一问题时，42.3%的新生代农民工认为是个人技能不足，其次才是"缺乏就业信息"（占30.8%）和"企业不招聘"（占15.4%）。正是由于技能的不足，导致新生代农民工在主观上的职业适应性差。

在发展型社会政策中，培训是提升就业能力的重要一环，是对人力资本进行投资的重要方法。从发达国家的情况看，给劳动力提供培训机会是其积极劳动力政策的主要内容。调查发现，获得目前工作前，有88.5%（46人）的A企业新生代农民工曾接受过职业技能培训。其中有2人上过职业中专，接受了较为正规的技能培训；有6人接受过政府组织的培训，其中2人初中毕业后接受过政府所组织的1年劳动预备培训，有1人参加过当地政府组织的引导式培训，还有3人是在外务工时接受过政府组织的职业技能培训。另外，有86.5%的被访者曾接受过企业所组织的培训。

有63.1%的被访者曾通过拜师、自学等方式掌握了一些技能。我国农村的手工业大都是通过学徒方式传承，拜师学艺一直是农民掌握职业技能的主要方式。"我开车是自己以前在农村的时候跟师傅学的，不是像现在那样去驾校学。当时在农村开车是最舒服的，有钱赚。我不是读书的料，读不进书，我爸就总想着让我学点技术，说有一门手艺不会饿死。后来就左找右找，找到我姑父的一个亲戚，他开那种长途卡车，我跟车学了一年多，慢慢就学会了。"（LCC）

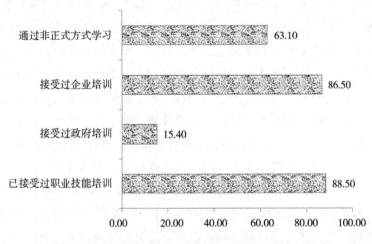

图4—6 A企业新生代农民工接受职业技能培训状况（单位:%）

总结就业能力的各个指标可见，A企业新生代农民工就业能力还处于较低水平。适应性方面，存在着职业信心不足、职业转换时间长等问题。当农民工失业后，重新获取职业的困难度较大，而且大多数新生代农民工也惧怕失业。职业专长方面，存在着教育水平低、拥有职业资格和职业技能的人少，主要靠自己积累就业技能等问题。较低的职业技能制约了新生代农民工的职业流动和职业选择，使其职业期望与真实就业相比出现差距。新生代农民工依然被排斥在主流劳动力市场外就业，即使能成功就业也是处于劳动力市场的低端。在A企业，大部分新生代农民工依旧只能从事体力型工作，仅有32.7%的新生代农民工从事技能岗和管理岗工作。

（二）A企业新生代农民工就业能力的福利来源

适应力接近软技能层面，职业专长是硬层面的操作技能。一些研究发现，适应力既与家庭环境有关，也与后天的情境化训练、激励约束机制相关。① 因此，适应性就业能力的来源有家庭、工作训练与教育等。在职业专长方面，受教育机会由国家的教育制度提供；任职资格中，职业教育和劳动预备制度主要由国家供给，但家庭也需要承担相应的责任。按照我国的制度设计，家庭所承担的责任更多。我国从 2000 年开始全面推行劳动预备制度，根据劳动和社会保障部 2000 年下发的劳动预备制培训实施办法。在许多市县，劳动与预备培训都由当地的职业中专负责。J 省在 2000 年 2 月就下发了关于劳动预备培训的实施方案②，要求对未能继续升学并准备从事非农产业或进城务工的普通初、高中毕业生进行劳动预备培训。劳动预备培训所需的经费原则上由个人与用人单位共同承担，国家给予必要支持。这种支持主要是通过补贴方式进行。由于初、高中学生不具有经济能力，因此劳动预备培训的个人经费部分主要由家庭来支付。这种投资方式对于职业教育而言也是如此。职业技能方面，新生代农民工的岗位经验主要通过农民工在不同的职业转换积累获得。其中企业扮演着重要角色，企业通过为新生代农民工提供工作机会与工作训练帮助他们提升工作能力。有些企业甚至还直接开展职工培训。例如，在进入 A 企业前，有86.5% 的新生代农民工接受过其他企业的培训。这是市场制度给予农民工选择性的结果，其间需要企业和农民工家庭的支持与培训。此外，还有不少农民工自学了各种技能，其福利供给主体主要是家庭和非正式的网络。

综合来看，就 A 企业新生代农民工已有的就业能力而言，国家通过免费的义务教育及补贴职业教育来对农民工的基本就业能力产生影响；而市场通过给新生代农民工以自主性和选择性，来帮助新生代农民工积累职业技能和工作经验，对其就业能力产生直接影响。家庭通过对劳动者整个生命历程的支持来对新生代农民工的就业能力产生综合影响。因此，可以推断出，对 A 企业的新生代农民工而言，在其就业能力的提升方面，企业和家庭是最重要的就业能力供给主体，它们为新生代农民工提供的职业技能和有关就业适应性的福利，对新生代农民工就业能力的提升起着直接

① 熊通成、曾湘泉：《关于软技能若干问题的研究》，《中国人力资源开发》2010 年第 5 期。

② 江西省人民政府办公厅：《江西省人民政府办公厅转发省劳动厅等部门关于江西省劳动预备制度实施方案的通知》（赣府厅发〔2000〕10 号）。

的促进作用。与此相对，国家则起着基础性作用，主要通过义务教育来对新生代农民工的就业能力产生影响。

表4—1　　　　A企业新生代农民工的就业能力状况及其福利来源

就业能力类别	受教育水平	任职资格	职业技能		适应性
			岗位经验	自学技能	
程度	小学与初中为主	8人拥有职业证书	绝大部分都有工作经验	61.3%的人有自学技能经历	害怕失业职业转换时间长
对就业的影响	基础性	直接	直接	直接	提升
由何种福利制度供给	义务教育制度	职业教育制度劳动预备制度	市场制度	非正式关系	家庭工作环境
来源、责任	国家	国家＋家庭	企业	家庭	企业＋家庭

第二节　A企业新生代培训中的政府、企业与家庭

上一节主要描述了A企业新生代农民工就业能力的现状及其来源，本节将从企业组织的角度，描述政府、企业与家庭在A企业新生代农民工的培训中，各自承担了何种角色。

一　A企业开展员工培训的现状

在舒尔茨看来，人力资本主要通过保健、在职培训、国内和国际迁移等方式提升，其中在职培训是最主要方法。在欧盟共同就业政策中，在职培训和补贴被认为是社会投资计划的两大重要特征。因此，英国从福利到工作政策，有一项重要内容就是通过提供一系列广泛的培训和发展机会去改变失业者的态度和动机。[1]我国2003年颁布的专门针对农民工的培训规划，提出农村富余劳动力转移就业的关键在于强化对农民工的培训。

---

① 尼尔·吉尔伯特：《激活失业者——工作导向型政策跨国比较研究》，中国劳动社会保障出版社2004年版，第2页。

作为一家生产型化工企业，A企业对员工的素质要求很高，也比较重视对农民工的培训。这既源于企业领导层对生产技术的强调，也与化工企业本身的性质有关。其领导层非常强调技术对企业发展的影响，非常重视产品的质量。2009年A企业投资了2000多万元建立科研中心。为配合企业技术创新的要求，企业领导层认为员工素质也应跟进。他们倡导员工"每一天都要有微细的进步"。另一方面，由于A企业是化工企业，对安全的要求比别的行业高，因而对员工的素质也提出了更高要求。其运营副总（QFZ）说："一个企业的生产，没有安全谈不上利润。发生一起安全事故，要用一年甚至几年的钱去填补。因此，安全生产是企业生产的第一要务。对员工来说，怎么给他们培训都不为过。"为此，A企业对员工的培训非常重视。具体而言，A企业开展的与新生代农民工相关的培训有以下几类。

（一）A企业员工培训的类型

第一，岗前培训。

A企业规定，所有员工上岗前，都要经过一段时期的培训后才能上岗，进入试用期。培训的时间依据各岗位的不同而有所差异。一般而言，所有员工都要接受3天的企业文化培训和安全培训。企业文化培训包括企业理念、价值观、岗位纪律与要求等；安全培训主要是学习各种安全知识，如水电安全、生产安全、产品生产、运输安全、消防安全等。岗前培训由企业的人力部门和工会组织。

第二，岗位技能培训。

岗前培训结束后，员工进入试用期，期间待遇为1400元（不分工种），试用期结束后才能拿到全额工资和计件工资。试用期期间的员工主要跟随师傅（熟练工或小组长）学习岗位技能。一般来说，员工经过1个多月后就能变成熟练工。

除此之外，A企业每半年还会安排一次针对所有员工的安全培训。之前安全培训主要由企业自己负责。近三年来，企业都是与当地的消防部门和安监部门联合培训，由两个部门派人给企业员工现场讲授各种安全知识及突发性安全事故的处理等。安全培训不需要员工交费，但要求员工必须参加。例如，2014年6月，A企业与当地安监部门合作举办了安全生产标准化的培训，时间为2天。该企业所有的一线员工都必须参加。

第三，岗位技能提升培训。

为满足企业对高素质员工的要求，A 企业制定了一套优秀员工培养计划。对表现良好的一线员工进行专业培养，每年都会选派优秀的员工去吉安、广东顺德职业技术学院和上海一家化工厂进行培训。这个计划主要针对技能岗和操作岗的一线员工（也包括农民工），以企业选派为主，也接受个人申请。在费用方面，公司组织和选派的人员，费用全部由公司承担；如果职工主动申请，费用由职工个人和公司共同承担，承担比例为1：1。2011 年、2012 年，A 企业选派了 3 名新生代农民工（水磨工）赴顺德培训，2013 年企业选派了 5 名新生代农民工去上海培训。培训期间，所有经费都由企业负担，但农民工只拿基本工资（因为不从事生产，没有计件和绩效工资）。2014 年，A 企业还选派了 6 名质检工（其中有 3 名新生代农民工）去 J 省的 J 市学习了将近 1 个月。

对于技能岗的员工，A 企业经常会安排内部的技能提升培训。形式包括集中培训和分散培训两种。集中培训由企业人力部门组织，一年大概两次，基本是上半年一次、下半年一次，培训会覆盖不同的工种。师资主要由企业的资深工程师组成，有时候也会外聘教师。分散培训主要由各个小组自己安排。"不定期培训经常有，有时间大家就会坐在一起。要是培训什么生产问题或技术问题，组长也会临时叫大家一起过来说明情况，告诉以后该怎么操作，怎么避免事故的发生。"（LPG）对于管理岗的员工而言，企业人力资源部门也时常会组织管理技能培训，"主要是以开小会的形式，告诉一线管理者（小组长）怎么带班。这两年企业组织了不少企业文化和管理培训，教我们什么执行力、格局、领导力之类的"（QZZ）。这种培训主要以自学、自悟为主，企业起督促作用。

表 4—2　　　　　　　2013 年度 A 企业员工培训的状况

	岗前培训	安全培训	岗位培训	岗位技能提升培训
内容	企业文化	安全生产	岗位技能	技能
对象	新入职员工	全部员工	新入职员工	技能岗员工 有潜力的操作工
实施主体	企业	企业、政府	企业	企业
参加人次	35	620	35	18

注：资料由 A 企业工会提供。数据仅统计了总部生产基地的培训情况。

（二）A企业针对新生代农民工的人力投资特殊举措

上文所提及的各类培训都适用于新生代农民工。此外，2014年上半年，企业新上了一条生产线，在6月集中雇用了65名农民工，其中新生代农民工14名。① 随着生产规模的扩大，在多层原因的推动下，A企业与Y县的劳动就业局合作，集中开展了一期"新招员工培训"项目，培训时间为2个月。A企业向Y县劳动就业局申请了工业园区定向培训补贴。这一项目主要针对新招员工，要求员工与单位签订6个月雇佣合同。这种定向培训主要以支持企业发展、稳定企业用工为重点，培训的内容主要集中在岗位技能方面，该方案的最终目的是要实现"招工一人、培训一人"的目标。经Y县的人力资源和社会保障局批复，劳动就业局给予A企业每人300元的培训补贴。鉴于A企业培训场地条件不足，劳动就业局联系了该地的职业中专，将培训补贴转给该县的职业中专，由后者负责为A企业的新招农民工进行培训和管理。A企业为员工提供每月1000元的基础工资和免费午餐。

（三）A企业新生代农民工培训的效果

总体而言，随着A企业对新生代农民工培训的不断投入，A企业针对新生代农民工所开展的培训工作取得了一定效果。从调查的情况看，100%的新生代农民工参加了企业培训，平均培训时长达到15天。培训时间最长的为90天，最短的培训了1天。当然，这与化工企业对员工的素质要求有关，也与企业的重视程度相关。新生代农民工的职业技能和就业能力也得到了很大的提升，有8位新生代农民工获得了职业技能证书。同时，不少新生代农民工还反映，培训对其当前工作的开展与今后的职业发展具有重要作用。调查发现，46.7%的新生代农民工认为培训对现在所从事的工作帮助非常多，对培训持正向态度。持负向态度（认为对当前工作帮助较少）的仅占6.7%。此外，还有32.7%的新生代农民工反映，培训增强了他们未来的就业能力，对今后的求职就业帮助比较大；仅有9.6%的新生代农民工认为培训对未来的求职就业没有任何帮助。A企业的领导者也认为，培训提升了新生代农民工的工作能力，员工素质的改善对企业这几年的跨越式发展贡献很大。此外，A企业的农民工就业培训工

---

① 培训完成后，有5人未在总部生产基地工作，而是进入了采矿部门工作。

作连续几年都获得过当地劳动就业局的表彰。这些都表明 A 企业新生代农民工培训的效果显著。

QFZ："这几年我们的技术更新比较快，产品粒度已经达到了 9000 目。相应地，员工素质也跟了上来。其中，我们的培训功不可没，还是非常有效果的。这些民工刚进来什么都不懂，很少有人接触过相关的生产技术。招进来的都是一些钳工、机工、裁缝什么的，离我们的生产要求还有很大差距。这些年通过培训，不少人在岗位上已能独当一面了。去别的企业尤其是咱们县一些小的碳酸钙生产企业，马上就是技术核心。上个月我这还走了一个人呢。"

二　政府、企业与家庭在新生代农民工培训中的角色与功能

（一）政府：无效的规制者与迟来的推动者

从 2003 年以来，我国一直在强调政府对农民工培训的责任，积极介入农民工培训工作，并制定了一系列的农民工培训专项计划，采取多种措施推动培训。2003 年制定的《全国农民工培训规划》规定，政府对农民工培训肩负着规划和扶持的责任。历经十多年的推动，从 A 企业的情况看，国家的作用还未得到体现。在规制角色方面，2003 年制定的规划明确规定"用人单位负有培训本单位所有农民工的责任"。规定用人单位开展农民工培训所需经费从职工培训经费中列支，职工培训经费按职工工资总额 1.5% 比例提取，计入成本在税前列支。但从 A 企业的情况看，虽然 A 企业对员工培训投入很多，但实际上并没有严格执行这条规定。Y 县的劳动就业局也没有强制要求 A 企业执行这条规定。因此，政府对农民工的培训规制几乎是无效的。

LSJ："培训是企业的事，一般来说我们也不太去干涉。至于按职工工资总额来提取培训经费这条规定，说实话我们更不好干预。企业赚钱还好，要企业不赚钱还要人家拿出钱来培训，老板肯定一肚子意见，说不过去。再说现在各地都在招商，你这边要求严了，企业就有可能搬到别的地方去。如果那样的话，那我们还成为罪人了呢。"

在促进作用方面，国外经验显示，对培训进行补贴是促进培训的有效方法。我国的《就业促进法》对此做了详细规定。2010 年国务院发布的《关于进一步做好农民工培训工作的指导意见》要求建立规范的培训资金

管理制度，制定农民工培训补贴基本标准。但是，在 A 企业，政府的就业补贴直到 2014 年才开始对企业新招员工发放培训补贴，而《就业促进法》在 2008 年就已实施。可以说，政府在就业补贴方面，扮演了迟到者的角色。除了就业补贴外，政府还可以利用各种方法去推动新生代农民工培训的开展。但就目前情况看，地方政府除了在安全培训方面对企业有所要求外，其他方面基本上没有制定什么管理办法或促进措施。因此，在 A 企业的新生代农民工培训中，政府与企业、家庭的合作和交集较少。虽然在 2008 年，地方政府根据中央所制定的每个县必须有一所职业技校的要求，重新恢复了职业中专。但目前职业中专在企业农民工培训方面还未发挥应有作用，直到 2014 年 A 企业由于无法提供大面积的培训场地情况下才被迫选择与职业中专合作。

（二）企业：主导者、投资者与推动者

从上述培训项目可见，就 A 企业中的新生代农民工而言，企业是其人力资本投资的主导者、投资者与推动者。主导者的角色可以从新生代农民工培训的组织、实施、内容和时间规定等方面显现。新生代农民工要不要培训，要参加什么类型的培训，培训从何时何地开始，又从何时结束，培训需要达到什么目的，都由企业来主导。其主导作用是市场劳动关系的延伸。例如，A 企业的总经理（WZ）曾说："对员工的培训肯定要由我（企业）说了算，我给他们发工资，他们就必须听我的，达到我的要求。否则我出钱干吗，我又不是慈善家。"主导者的角色还体现在 A 企业对农民工就业能力的责任方面。A 企业的管理者始终认为，员工素质的高低与企业的管理，以及企业给他们所提供的机会密切相关，企业是员工就业能力的责任主体。也正是因为有这种观点，A 企业才会重视对农民工的培训。有了企业的主导，A 企业的新生代农民工培训近几年都受到当地劳动就业局的良好评价。

投资者角色主要体现在培训资源的来源上。从 A 企业的培训项目可见，几乎所有的培训项目都由企业出资。员工的岗前培训、岗位技能培训都不要个人承担经费。在与农民工就业能力最直接相关的岗位技能提升培训中，经费仍是由企业承担，只有少数未入选的农民工才需要缴纳一部分资金。在岗位培训中，虽然政府有时也会介入，但政府并不是一个投资者，仅仅是通过人员和服务的介入，通过短期派遣部分人员对农民工进行安全培训，它的角色是暂时的，甚至是无责任的。实际上，定期的安全培训都是由企业邀请消防部门和安监部门参加。虽然这些部门表面上不收费，但企业还是需要承担相关人员的日常开支。在人情社会的背景下，这部分开支不可避免。

　　企业的投资者角色充分体现在企业近年来不断增长的员工培训经费上。近五年来，A 企业用于员工的培训费用呈现高速增长态势，2013 年的培训经费是 2009 年的 2. 56 倍。这些经费有一部分是花费在新生代农民工培训方面。企业对于农民工培训的大幅投入，有效减轻了家庭的负担，有 83. 3% 新生代农民工反映企业组织的培训对他们来说几乎没有经济压力。

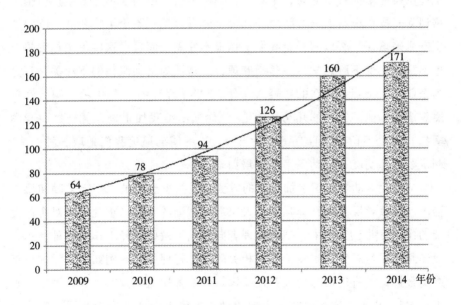

图 4—7　A 企业历年员工培训经费增长趋势图① （单位：万元）

　　在 A 企业新生代农民工培训中，企业还扮演着推动者的重要角色。开展农民工培训、提高农民工技能需要受多方面的影响。我国从 20 世纪 90 年代就开始重视对农民工的培训，但至今仍有不少研究发现农民工对

---

　　① 　资料来源于 A 企业工会主席介绍。统计的数据包括了 A 企业在 J 省以外的 3 家工厂。2014 年数据截至 2014 年 10 月。

培训抱有消极甚至抵制的态度，参与动力不足。因此，很多地区的农民工培训都开展不下去。而对于企业来说，对员工的培训会增加企业的运营成本。在劳动力供给过剩的情况下，企业作为利益的追求者，并不怕招收不到工人。实际上，A企业自成立之后起，招工的压力就不是很大，目前48.1%的新生代农民工是自己上门应聘，仅有9.6%是企业通过市场招聘的。即使如此，A企业刚开始给新生代农民工的培训，还是受到他们的抵制，很多人表示不理解。

WZR："要在企业开展民工培训，而且要将培训做好，并不是件很容易的事。民工不理解啊。岗前培训还好点，他刚进入，什么都不了解，听话点，也知道只有培训了才能上岗，培训能让他更快上手，尽快赚钱。但是岗位技能培训就不容易，虽然不要他们出钱，但为了不影响生产，很多培训都安排在正常上班时间之外。民工就有意见，不干了。我又不能停了生产线来培训，所以刚开始我们工作很不好做。而且，这些民工在思想上也不重视，也不愿意学，一是嫌麻烦，二是认为培训跟他们不相关，只是为企业好。特别是现在的年轻人，什么'80后'啊、'90后'啊，都不愿意培训。他们经常的几句话就是：'你又不给我加工资，凭什么要我学啊'，'此处不留爷，自有留爷处'等。这种情况逼迫我们采取各种办法，制定了奖惩制度，推动民工参加培训。"

A企业推动农民工参加培训的方法，包括思想动员、制定奖励和惩罚措施。其领导层多次开会强调要大家端正培训的态度，重视培训对企业发展的作用，并且要求中、基层管理者向农民工做好解释工作。此外，A企业还制定了与新生代农民工培训相关的各类管理办法。例如，将培训与年终奖金挂钩，将培训与职位升迁挂钩。对不参加岗位技能培训的民工，旷工一次扣20元。这些措施有力地激励了农民工培训工作的开展。经过几年的建设，A企业农民工培训工作逐渐制度化、轨道化。目前，A企业一线的小组长有一半以上是因为通过培训提升了职业技能而逐渐得到提干机会的。

对于2014年实施的该企业与当地政府合作举办的新招员工培训，也与A企业的积极推动有关。刚开始新招的员工抵抗情绪很高，不愿意2个月只拿1400元的基础工资。"我来这就是工作赚钱的，要我做事我不怕，要我加班也不怕。你现在要我不上班，让我在这听课，那我赚什么钱。一个月这点钱哪够我花啊。"（FSMG）为此，A 企业数次给员工做工作，企业的工会主席还找几个意见较大的员工分别谈了话。最后还额外为员工提供免费午餐才消除了他们的顾虑。

（三）家庭：配合者

配合者的角色主要体现在与企业培训的支持与投入方面。A 企业针对新生代农民工的培训，虽然不需要农民工直接缴纳费用，但需要农民工家庭的配合及其他方面的支持。在岗位技能培训中，农民工每个月只能拿1400 元的试用期工资，而正式工则有将近 3000 元的收入。二者的差距还是很大的。这个差距可以看成是新生代农民工家庭对企业培训的支持。很多农民工认为 1400 元的基础工资根本不够当月的开支，常常需要家庭提供额外的经济支持。此外，家庭的支持还体现在家庭照料方面。在 A 企业中，已婚者占 73.1%。这部分人都有着家庭和子女照顾的压力。而在A 企业中，有些培训安排在下班后，这无可避免地会占用农民工照顾家庭、子女的时间，需要新生代农民工家庭中的其他成员来弥补。此外，A企业组织的岗位技能提升培训需要去外地集中学习，学习的时间至少要 1周，有的培训要 1—2 个月。例如 A 企业组织的去顺德和上海的培训都要1 个多月的时间。外出培训模式必然会增加新生代农民工家庭照顾的压力，需要其他家庭成员更多地承担因他们外出而造成的家庭照顾空缺，做好各类保障工作，使他们能安心在外培训。

家庭的配合角色还体现在家庭对农民工人力资本的直接投资方面。在A 企业的岗位技能提升培训中，有不少新生代农民工自费参加了培训。据统计，已经有 5 名新生代农民工自费参与了技能培训计划。此外，还有一些新生代农民工自费去学其他的技能或参加职业技能鉴定。例如，有员工在从事水电工作后，为了提高自己技能，自费参加了社会培训机构组织的培训，并考取了电工证。因此，配合者也蕴含着投资的成分。

第三节　新生代农民工培训的福利三角：倒置与碎片化

一　新生代农民工培训的福利三角关系形态

（一）福利三角的衡量

伊瓦斯认为，国家、市场与社会三者共同构成一个社会福利供给的三角，三者呈现出互补的关系。后续学者对福利三角的研究，主要是从福利三角的组合及三角各自在整体中的地位两方面来补充。因此，对福利三角结构的探讨，可以分为两个层次，一是国家、市场和社会在福利三角形中的地位；二是探讨彼此之间的关系。在西方发达国家的就业培训中，国家与市场结合紧密，在培训中占据主要地位，是主要的服务供给方，承担主要责任，而家庭则居于相对从属地位。而且，三者之间的关系是彼此互补的。因此，对新生代农民工就业培训的福利三角测量，也可以围绕着地位和关系展开。地位可以通过责任来显现，反映国家、市场和社会在福利三角中的位置高低；关系可以从三者的互动来显现。

在衡量福利供给中的责任时，安德森曾经用"去商品化"这一概念，用以反映国家、市场和社会在福利供给中的责任，判断福利国家的性质。所谓去商品化，是指个人福利相对地既独立于其收入之外又不受其购买力影响的保障程度。[①] 他设立了三个操作化的指标，用以衡量一个国家的单项福利去商品化程度。以养老金为例，安德森认为可以从养老金的收入水平、享受养老金福利的资格条件、养老金资格的授权范围来衡量。这三个指标实质上反映了一个福利制度的福利供给水平、申请资格和覆盖面。

由于非商品化的程度与权利直接相关，因此可以认为非商品化的程度反映了国家在福利供给中的地位。当一种服务是作为权利的结果而可以获得时或当一个人可以不依赖于市场而维持其生计时，非商品化便出现了。[②] 为弥补非商品化程度对市场和家庭关注的不足，本研究还将结合国家、市场和社会在培训中所发挥的角色进行综合分析。

（二）新生代农民工就业培训中的福利责任

对新生代农民工就业培训的福利责任衡量，主要从两个层面进行，一是从个体的角度测量新生代农民工既有就业能力的福利来源；二是从企业的角度度量国家、市场与社会在新生代农民工就业培训中所扮演的角色与地位。

在个体层面，在新生代农民工就业能力中，职业技能和适应性是就业

---

① 考斯塔·艾斯平—安德森：《福利资本主义的三个世界》，法律出版社 2003 年版，第 3 页。

② 孙博：《2000 年以后福利国家养老金体系发展趋势考察——基于"去商品化"的分析框架》，《经济社会体制比较》2012 年第 1 期。

能力的最核心要素，受教育水平和任职资格只为农民工就业提供基础性的就业能力。通过 A 企业的调查发现企业和家庭是新生代农民工职业技能和适应性福利机会的主要供给者，它们所提供的福利对新生代农民工就业能力提升产生直接影响。国家虽然也通过义务教育制度和劳动预备制度提供福利，但只提供最基本的福利，发挥基础性作用。

在企业层面，以非商品化的各个指标来考察 A 企业新生代农民工的培训情况，发现 A 企业给新生代农民工提供培训的非商品化程度仍很低。从培训经费来源来看，企业是新生代农民工培训的主要投资者；家庭是配合者，仅通过家庭照料及少量的经济投入承担责任；而政府则是迟来的推动者和无效的规制者，明显处于投资缺位状态。2008—2014 年，A 企业用于员工培训的经费近 700 万元，六年来平均用于每个员工的培训经费总额超过 6500 元。而政府直到 2014 年才开始进入 A 企业的员工培训，所补贴的培训经费为 300 元/人。同时，调查发现有 51.9% 的新生代农民工通过家庭的资助在企业之外自己提升职业技能，其平均花费 1075 元/人。从供给水平看，A 企业新生代农民工就业培训经费并不处于高水平，离国家所制定培训经费占工资总额的 1.5% 标准还有差距。

比较三者的数量可发现，政府的投资明显低于企业和家庭，政府就业培训的供给不足，自然需要企业和家庭来进行弥补。而其中，企业的出资份额最多，占主要地位。从就业培训的覆盖面指标看，在 A 企业仅有 15.4% 的新生代农民工参与了政府培训，而接受 A 企业培训的比例为 100%；新生代农民工自己投资培训的比例达到 51.9%，说明就业培训的非商品化程度很低。此外，从就业培训的资格条件看，目前政府与 A 企业所开展的农民工就业培训，主要是针对新招员工，而非针对全体新生代农民工，资格条件的限制体现出目前的就业培训制度有很强的选择性特征。

综合个人层面和企业层面的分析看，A 企业新生代农民工就业培训中，市场和家庭所承担的责任最重，发挥的作用也最大，而国家的作用较小，所承担的责任也少。

（三）福利三角的关系互动

国家、市场与社会的互动，反映三者在福利三角中的关系状况。从 A 企业为新生代农民工提供培训的流程看，企业与家庭的合作紧密。家庭的配合者角色，更多地是体现在与企业的配合上。家庭为适应企业的培训需要，不得不从家庭照料和人力资本投资两方面进行相应的配合。在企业与国家的关系方面，虽然之前企业与国家在安全培训方面有少量合作，但从新生代农民工就业能力提升的综合角度看，在 2014 年之前，A 企业与国家的合作渠道还未畅通起来，国家几乎没有直接向新生代农民工进行任何的人力资本投资。在家庭与国家的关系上，二者几乎不存在互动。国家的缺位不仅体现在国家对新生代农民工培训的不投入上，也体现在国家对家庭投入的未干预上。针对家庭对企业培训的配合，国家并未给予积极的扶持与干预。即使是在 2014 年 A 企业所组织的新招员工培训中，国家虽然开始对新生代农民工培训进行补贴，但补贴的经费是直接划入企业而非发放给个人。新生代农民工无法从国家那里获得就业补贴。与企业相比，国家与家庭的关系是分割的。

（四）新生代农民工培训的福利三角：倒置与碎片化

结合以上分析可知，国家、市场与社会在新生代农民工培训中的地位存在差异，其中企业与家庭在培训中占主要地位，它们居于福利三角的上层，而政府明显在新生代农民工培训中处于缺位状态，处于福利三角的下方。从互动关系上看，企业与家庭结合紧密、相互合作，而政府与家庭、企业均不发生关系。因此，A 企业新生代农民工培训福利三角可以用图 4—8 来反映。

与西方国家相比，A 企业新生代农民工培训的福利三角具有明显的倒置与碎片化特征。福利三角的倒置主要反映在三角形的形态方面。在西方国家的就业培训中，国家与市场起主要作用，处于福利三角形的上方，整个福利三角形呈现上头大、下头小特征。而从 A 企业的情况看，我国新生代农民工培训的福利三角形呈现上头小、下头大的特征，企业发挥主导作用，是培训的主要供给者。政府和家庭居于三角形的下方，所发挥的福利功能有限。福利三角的关系倒置反映出我国新生代农民工的培训政策具有严重的市场化取向，培训的非商品化程度非常低。

碎片化一词在不同的学科具有不同内涵。郑秉文最早将它引入对中国社会福利制度的分析中，用以表示中国社会保障制度不统一、欠整合的特征。[①] 从图 4—8 可见，我国新生代农民工培训的福利三角也呈碎片化特

---

① 郑秉文：《中国社保"碎片化制度"危害与"碎片化冲动"探源》，《甘肃社会科学》2009 年第 3 期。

征，政府与家庭之间、政府与企业之间的关系呈断裂状态，只有企业与家庭之间呈现出合作状态。具体而言，政府在新生代农民工培训机会的供给方面未与企业、家庭整合在一起。虽然我国建立了新生代农民工的劳动预备制度、培训补贴制度等，但这些制度并没有与企业和家庭对新生代农民工的培训供给结合起来。尤其是在政府与家庭关系上，家庭的福利供给与国家的福利供给几乎没有交集，反映出正式部门与非正式部门在新生代农民工的培训中未建立起合作关系。这种现象早已被福利三角的批评者所注意。

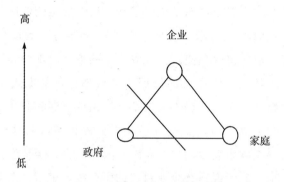

图4—8　新生代农民工培训的福利三角关系图

二　福利三角倒置与碎片化的影响

倒置与碎片化的福利三角关系形态，不可避免地会影响到新生代农民工培训的开展，同时这种关系形态也会呈现出与西方国家迥异的变迁趋势。

（一）内卷化

内卷化一词最初来源于人类学家戈登威泽（Alexander Goldenweiser），意指一类文化模式达到某种最终形态后，无法转到新的形态而使其内部变得更加复杂的过程。后来，格尔茨借鉴这一概念分析了东南亚的农业内卷化现象，用以刻画印度尼西亚爪哇地区由于农业无法向外延扩展，致使劳动力不断填充到有限的水稻生产的过程。[①] 因此，在格尔茨眼中，内卷化指在资本、土地资源被限定的条件下，劳动力持续地被吸收到农业中获取

---

① 刘世定、邱泽奇：《"内卷化"概念辨析》，《社会学研究》2004年第5期。

收益并使农业内部变得更精细、更复杂的过程。① 之后，黄宗智在格尔茨的基础上，在内卷化的概念内涵中，添加了劳动的边际生产率问题。指劳动生产到达一定程度后，劳动的边际生产率递减现象。当前，学界大都是沿袭着黄宗智所开创的研究传统，从边际效益递减这一层面来使用内卷化这一概念。

当前新生代农民工培训的福利三角关系形态，也存在着内卷化风险。这主要与福利三角的倒置和碎片化相关。在倒置的福利三角关系形态中，企业是新生代农民工就业培训的主导者和主要投资者，家庭是配合者。这种由市场主导的福利三角形态，决定了新生代农民工的培训是以满足企业需求而非新生代农民工需求为导向。与"需求导向"的社会政策建设方向相违背。市场取向很容易使新生代农民工的培训呈现内卷化状态。为促进生产，企业对新生代农民工的培训非常重视，自新生代农民工入职开始，企业就为新生代农民工提供岗前培训、岗位培训和职业技能培训。但当培训到达一个临界点后，企业就不会再重视和增加对这部分群体的培训。而这一临界点就是企业的生产要求。具体而言，当新生代农民工的能力适合岗位要求，或者说适合企业目前的生产线要求后，企业将不会再对他们继续投资。由此使新生代农民工的职业技能始终处于一个临界点状态。

QZZ："我是2008年进的厂，以前在广东的几家电子厂待过，后来企业效益不好就回来了。刚开始这家企业的培训还是不错的。我什么都不会，经常有人教，企业也会组织。2011年还被选去顺德职业技术学院学习了1个半月。但是，我感觉再往上的培训就没有什么意思了。对我而言，现在所能接触到的还是那些操作技能和安全知识。这两年企业要我学的都是那点东西，只会操作，又不会修。所以感觉没什么前途，学不到东西了。要不是企业这几年待遇好点，正好家里开支大，我都有点想跑了。"

产生内卷化的直接原因在于企业对员工流失的担心。虽然A企业的福利待遇较当地的其他企业要好，但也经常有一些熟练工因为种种原因辞

---

① Geertz, C., *Agricultural Involution: The Process of Ecological Change in Indonesia*, Berkeley and Los Angeles: University of California Press, 1963, pp. 80 – 82.

职。熟练工的离职对企业来说是一种巨大的人力损失，也是一种经济损失，意味着之前的培训投入无效。这就是所谓的培训外溢性效应。企业掏钱培训，结果为别的企业"作嫁衣"。但是，A 企业目前找不到更好的解决办法，只能压低新生代农民工的培训投入，使之维持在一个适应岗位要求的水平。

QFZ："现在的年轻人是真不知道怎么说，我们辛辛苦苦给他们培训，把他们培养成材了，做不了几个月就跑了。这两个月就跑了 3 个水磨工，搞得我们很被动……他们要走，我是一点办法都没有，给他们加工资也不行，再怎么加也加不到沿海地区的水平。这个现象确实让我们不敢再对熟练工进行大量的培训。我们现在也在适当调整策略，在招聘时尽量招熟练工，不招生手，或是对一些熟手适当削减培训机会，省得为别人'做嫁衣裳'。"

内卷化的状况不仅体现在培训投入上，还体现在其他方面。例如，在培训内容方面，企业仅重视上岗前的培训，而相对忽视职业技能提升培训。在 A 企业，虽然职业技能提升培训也对新生代农民工开放，但是该培训的重点对象是技能研发人员。对新生代农民工来说，A 企业较为侧重对他们的短期技能培训，并没有为他们制定长期的技能提升规划。即使是 2014 年组织的与政府合作的培训，也是以新招员工培训项目进行，培训的内容仍是岗位技能。在进入企业工作后，新生代农民工每年所能享受到的培训更多的还是重复式的安全培训。

此外，从培训的组织安排看，A 企业对岗位技能培训较为重视，经常集中安排，但是对于职业技能提升培训则以非正式的培训方式为主，由班、组自行安排。这种方式严重制约了职业技能提升培训的效果。虽然 A 企业的优秀员工培训计划将新生代农民工纳入进去，但其规模毕竟不大、培训人数也相对较少。

QFZ："我们重视岗位技能培训是为企业生产的需要，你不把他们集中起来学习，他们就学不会，这样非常容易出安全事故。但岗位技能提升培训我就没办法集中安排了，我不可能停掉生产线来安排培训。再说他们已经上岗了，会操作了，剩下的就是强调他们的安全意识。培训不培训不重要，重要的是督促他们，不要忘了注意安全就行。"

新生代农民工培训的内卷化还体现在政府与家庭对培训的不投入上。

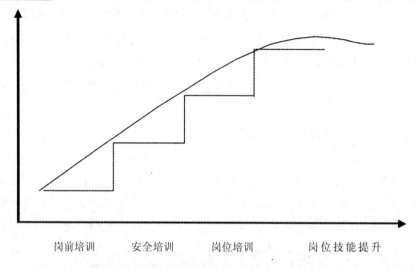

岗前培训　　　安全培训　　　岗位培训　　　岗位技能提升

图 4—9　新生代农民工培训的福利三角内卷化

在倒置和碎片化的福利三角状态下，家庭仅仅是培训的配合者。当新生代农民工进入工厂工作后，他们认为企业对自己的培训是天经地义的事。因此，家庭不会主动去对新生代农民工的人力资本继续投资，而只是配合企业的要求给予相应支持。在企业对农民工的培训到达了临界点后，家庭也不会再继续增加对新生代农民工的支持。在 A 企业的调查也发现，仅有 1 名新生代农民工在入职后自己去学习了其他技能。对政府而言，在碎片化的福利三角状态下，政府与企业、家庭之间并没有建立起制度化的合作渠道，除非企业主动与政府联系，否则政府也不会增加对新生代农民工的培训投入。

倒置与碎片化的福利三角使新生代农民工的培训呈现内卷化特征。这种特征不利于新生代农民工职业技能培训的持续提升。企业对新生代农民工的培训呈现出低水平的重复投入特点，如侧重岗前培训和安全培训，而不重视持续的技能提升培训。这些都反映出新生代农民工的培训制度具有内卷化特征。而且，福利制度的内卷化具有反噬效应，它反过来会进一步压低个人的培训需求，使个人需要呈现内卷化特征。[1] 在 A 企业，有些新生代农民工由于获得培训较少，正在压缩自己的职业期望与培训需求。

---

① 马凤芝：《转型期社会福利的内卷化及其制度意义》，北京大学出版社 2010 年版，第 5 页。

（二）分层化

虽然公平是社会政策的价值理念与目标，但安德森认为，提供服务与收入保障的福利国家也是一种社会分层化体系。[①] 作为一种为新生代农民工提供培训福利的福利三角制度，也存在着分层化的趋势。这种趋势主要体现在新生代农民工在培训投资与培训结果的差异上。倒置和碎片化的福利三角偏向市场的作用，虽然企业的每个新生代农民工都能获得培训的机会，但从培训的内容与组织安排看，企业所重视的培训（如职业技能提升培训）主要针对技术岗的新生代农民工，而非从事后勤岗和操作岗的新生代农民工，但从事技术岗新生代农民工群体的家庭条件普遍比较优越。在 A 企业从事技能岗的新生代农民工中，家庭收入在当地处于中等以上的占 44.4%，家庭收入在当地处于中等以下的仅占 11.1%；在从事操作岗的新生代农民工群体中，家庭收入在当地处于中等以上的仅有 4%，在中等以下的占 40%。而且，从家庭的支持情况看，参加过职业技能提升培训的 5 位新生代农民工都是来自技能岗，家庭收入都在当地处于中等及以上。由此可见，A 企业新生代农民工的培训呈现马太效应特征，从事技能岗的新生代农民工群体与其他群体相比，工资福利待遇较好，同时更有可能获得企业提供的职业能力提升培训，也更有可能获得家庭对培训的支持，他们抵抗失业风险的能力更强，职业发展渠道更为畅通。而从事操作岗的新生代农民工，由于岗位起点低，对就业能力培训的需要更为迫切，但在企业所能获得的培训对就业能力的提升效果有限，所能获得的家庭支持也少。

LPG：“我这个岗位赚钱不多，跟那些有技术的人比一个月差了 500 多元。要是当时我家里能让我去读个中专或学门技术就好了。哎，家里穷……我爸常年生病，我初中没毕业就出来了。呵呵，当时真想读书呢。也想去学点东西什么的，没钱啊，就跟着村里人去了浙江打工。去年我要照顾家里，就回来了……说到培训和技术，我自己也想着去学点别的，现在这个就是体力活，干得没劲，钱还少，看不到前途。但是没那么多钱，也走不开，家里没人照顾。今年上半年那期去吉安的培训，其实我也有

---

① 考斯塔·艾斯平—安德森：《福利资本主义的三个世界》，法律出版社 2003 年版，第 62 页。

份。但想着要离开 1 个多月，我妈一个人搞不定我爸，就放弃了。"

FSMW："这培训还真和家庭支持有关系。我家庭条件不是很好，父母又帮不了我们什么，连小孩都不能帮我们带。上次去顺德培训，正赶上我小孩生病没人照顾，我就放弃了。说实话还真有点可惜。当时好羡慕我同事，什么都不用管，只要自己过好就行。"

培训的马太效应反映出既有的福利三角培训制度难以消除新生代农民工群体的既有阶层差异对培训的影响，同时又在不断扩大他们的职业发展差异。在培训机会的获取方面，许多家庭条件不好的新生代农民工难以获得进一步提升职业技能的机会。其根源在于倒置的福利三角是一种选择主义而非普惠制的福利供给制度，这种福利制度的特征在于市场与非正式网络的结合。它突出个人责任与市场对福利供给的调节作用，但也容易造成福利权利与责任之间的不平衡，带来分层化的效果。

（三）福利三角的失衡与零和博弈

倒置与碎片化的福利三角，具有明显的失衡特征。失衡的福利三角关系形态具有非常高的零和博弈风险。从三者的互动关系情况看，福利三角的稳定程度与家庭的能力密切相关。当家庭能力和培训意愿不足时，福利三角就很容易解体。例如，当家庭不愿承担配合者角色时，它与市场（企业）之间的关系就会断裂，福利三角就变成了零和博弈，使国家、市场与社会间呈现出不合作的关系状况，彼此孤立、隔绝，这种情况会严重制约新生代农民工的培训供给效果。例如，上文所列举的访谈对象 LPG 和 FSMG，他们的家庭条件在当地处于底层，经济压力和家庭照料压力大。即使有培训机会，他们能从家庭中获得的支持非常少，最终不得不放弃职业技能提升培训。同时，由于 A 企业的福利待遇在当地处于上游水平，特别是技术岗的职工工资远高于其他企业，因此新生代农民工非常乐意进入 A 企业工作，也乐意参加企业组织的培训，其家庭对新生代农民工的培训支持也更多。但是当企业效益不好时，来自家庭的支持就会弱化，家庭与企业的合作关系就会解体。2011 年，由于行情不好，A 企业曾经有将近半年的时间开工不足，员工的工资待遇出现不同程度地下降。据介绍 A 企业当年的培训工作开展得不是很理想，员工的参与性不高，许多农民工开始抵制培训，而且来自农民工的抱怨也日渐增多。

即使在 A 企业内，由于各岗位的福利待遇不一样，家庭对企业培训的支持程度也会存在差异。对于后勤岗和操作岗的新生代农民工来说，福利待遇差，来自家庭的支持也就相应较少，家庭与企业的合作关系经常受到冲击。当家庭一遇到风险时，很容易撤销对新生代农民工的培训支持，导致家庭与企业的合作关系解体。但在现代社会，新生代农民工家庭面临的风险不可避免。例如，新生代农民工的家庭经常面临着住房、孩子照料、工作试用期的经济压力、家庭矛盾与冲突等多层压力。这些压力很容易使家庭陷入风险之中，进而影响到家庭对企业培训的支持能力与支持意愿。例如，有被访者说："整天培训有什么用，像我们这个岗位就是不用培训都能做，我们这岗位又没有多少奖金，就那么一点钱还要我们下班后学习，我家里还一大堆事啊，我不要带小孩……上次培训正好我小孩生病，我没办法参加，还扣我 20 块钱。就知道欺负我们这些没技术的。"（WHQ）

因此，倒置与碎片化的福利三角存在着使福利三角解体的内部张力，这种张力来源于家庭。由于现阶段新生代农民工家庭的能力与支持意愿较弱，家庭经常不配合企业的培训，加上政府在培训中还未建立与企业和家庭合作的渠道，因而经常给福利三角带来零和博弈的风险。零和博弈现象的存在反映了国家、市场与社会在新生代农民工培训中的彼此分割，难以将有限的培训资源集中起来用于新生代农民工的培训，造成培训资源的浪费。总之，倒置与碎片化的福利三角关系会对新生代农民工获取培训福利产生排斥效应。

本章小结：本章描述了 A 企业新生代农民工就业能力状况与其福利来源，分析 A 企业新生代农民工培训中的政府、企业和家庭的角色。发现 A 企业新生代农民工的就业能力不高，国家、企业与家庭对 A 企业新生代农民工的就业能力帮助程度不一，在其就业能力的提升方面，企业和家庭是最主要的就业能力供给主体；同时还发现政府、企业和家庭在 A 企业培训中所扮演的角色不一样。企业是主导者、投资者与推动者，家庭是配合者，政府是无效的规制者与迟来的推动者。综合以上发现，本研究用倒置与碎片化来概括新生代农民工培训的福利三角关系形态。倒置与碎片化的福利三角关系会使新生代农民工培训呈现出内卷化、分层化、失衡乃至零和博弈的特征，由此将新生代农民工排斥在培训体系之外，使其难以提升职业技能。

第五章　福利三角的自主性、融资与规制

新生代农民工培训的福利三角倒置反映了国家在新生代农民工培训中的缺位，而福利三角碎片化反映了国家、市场与社会在新生代农民工培训中各自为政，呈现出合作缺失的状态。本章主要从福利三角的张力与整合力角度研究福利三角为什么会呈现出此种关系状态。

第一节　自主性与福利三角的张力

一　自主性的双层维度：偏好与能力

自主性（autonomy）与能动性（agency）密切相关。在社会学的行动研究中，结构（structure）与能动（agency）是一对矛盾体。有相当多的社会学家赞同，行动者的行动具有能动性，而非社会结构的产物。例如，韦伯开创的解释社会学就对行动意义对行动的影响有过深刻论述。"行动的关键是个人的主观选择，主张按照主体自己的方式来解释其行动的意义和动机，社会被看作是人的建构物，随着主体的知觉和动机投入而持续不断地发生转换和变化"[1]。"在各种解释社会学里，对于阐明人的行为来说，具有首要地位的是行动与意义，而有关结构的概念则不那么显要，对制约问题也谈得不多"[2]。此外，互动理论、理性选择理论、建构理论等从不同侧面对行动者的能动性进行了讨论。互动理论对行动者的能动性强调体现在行动者在互动时所使用的符号的不同定义

---

① 马尔科姆·沃特斯：《现代社会学理论》，华夏出版社 2004 年版，第 12—13 页。

② 安东尼·吉登斯：《社会的构成：结构化理论大纲》，生活·读书·新知三联书店 1998 年版，第 61 页。

上。理性选择理论侧重分析行动者的理性动机（如对成本收益的权衡）对行动的影响。建构主义强调社会的建构性，主张人是其自身的生活世界的建构者。可见，社会学对于行动主体的能动性强调为自主性分析提供了理论基础。

经济学对行为主体自主性非常强调，可以说经济学就是建立在行为主体具有能动性的基础上的。经济学的一个重要假设就是将行为主体假定为理性的"经济人"，其经济行为是在成本和效用之间进行最优组合。经济学认为，国家、市场和社会的许多行为也都服从于这一自主性定律。

本研究所使用的自主性概念（autonomy）源自于国家回归学派对国家的自主性分析。这一概念脱胎于马克思主义的"国家相对独立性"理论。在此基础上，20世纪60年代新马克思主义学派发展出了"国家相对自主性"理论。不过，真正将自主性概念发扬光大的是20世纪70年代末兴起的国家中心主义（又叫国家回归学派）研究范式。这一范式反对将国家看成阶级统治的工具，主张将国家看成是有自己利益和目标的行为体。在国家中心主义看来，自主性是反对结构能力主义和社会权力中心论的核心概念，它可以用以解释经济发展、社会冲突、国际关系以及社会政策的制定等。将国家中心主义用于社会政策的分析，就是要发掘国家为什么、在什么时候以及如何会提出这种与众不同的政策。[①]

对于自主性的论述，1979年国家中心主义的旗手斯考切波在《国家与社会革命：对法国、俄国和中国的比较分析》一书中曾做过详细介绍。她倡导应将国家看成一个独立的自主性的结构，具有自己的逻辑与利益。"国家应该适当地被理解为不仅仅是一个社会经济冲突展开战斗的场所。毋宁说，它是一套以执行权威为首，并或多或少由执行权威加以良性协调的行政、政策和军事组织。任何国家都首先并主要是从社会中抽取资源、并利用这些资源来创设和支持强制组织和行政组织……只要这些基本的国家组织存在，他们在任何地方都具有摆脱支配阶级直接控制的潜在自主性。"[②] 在斯考切波基础上，埃里克·A. 诺德林格（Eric

①　埃里克·A. 诺德林格：《民主国家的自主性》，江苏人民出版社2010年版，第20页。
②　西达·斯考切波：《国家与社会革命：对法国、俄国和中国的比较分析》，上海世纪出版集团2007年版，第30页。

A. Nordlinger) 主张从偏好的角度来看待国家的自主性。"国家偏好"是指公共官员们接受政府内部资源分配而获得加强的、诸偏好的加权平衡。① 诺德林格认为，可以根据国家偏好与社会偏好的关系，区分出三种国家自主性的类型。与诺德林格相对，彼得·埃文斯（Peter Evans）更加注重国家自主性的嵌入性，用"嵌入式自主"概念来解释国家与市场的互动关系，认为导致嵌入性自主的核心变量是国家能力，它是实现国家偏好的基础。因此，在国家中心主义者看来，能力与偏好是自主性的两个重要维度。

福利三角框架不仅将国家看成一个行为主体，而且将社会和市场也看成一个行为主体，具有自己的能动性。因此，根据自主性的内涵，能力与偏好也适合对市场与社会的分析。在偏好方面，经济学早已对企业、家庭等主体的偏好进行过深度研究。主流经济学的许多理论都是建立在一系列偏好假定的基础上。例如，新古典主义经济学就建立在效用最大化和偏好稳定等假设基础上的，认为效用是偏好的一个函数。偏好是自涉的、稳定的、可显示的。个体或组织的行为选择可以用偏好来进行解释和预算，追求效用最大化的行为主体稳定的偏好。偏好的形成具有多层维度，涵盖了生物演化维度、基因与文化协同演化维度、社会文化制度维度与个体认知心理维度，它既与需要、动机、效用密切相关，也与既定的文化、制度场景相连。因此，稳定的、可显示的偏好是国家、市场和社会行为选择的重要驱动力。同时，偏好与动机相关。在福利三角的偏好研究中，伊瓦斯曾借鉴平克（Pinker）的观点，深刻论述了动机对福利三角关系的影响。他着重指出自我与利他动机、利益最大化动机、团结动机等会深刻地影响到国家、市场与社会的行为。而不同动机的混合则会严重影响到私人部门与公共部门的关系。② 但是，偏好与动机又受国家能力的影响，不同水平的国家能力又会影响到国家的偏好与动机，使国家适时根据自身的能力对偏好进行调整。这种调整恰恰

①　埃里克·A. 诺德林格：《民主国家的自主性》，江苏人民出版社 2010 年版，第 13 页。

②　Adalbert Evers, Shifts in the Welfare Mix – Introducing a New Approach for the Study of Transformations in Welfare and Social Policy, In Evers, A. & H. Wintersberger, *Shifts in the Welfare Mix: Their Impact on Work, Social Services, and Welfare Policies*, Frankfurt am Main: Campus Verlag; Boulder, Colorado: Westview Press, 1990, pp. 15-16.

是国家自主性的重要体现。

综合以上分析可见，自主性与能力、偏好密切相关。其中能力代表着客观维度，偏好代表着主观维度。

二 新生代农民工培训的企业自主性

(一) 新生代农民工培训的企业偏好

偏好的形成与需要、动机、效用密切相关。其中动机是偏好的一个重要维度，而产生动机的内驱力是需要。从 A 企业的情况看，企业对新生代农民工培训的动机考量，与其生产和发展的需要密切相关。员工是企业的必要生产要素，高素质的员工能增进企业的核心竞争力，提升企业的生产水平。化工型企业对于员工素质的要求就更高，不仅要求员工具有严格按照操作流程来进行操作的能力，还要求员工有相关的安全生产知识和职业技能。特别是在 2009 年 A 企业升级了生产线后，对员工素质的要求就更高。但是，A 企业所能招收到的新生代农民工的素质远不能满足企业生产要求。一方面，具有职业技能证书的新生代农民工数量偏少。截至目前，该企业仅有 8 名新生代农民工具有职业资格证书，其中有 2 位新生代农民工的职业资格证书还是在进入 A 企业工作后才拿到的。另一方面，新生代农民工的工作价值观与老一代农民工相比有较大差距，他们不愿意再从事普工类的工作，工作耐受力差。不少新生代农民工因为家庭压力（如结婚、孩子出生、照顾老人等）而返乡。由于有在外工作经历，他们对工作条件的要求较高，不愿意再从事脏、乱的体力性工作，不少新生代农民工进入 A 企业工作后，纷纷向企业表示希望从事技术性工作。以上情形使 A 企业产生了提升新生代农民工素质的需要，催生了相应的培训动机。

但是在实际操作中，企业会对培训持何种偏好呢？基于企业的市场性质，追逐利润是企业的最终目的，因此在对待新生代农民工的培训上，企业也持逐利的偏好。体现在生产中，则是要求新生代农民工培训不能妨碍生产，而应有利于生产。这种生产偏好影响了 A 企业对培训内容和培训时间的安排，也影响了企业对培训的投入。

WZ：“作为企业来讲，最终的目的都是为了发展生产，为了赚钱。企业主不是慈善家，我们对农民工培训投入这么多，肯定是要有利于发展生产，要能赚钱，要不然我做这个培训干吗。"

（二）新生代农民工培训的企业能力

除偏好外，能力也是影响企业行为的重要因素。A 企业的培训与其经济能力密切相关。在 2009 年以前，A 企业的生产条件有限，对员工的要求也不高，加上当时公司实力不足，企业对农民工的培训很不正规，主要以岗前培训和安全培训为主。新招聘的农民工培训 1—2 天就直接上岗，而且之后也不会安排其他培训。2009 年，A 企业下决心实行产业升级，投资 2000 多万元建立了科研中心，高薪聘请了多达 36 人的研发队伍，其中包括来自清华大学、北京化工大学等多所高校的知名教授等。2006 年前后，企业的年产值仅有 5000 万元左右；至 2009 年，企业的年销售收入达到 3.8 亿元。2010 年企业研发出了 6000 目超细碳酸钙产品，2011 年企业的年产值超过 6 亿元，2012 年年产值达到 7.5 亿元，2013 年企业主营收入超过 10 亿元。企业产值的高速增长为企业员工培训提供了坚实的经济基础。

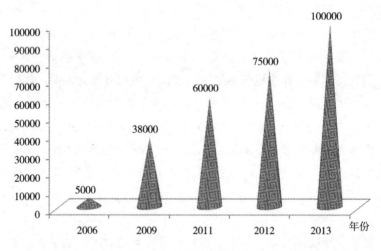

图 5—1　A 企业的年产值增长趋势图（单位：万元）

但是，企业能力又是一个变量。除受企业的技术生产能力影响外，还要受市场行情的影响。当市场行情不好时，企业的经济效益差，对培训的热情也就会降低。例如，2008 的经济危机使重钙行业普遍不景气，建筑、汽车等终端客户的需求下降。A 企业的产值虽然增长迅速，但企业效益并不景气，特别是 2009 年企业的资金面比较紧张。当时，A 企业对农民工的培训投资热情不高，外派培训的人数明显减少。因此，企业能力的变动性使企业对培训的自主性也处于变动之中，同时也反映了企业对培训的经济效应考量。

三 新生代农民工培训的家庭自主性

（一）新生代农民工培训的家庭偏好

许多研究发现，新生代农民工的培训意愿非常强烈。[1] 在 A 企业，新生代农民工也有培训的需要，57.7% 的新生代农民工表示愿意去学习新技能。但对新生代农民工家庭而言，其培训偏好具有独特性。新古典经济学认为，效用是偏好的函数，它涉及需要、动机、文化、社会制度等多个维度。与此相对，在 A 企业，新生代农民工培训的家庭偏好，主要体现就业效用偏好和文化效用偏好两方面。

就业效用方面，培训虽然能增进新生代农民工的人力资本，但也具有短期效用和长期效用之分。短期效用主要体现在就业机会的供给和就业岗位的获得上；长期效用则体现在职业流动上。从 A 企业新生代农民工家庭对培训的投入与支持情况看，家庭更偏好于培训的短期效用而非长期效用。国际经验表明，就业培训的短期效用非常明显，在德国的学徒计划中，失业者参加培训能获得许多的经济补贴，这些补贴涵盖了住房、交通等方面。在英国的新政项目中，培训是青年获得工作岗位的前提。在 A 企业，岗前培训、安全培训和岗位培训是获得就业岗位的前提。新生代农民工要想获得稳定的工作岗位，必须顺利完成以上三类培训。因此，新生代农民工的家庭对这三类培训较为支持。而职业技能提升培训则没有这方面的限制，其短期效用不明显。新生代农民工在参加完技能提升培训后，虽然能在职业技能方面有所提升，但 A 企业并不会立即对其岗位做出变动或增加其薪酬福利，仅会在未来的管理人员选拔方面予以考虑。目前，A 企业的一线生产班组长大都是从参加了职业技能提升培训的工人中产生的。从 A 企业的实施情况看，新生代农民工对职业技能提升培训的参与兴趣并不高，其中一个重要原因在于来自家庭的支持较弱。对新生代农民

---

[1] 杨晶、邵林玉：《新生代农民工职业培训需求自述偏好与现实选择的一致性研究——基于江西省的调研》，《职业技术教育》2014 年第 4 期。

工而言，参加培训最终目的应能带来一定的收益。受新生代农民工职业转换频繁影响，长期效用存在无法兑现风险，加上 A 企业的短期培训对家庭支持的要求更低，因此新生代农民工家庭更重视培训的短期效用而非长期效用。

FSMG："岗位培训不得不参加，还有那个安全培训也是一样。学不好就不能上岗，虽然前几个月钱少点，但挺一挺也就过去了，老婆也能理解。但出去培训就不一样，很麻烦，时间也长，要 1 个多月。走了就管不了家里了。上次我有一次去顺德培训的机会，正好赶上我小孩生病，我老婆不让我去。再说即使去了也没什么，也不会给我加工资。"

此外，效用也具有文化维度。近二十年来，社会政策学家在对东亚福利制度的思考时，非常注重文化的福利内涵。例如，韩国学者朴炳铉认为，韩国文化中的家庭中心主义、孝思想、共同体意识对其社会保障制度具有重要影响。这使得"与西方国家开发新的社会福利模式不同，韩国有必要开发自己独立的社会福利制度"。[①] 我国传统文化一直都有重视教育投资的偏好，认为教育投资对个人的长期发展具有帮助作用。因此，我国家庭对教育的投入经费占家庭支出的比重一直很高。2004 年，中国城镇、农村家庭用于教育文化服务消费占总消费支出的比例分别为14.38%、14.11%，而 2002 年美国家庭用于教育文化服务消费占总消费支出的比例仅为 11.4%。[②] 文化偏好的特征也影响了家庭对新生代农民工培训的偏好，使新生代农民工家庭对培训非常重视。许多家庭认为，培训具有生产性。这一偏好不仅会在新生代农民工从脱离学校后仍主动对其进行人力资本投资，还会在其就业后对培训持正向评价态度，积极参与培训。例如，在 A 企业，有 18 名新生代农民工在中学毕业后主动学习了职业技能，这与家庭的早期支持密切相关。有 88.5% 的新生代农民工认为培训对其就业具有促进价值。

LCC："培训对我们来说还是非常有意义的，学点东西总没坏处。三百六十行，行行出状元，我读书虽然没用，但总不能学其他的也不行

① 朴炳铉：《社会福利与文化——用文化解析社会福利制度的发展》，商务印书馆 2012 年版，第 234 页。

② 我国的数据来源于《中国统计年鉴 2005 年》，美国的数据来源于《国际统计年鉴 2003 年》。

吧……我学这个叉车就跟我爸有关。初中毕业后读不进书，我爸经常跟我说作为一个男人不能总在社会上乱晃，要多学点东西，要不然以后怎么养家。后来他就托人逼着我学开卡车……我家里对我还不错，只要我想学东西，都会支持我，他们都觉得这才有出息。"

（二）新生代农民工培训的家庭能力

与效用偏好相对应，家庭能力是影响新生代农民工家庭培训的另一个重要内生偏好。家庭能力可以从经济条件、家庭结构等方面衡量。经济方面，A 企业新生代农民工家庭经济实力均不强，大部分处于中等及偏下水平，其中处于中等水平的占 50%，中下等水平的占 23.1%。2013 年，A 企业所在的市农民工人均纯收入 8030 元，仅相当于 J 省的 91.4%，相当于全国的 90.2%。落后的经济实力严重制约着家庭对培训的投入。此外，从家庭结构角度看，A 企业有 73.1% 的新生代农民工已婚，都有照料小孩的压力，家庭支出压力大。在 A 企业，新生代农民工已成为照顾家庭的主要力量，不少农民工返乡就业都是为了成家或照顾家庭。低家庭能力使新生代农民工无法从家庭方面获得足够多的培训支持。例如，访谈对象 LPG、FSMG、WHQ 的家庭能力都不足，这一定程度制约了他们对培训的选择。

表 5—1　　　　A 企业所在地区农民全年人均纯收入与全国的对比　　（单位：元）

年份	2009	2010	2011	2012	2013
全国	5153	5919	6977	7917	8896
J 省	5075	5789	6892	7828	8781
A 企业所在市	5019	5570	6308	7103	8030

资料来源：J 省和 A 企业所在地市的数据来源于《江西省统计年鉴》（2010—2014 年），全国数据来源于国家统计局 2009—2013 年的《年度统计公报》。

四　新生代农民工培训的国家自主性

（一）新生代农民工培训的国家偏好

在国家中心主义者看来，国家是一个伸缩性的概念，可以以多种形式存在，因此国家自主性是一个变量而非常量。托马斯·里斯－卡彭（Thomas Risse – Kappen）曾指出，国家自主性是国内结构的函数，特别是取决于国家与社会的关系以及社会经济的发展。① 在政治学领域，对国家自主性的讨论集中在官僚机构的设置与官僚集团上。例如，诺德林格在对国家自主性类型划分的依据就是政府官员的政策偏好。在社会政策和公共政策领域，对于国家自主性的讨论主要集中在地方参与和分权方面。例如，钱颖一和吉拉德·罗兰主要从财政分权和货币分权角度讨论国家在公共政策制定中的策略。② 因此，有不少学者认为，国家偏好的找寻除了需结合效用外，还需结合国家官僚机构和官僚集团进行。在我国，李莹与周永新曾经从国家中心主义的角度出发建构了一个农民工社会政策分析框架，认为国家具有两种面目，分别为行为主体和制度集合体。③ 对国家偏好的讨论可以从制度集合体和行为主体两个层面进行。这一框架为新生代农民工培训的国家偏好研究提供借鉴。

具体而言，在新生代农民工培训中，A 企业所在的地方政府秉持着两种偏好，分别为作为制度层面的福利责任偏好和作为行为主体层面的考核偏好。

首先，从制度角度看，在新生农民工培训中，国家存在着明显的福利责任偏好。2003 年六部委颁发的《2003—2010 年全国农民工培训规划》首次明确了政府在农民工培训中的福利责任，确定了政府扶持、齐抓共管原则。2006 年《国务院关于解决农民工问题的若干意见》则将农民工培训上升至权利角度，要求公平对待农民工，保证农民工在培训方面能和城市职工享有同等的权利和义务。《就业促进法》以法律形式将地方政府对农民工培训的责任固定下来。2010 年，国家提出健全面向全体劳动者的职业培训制度，真正将农民工作为劳动者的一员公平对待。2012 年国家又提出构建劳动者终身职业培训体系，将培训时长延伸至整个生命周期。从国家这一系列的政策可见，国家对农民工的培训已经从原来的控制、引导流动目的变成了一项发展型福利政策。通过国家的努力，培训越来越被作为一种普惠型福利机会，使每位农民工都能获益。这反映出福利责任偏

① Risse – Kappen, T., *Bringing Transnational Relations Back in Non – State Actors*, *Domestic Structure and International Institutions*, Cambridge: Cambridge University Press, 1995, p. 19.

② Yingyi Qian & G. Roland, Federalism and the Soft Budget Constraint, *American Economic Review*, Vol. 88, No. 5, 1998.

③ 李莹、周永新：《我国农民工社会政策的变迁：一个分析框架及其应用》，《中国人民大学学报》2012 年第 5 期。

好是国家对农民工培训的重要偏好。

其次，从行为角度看，国家对农民工培训具有较强的考核偏好。随着农民工培训政策的不断完善，给农民工提供培训已成为各级政府（尤其是地方政府）就业工作的一项重要内容。每年各级政府都会安排相应的培训任务，并进行考核。其依据在于 2008 年实施的《就业促进法》。在 J 省，涉及农民工培训的主要计划逾 12 项。以"阳光工程"为例，J 省人力资源和社会保障厅每年都会对各地区的培训任务、培训内容进行分解和考核。2009 年，J 省要求完成"阳光工程"示范性培训任务 18 万人，农民创业培训 277 人。在工业园区培训方面，J 省每年都会确定工业园区培训的规模，2009 年的全省工业园区就业培训任务为 36 万人。2013 年全省工业园区的培训任务为 28 万人，A 企业所在 Y 县所划拨的额定培训任务为 2880 人。A 企业所在的 J 市每年都会举办农村劳动力转移就业工作联席会议，制定当年的工作要点。2014 年联席会议规定，该市的培训任务为工业园区员工 2.97 万人、家庭服务业从业人员 0.31 万人、创业培训 0.88 万人。

表 5—2　　　　2013 年 J 市"阳光工程"培训任务与培训内容

项目县	任务数（人次）	农业职业技能培训（人次）	农业专项技术培训（人次）	培训经费（万元）
全市	24850	7950	16900	730.5
青原区	1500	600	900	49.5
吉安县	1300	500	800	42
新干县	3400	1200	2200	105
峡江县	1800	600	1200	54
吉水县	2400	600	1800	63
泰和县	3500	1000	2500	97.5
万安县	1600	600	1000	51
遂川县	2450	850	1600	75
安福县	1500	400	1100	40.5
永新县	3000	1000	2000	90
永丰县	800	0	800	12
井冈山市	1600	600	1000	51

以上年度任务都需进行考核。在当前中国行政体制框架下，如果就业考核未获通过，对当地就业部门的领导人升迁及整个部门来年的就业工作开展都有重要影响。因此，考核成为各级政府开展农民工培训的"指挥棒"。受此影响，考核偏好成为国家开展农民工培训工作的重要偏好。

LJZ："农民工培训工作目前主要是由我们局进行主抓，县里和人保局局长非常重视。除了完成全省布置下来的"阳光工程"培训外，我们县这些年一直在重点推进工业园区培训。县政府每年都会制定培训任务，根据培训任务划拨专项资金。市里每年会对培训的完成情况进行考核，考核不过就要给'亮黄牌'整改。这对我们的工作触动很大。"

（二）新生代农民工培训的国家能力

对国家能力的衡量具有多种理论，这些理论包括国家意志目标说、国家权力说、国家职能说、国家政策说、国家行为绩效说、国家与环境互动说等。① 这些理论指出国家能力包括国家对社会的控制能力、制度设计能力、经济能力和执行能力等。其中，国家回归学派主张从实现国家决策和国家目标的程度来考量国家能力。例如，有的学者从国家对社会的控制程度来讨论国家能力，如果国家对社会的控制程度越高，达到国家目标可能性就越高。例如，米格达尔曾指出一个强势国家能力的特征包括渗透社会、调节社会关系、吸取资源、以决断方式吸取和使用资源。② 在社会政策和公共政策领域，对国家能力的衡量更多是从国家的经济能力（如财政能力③）和制度建设能力进行。制度建设能力被福山所强调，他认为这些能力包括组织设计与管理、政治体系设计、合法性基础、文化与社会结构等方面。④ 基于此，本研究主要从经济能力和制度设计能力两个方面来考察新生代农民工培训中的国家能力。

经济能力方面，三十多年来的经济高速发展使我国的财政能力有了极

---

① 黄宝玖：《国家能力：含义、特征与结构分析》，《政治学研究》2004 年第 4 期。

② Migdal, J. S., *Strong Societies and Weak States*, Oxford：Princeton University Press，1988，pp. 4-5.

③ 例如，王绍光认为国家能力包括汲取财政能力、宏观调控能力、合法化能力以及强制能力四种，其中汲取财政能力是最重要的国家能力。见王绍光、胡鞍钢：《中国国家能力报告》，辽宁人民出版社 1993 年版。

④ 弗朗西斯·福山：《国家构建：21 世纪的国家治理与世界秩序》，中国社会科学出版社 2007 年版，第 7 页。

大改善。近十多年来国家财政始终保持2位数的增长速度。2013年全国公共财政收入达到129143亿元[①]，是2000年的9.64倍。2013年，J省的地方财政总收入超过2300亿元，是2006年的7.72倍。近些年来J省的社会保障和就业支出占财政支出比重虽略有下降，但均超过10%水平，且绝对数额在不断攀升。根据《就业促进法》的规定，县级政府是农民工培训的责任主体，需将农民工培训的资金纳入就业专项资金。从A企业所在的Y县看，该县政府的经济能力也在不断增强。2010年，Y县财政总收入为6亿元，2011年达到7.6亿元，2012年为9.34亿元，是2010年的1.56倍。2014年1—11月，Y县的财政总收入为122379万元，同比增长了15.3%。[②]地方财政的改善为农民工培训提供了较为坚实的经济支持，也使就业专项资金的总量有了提高。例如，2012年Y县的社会保障和就业支出达到1.55亿元，占地方财政总支出的16.6%。这一数字高于全省的平均数值。2013年该地区的就业专项资金总量达到500万元，2014年上升到600万元，其中2014年专门用于农民工培训的资金为15万元。

表5—3　　　　　　　　　A企业所在地的地方政府能力

年度	地区	一般财政收入（万元）	一般财政支出（万元）	社会保障支出（万元）	社保支出占财政支出比重（%）
2006	J省	3055214	6964361	486189	6.98
	J市	205130	586190	36138	6.16
2007	J省	3898510	7310348	1138559	15.57
	J市	253221	741843	90025	12.14
2008	J省	4886476	12100730	1793603	14.82
	J市	324379	1002202	125745	12.55
2009	J省	5813012	15623742	2193351	14.04
	J市	397408	1280670	161791	12.63

---

① 人民网：《2013年全国财政收入12.9万亿 完成全年预算目标》（http://finance.people.com.cn/n/2014/0123/c1004—24208617.html）。

② 数据来源于：《永丰县历年国民经济和社会发展统计公报》（http://www.jxyongfeng.gov.cn/NEWS/ZWGK/TJXX/2013/7/13729949557525.html）。

续表

年度	地区	一般财政收入（万元）	一般财政支出（万元）	社会保障支出（万元）	社保支出占财政支出比重（%）
2010	J省	7780922	19232633	2330159	12.12
	J市	570967	1583585	170658	10.78
2011	J省	10534342	25345989	2727451	10.76
	J市	768113	1972186	219002	11.10
2012	J省	13719940	30192244	3230628	10.70
	J市	1034953	2469444	270159	10.94

除就业专项资金外，农民工就业培训的资金还有一部分来自于其他专项资金。2013 年，A 企业所在的 Y 县提出要大力发展电商产业，成立了电子商务产业园、电子商务领导推进小组，设立了电子商务创业培训专项资金和孵化基地建设资金，其中孵化基地建设基金为 100 万元。该小组大力开展农民工电子商务创业培训。开展农民工电子商务创业培训既可以申请孵化基地建设资金，也可以申请就业专项基金。

总体来看，A 企业所在的 Y 县开展农民工培训的经济能力较为充足。虽然目前用于农民工培训的绝对经费不多，2014 年就业专项资金只安排了 15 万元的培训经费。但就业专项经费中并没有限定项目，如果之前安排的资金不够，可以从其他类别中调剂。

ZJZ："目前农民工培训经费还是充足的，基本能完成每年的培训工作任务量。如果资金不够，还可以从就业专项资金中别的类别中加以调剂。现在的主要问题不是钱不够，而是钱不好花。去年和前年的农民工培训经费都没用完，差点挨批评。"

与经济能力相对，目前 A 企业所在地方政府的制度设计能力则相对不足。在新生代农民工的培训中，Y 县政府更多是执行者而非制度设计者。培训任务由省、市部门规定，培训项目和培训补贴发放等都是遵从中央与省、市的专门文件。在培训项目方面，Y 县每年的培训任务都是根据当年 J 市农村劳动力转移就业工作联席会议所分解的考核任务执行。工业园区就业培训主要依据 2008 年 J 省颁布的《J 省工业园区就业培训实施办法》，"阳光工程"主要依据每年 J 省制定的《农村劳动力培训"阳光工程"实施方案》。在培训资金的发放上，该县都是依据《J省职业培训政府补贴管理暂行办法》（赣人社发〔2012〕97号）和《关于进一步规范全省就业创业培训管理工作有关问题的通知》（赣人社发〔2014〕32号）两个文件进行。

LJZ："地方农民工培训工作的开展都是依据文件进行。上面怎么规定我们就怎么做。谈不上什么创新，要说创新也仅能体现在具体工作态度和工作方法上。而且，就现在形势而言，也很难有创新。例如，在培训资金的发放上，目前的文件规定已很具体，要获得政府补贴需要什么样的材料，2012年和2014年省里面颁布的两个文件中已做了具体规定，我们执行就行。"

五　自主性与福利三角的张力

（一）企业自主性对福利三角关系形态的影响

第一，企业自主性与新生代农民工培训的企业角色。生产偏好使企业对新生代农民工培训呈现出高度的自觉性，义不容辞地承担起培训责任。企业主认识到，为发展生产企业必须增强对员工的素质投入。在企业的成长阶段，更要注重对员工的培训。体现在新生代农民工的培训中，针对新生代农民工职业技能低的现实，企业不得不努力开展培训。不过，企业培训责任的承担与其能力密切相关，当企业能力好时，企业培训责任的履行更好。但是，当企业能力下降时，企业就会减少对新生代农民工培训的投入。

WZR："我们企业不是随便招个人进来就能干的，必须要严格按照流程来操作，只有经过培训才可以上岗。所以对农民工培训这个都不用政府来说，我们自己都会开展，否则就会影响企业生产。万一出了个安全事故，那企业就损失大了，不仅要赔钱，弄不好还要停产检修。所以这几年我们在员工培训方面的力度很大，投入也增加了许多。但是，经济实力是企业开展培训的最重要条件。早年我们虽然也重视培训，但是效益摆在那，不可能在这方面投入很多。这些年企业盈利能力增加了，对员工培训的投入自然就上去了。"

第二，生产偏好对企业与政府、家庭合作的影响。生产偏好制约了企业与政府合作的积极性。在生产偏好影响下，企业热衷于保持对新生代农民工培训的主导地位，只有这样才能保证企业根据自己企业的情况来安排培训。但是一旦和政府合作，政府就会对培训的形式与培训内容进行规定，而企业往往难以达到。根据 J 省发布的文件，企业与政府可以在就业技能培训和岗位技能提升培训方面展开合作，合作的主要方法是政府为企业提供相应的培训补贴（每人每年 300—3000 元）。企业要想获得政府的培训补贴，必须建立培训基础台账。如果是工业园区企业定向培训，还要求不低于 8 个课时的理论培训时间。这些规定对企业来说有许多难以完成。例如培训基础台账需要有教学大纲和有资质的老师，但企业自己的培训师大都是经验丰富的老员工，他们只懂实际操作，文化水平也不高，难以编写出成熟的教学大纲。再如，在培训的集中学习方面，企业也存在难度。如果将集中学习安排在工作时间内，势必会影响到正常的生产；如果将集中学习时间安排在工作时间外，又难以保证全部到课率。这些因素都会阻碍企业与政府合作培训的积极性。

QFZ："跟政府一起搞培训太麻烦，那点补贴还不够我们送民工去一次外地培训。当然有钱总比没有钱好。你不知道，为了获得那点补贴要办一大堆手续，还要填各种表，每天还要安排人去点到、签名。搞得我们办公室那段时间都忙不过来……培训按道理应围绕着企业的生产转，我们自己的培训随时都可以进行，比如这段时间新招些员工，我们可以灵活安排，实在不行让老员工带一下也行，先凑合用，慢慢再让人教。要跟政府一起办，每次培训还得先跟政府打报告申请，得政府批准了我们才可以培训，这时间我们等不起。而且政府规定的培训内容有很多都不适合我们。我们企业需要的政府那边要么是不看重，要么是提供不了。所以我们一般不愿意跟政府在农民工培训方面打交道。今年与政府合作开展的那期培训主要还是为支持地方政府的工作，不是为了那点补贴。"

生产偏好有助于提高企业与新生代农民工的家庭合作积极性。因为家庭的支持有助于提高新生代农民工的培训参与率。在 A 企业，大部分新生代农民工都已婚，家庭经济负担重、家庭照料压力大。如果培训不能得到农民工家庭的支持，会大大影响新生代农民工的参与率。为此，A 企业在组织培训时，经常给新生代农民工做工作，让他们多与家庭沟通，争取家庭的支持。特别是在组织外出培训时，更是如此。因为外出培训时间长，对家庭的影响大，更需要家庭支持与配合。同时，A 企业也鼓励新生代农民工家庭对新生代农民工的培训进行投资，如果培训效果好，企业还会为其加薪、转岗等。例如，2012 年有一位新生代农民工自己参加了电脑培训，2013 年企业根据其能力情况将她从水磨工调整到了综合办公室，从事文员和接待工作，并为其报销了一半的培训经费。还有，A 企业的员工职业技能培训项目原来并不接受新生代农民工的个人申请，但后来考虑到专业的技能培训能提高新生代农民工的职业能力和职业认同，从 2011年开始，企业将那些没有资格参加培训计划但自己愿意承担一部分培训费用的新生代农民工纳入到培训中来。

此外，企业注重与家庭的合作另一个重要原因在于家庭在新生代农民工培训方面的投入不会挑战企业的主导地位。家庭在新生代农民工培训中一直扮演着配合者角色，即使家庭单方面增加对新生代农民工的培训投资，最坏的结果也只是从企业离职，对整个员工队伍的影响并不大。

QFZ："员工能力提升了，获益的还是企业。在我们这只要他有想法，愿意学、愿意读，我们都会支持。去年我们就给一个女工调了岗，她自己参加了个电脑培训，我们觉得整体素质还行，有上进心，就把她调到了办公室来。这样对她以后的发展也好点，也有利于员工队伍建设，能让这些民工看到希望，不要让他们觉得我在你企业里就只能干一辈子的苦力。"

第三，企业能力对企业与政府、家庭合作的影响。近几年来，A 企业的跨越式发展增强了企业的能力，使其有能力开展新生代农民工培训。自2009 年以来，企业用于员工培训的经济保持着 2 位数的增长。2014 年 A企业用于员工培训的经费达到 171 万元，是 2009 年的 2.67 倍，平均每个员工的培训经费达到 1600 元。但是，企业能力的增加使政府的培训补贴对企业的吸引力不大。例如，2014 年政府给予 A 企业的培训补助为 300元/人。这一标准仅为 A 企业人均培训经费的 18.5%。而且，根据目前的培训政策，每个新生代农民工每年仅能获得一次培训补贴。因此，政府补贴的相对不足以及企业能力的提升使 A 企业在培训方面存在拒绝与政府合作的内在张力。实际上，受企业生产偏好影响，培训补贴对企业吸引力一直不大。即使没有培训补贴，企业也需开展培训。在 2009 年之前，A企业经济能力并不强，它也没有向当地劳动部门主动申请培训补贴。

在与家庭合作方面，虽然 A 企业产值已取得长足发展，但 A 企业目前还仅能为员工个体提供福利，无法为员工家庭提供福利，还无法像国外一样在就业培训时给家庭提供补贴。因此 A 企业目前还无法在培训时为新生代农民工提供家庭照顾和家庭补贴等福利项目。由于家庭照顾对培训具有不可代替性的作用，导致 A 企业在对新生代农民工培训时，必须妥善处理好培训与家庭的关系。这一现象会促使企业注重建构与家庭的合作关系。

（二）家庭自主性对福利三角关系形态的影响

第一，家庭自主性与新生代农民工培训的家庭角色。

注重短期效用和注重教育投资的家庭文化及低家庭能力是新生代农民工家庭对培训的偏好。这一偏好反映了新生代家庭有对人力资本进行投资的意愿，但受家庭能力和注重短期效用的培训偏好影响，新生代农民工家庭对那些不会增加家庭经济压力的培训感兴趣，但会对需要自己缴纳费用的培训持观望态度；对那些能带来短期利益和即时利益的培训感兴趣，而对单纯的能力培训不感兴趣。这种培训偏好使家庭愿意在新生代农民工培训中承担责任，但不愿意承担主要责任。因此，配合者的角色是其首选。

第二，家庭偏好对家庭与国家、市场合作的影响。

注重教育投资的家庭文化及注重培训的短期效用的家庭培训偏好实际上有利于国家与市场在培训中与家庭合作。一方面，注重教育投资的家庭文化使家庭在培训中的可动员性强，农民工家庭对培训的理解较为正向，对培训不存在认知和文化障碍。这一特征使家庭具有与政府、市场在新生代农民工培训方面进行合作的欲望。在 A 企业，许多农民工都意识到培训具有正功能，对提升自己的职业素质具有促进作用，也反映各自的家庭对培训较为支持。A 企业每次举办的培训都能有较高的参与率。此外，从政府角度看，A 企业所在地的地方政府每年都是单独组织针对农民工的培训，如"金蓝领工程""阳光工程""春暖工程""雨露计划"等。在这些培训的开展过程中，家庭的支持作用不容忽视，甚至有不少新生代农民工都是因为家庭支持才参加培训的。

HRZ："我们往年也开展了不少针对农民工的培训，如'阳光计划''工业园区培训'和'两后生培训'。虽然现在的年轻人不像原来那么好做工作，但通过家庭动员还是可行的。以'两后生培训'为例，以前我们只要在中学做好工作就行，让毕业班的老师先帮我们物色人选。现在我们则注重在村里面进行重点摸查，让村干部去做家长的工作。这个工作还是好做的，提到培训老表们还是支持的，都认为让年轻人学点东西没坏处……终归来说，老表们还是老实。而且，我们这地方也穷，交通不便，读书风气重。欧阳修故里不是白吹的。跟学习、教育相关的工作，群众基础还是比较好的。"

另一方面，注重短期效用的家庭偏好又使家庭对培训的效果非常看重。这虽然是家庭理性的一种体现，但这种偏好影响了家庭与政府、企业在培训方面的合作范围。不论是政府还是企业所组织的培训，如果效果不明显，则难以获得家庭的配合。例如，A 企业组织的职业技能提升培训相比于岗位培训所获得的家庭支持更少。在当地政府组织的培训方面，由于当地的工业园区培训实行"定向制"，培训完即上岗，因此比较受新生代农民工及其家庭的喜欢。这项培训从 2009 年开始进行，农民工的参与度比较高。相反，虽然"阳光工程"对农民工实行免费培训，但以职业技能提升为主，培训的短期效果不明显，新生代农民工的参与度低。

第三，家庭能力对家庭与国家、市场合作的影响。

低家庭能力是当地家庭自主性的重要一面。家庭能力的不足既使家庭不能成为新生代农民工培训的主导者，又使家庭在培训方面具有与国家、市场合作的意愿。虽然当地有注重学习的传统，但低家庭能力使家庭对新生代农民工的培训投入只能选择那些较为低端的、收费便宜的短期培训，或者是运用家庭的非正式关系来对新生代农民工进行人力资本投资。例如，访谈对象 LCC 就是通过家庭非正式关系的作用学习了驾驶技术。但一旦政府和市场能对新生代农民工提供培训时，家庭的投资就会迅速退居其后，由投资者变成协调者。例如，在获得目前的工作之前，A 企业有26.9%的新生代农民工获得了家庭资助学习职业技能，但进入 A 企业工作后，仅有 2 人自己主动学习其他的职业技能。

LPG："工作了我是想去学习一些技能，但最好是要老板出钱。因为工作是为老板赚钱，我们做不好操什么心。老板要赚钱，自然会对我们培训。"

但是，低家庭能力也使家庭对新生代农民工培训的投入不足，渴望国家和社会介入。A 企业所在地的家庭经济收入明显低于全国平均水平，2013 年该地农民人均纯收入刚刚超过 8000 元，而当地职业中专的收费为3400 元/年，加上生活开支，一年的培训费用至少需要 8000 元。考虑到经济压力，当地许多新生代农民工没有选择学习职业技能，而是直接进入劳动力市场。因此，在面对高额的收费时，家庭非常希望政府和企业能够帮助分担压力。在 A 企业，有 2 位新生代农民工参加了劳动预备培训，在该县的职业中专学习了 1 年。

WHQ："要我自己掏钱去培训我肯定不去。再说我家里事多，有小孩要照顾，免费的培训我都要考虑参加不参加……要能真学点东西我也愿意，但是首先不要我自己掏钱，第二要人给我带小孩，或者你花钱请我去培训。"

在家庭偏好和家庭能力的影响下，家庭对企业组织的培训采取选择性配合态度。只有那些符合家庭的短期效用且不需要家庭直接经济投资的项目才会得到家庭的支持。

（三）国家自主性对福利三角关系形态的影响

第一，国家自主性与新生代农民工培训的国家角色。

从 A 企业的情况看，在国家对新生代农民工培训的偏好中，考核偏好大于福利责任偏好。目前国家对 A 企业的新生代农民工提供的培训福利主要有两种，一是安全培训；二是工业园区就业技能培训。安全培训具有非常强烈的自上而下考核色彩，是企业必须安排的培训。2006 年，国家安监总局、国家煤监局、教育部、劳动保障部等部委联合发布的《关于加强农民工安全生产培训工作的意见》（安监总培训〔2006〕228 号）规定，安全培训要实行全员培训、政府监管。2009 年，国家安全监督总局又发布文件，重申生产经营单位全员安全培训，严格执行生产经营单位特别是煤矿、非煤矿山、危险化学品、烟花爆竹等高危行业企业强制性岗前安全培训制度，农民工未经培训不得上岗。由于生产安全在地方政府考核中占有重要地位，根据国务院发布的《生产安全事故报告和调查处理条例》，即使是一般事故都须上报至设区的市级人民政府安全生产监督管理部门和负有安全生产监督管理职责的有关部门，并会进行相应追责。因此，各级地方政府非常重视安全培训。在这种背景下，国家之所以愿意介入 A 企业的安全培训更多是为预防安全生产事故，考核偏好非常明显。

此外，在工业园区就业技能培训方面，2014 年 A 企业之所以能和国家合作举办培训，其直接原因是政府为完成考核目的。在 2014 年之前，该县一直没有开展政府补贴式的工业园区定向培训。2014 年 3 月，J 省发布了《关于进一步规范全省就业创业培训管理工作有关问题的通知》，对可享受政府补贴的就业创业培训进行了规范，工业园区就业培训是三类可享受补贴的培训之一。该通知为该县当年的就业考核增加了压力。为避免该年度工业园区培训被"剃光头"，Y 县劳动就业部门不得不与企业合作，共同开展工业园区培训。

　　LJZ："32 号文件出来后，省里对工业园区定向培训有了新要求，我们也要跟进。根据要求最初我们做了三家新开企业的工作，分别为海韵电子、合美盛材、园峰金属。跟它们谈了一个多月，效果都不理想。有的是大老板不同意，有的是合伙人不同意。后来我们转变思路，将焦点锁定在广源化工上。加上之前这家企业在残疾人就业方面做出不少成绩。经多次沟通，最终确立了合作方案。也幸好有这次培训，今年的任务算是完成了。"

　　考核偏好大于福利责任偏好的最终结果是国家在新生代农民工培训方面的主动性与开拓性较差。对地方政府来说，开展农民工培训的最终目的是为完成任务，而不是切实帮助农民工提升技能，他们并不愿意过多承担培训职责。当培训稍微遇到一点阻碍时，他们就会选择暂停培训。在 2009 年，该县有不少培训机构因为套取培训补贴被查处。自 2009 年后，该县在农民工培训中就一直未安排培训补贴，主要以免费培训为主。

　　国家能力是自主性另一个重要侧面。从国家能力看，虽然国家的经济能力有了较大改善，但由于地方政府的制度设计能力差，只是制度的执行者而非设计者。在 Y 县，关于新生代农民工培训的各类政策基本上是依据省、市转发的文件进行。"农民工培训工作都是依据一级一级的文件进行，先是套市里的文件，如果市里没有出，那就套省里的文件。如果省里没有相关文件，那就只能请示上级了。我们没有权力制定什么文件。"（LJZ）

　　由于地方政府的制度设计能力低，加上考核偏好的压力，地方政府并不会在农民工培训中有创新行为，而是会强化自己的执行者角色，因此它不会主动承担起对新生代农民工培训的责任，表现在行动中是宁可选择缺位也不会越位。例如，2006 年《国务院关于解决农民工问题的若干意见》中早就提出要对参加培训的农民工给予适当培训费补贴，推广"培训券"等直接补贴的做法，发展订单式培训。但"培训券"做法在该地一直未推广，其重要原因在于政府对培训资金的监管比较严格，培训资金的使用程序也非常复杂，且要求地方就业部门承担较多的监管任务。在此背景下，只要当地农民工培训工作能完成考核要求，就不会安排其他类型的培训。所以自 2009 年以来，虽然 Y 县的财政能力有了显著提升，就业专项资金的数额也越来越大，至 2014 年该县一直未安排政府补贴培训。这也是 A 企业一直到 2014 年才安排了政府补贴培训的直接原因。

综合来看，国家自主性中的考核偏好和制度设计能力低使国家对农民工培训的主动性差，不愿意承担福利责任，由此造成国家在农民工培训中的缺位。

第二，国家偏好对国家与市场、家庭合作的影响。

福利责任偏好的存在使国家不得不承担起农民工培训的基本责任。这一责任为国家与市场、家庭的合作提供了基础。只要有机会，国家愿意与市场、家庭进行合作，因为合作能使国家更好地履行对农民工培训的责任。但由于福利责任偏好弱于考核偏好，加上在当前的培训考核体系中，国家、市场与社会的合作并没有被纳入。每年农民工培训工作的考核大多是以培训人数来定。例如 Y 县每年培训任务只规定培训人次，而没有规定培训方式。2012 年的培训任务是要完成劳动力转移培训 2300 人、创业培训 500 人、"雨露计划"培训 400 人。2013 年的培训任务是新增转移农村劳动力培训 6600 人、省内工业园区定向培训 2300 人、创业培训 720人。这就使国家在与市场、家庭的合作方面拥有较多的自主性，合作还是不合作以国家的需要来定。在目前培训资金监管较为严格的背景下，地方政府只要能完成农民工培训考核任务，他们就不愿意与市场、家庭合作。因为合作并不会增加培训考核得分，甚至还会增加工作量和其他各种风险。因此，考核偏好限制了国家与市场、家庭合作的可能性。在 2009 年，江西省已经开始推广工业园区定向培训。当时 A 企业正好新上了几条生产线，招收了大批的员工，由于培训的师资和场地都很欠缺，曾向当地的劳动就业部门寻求帮助，想联合开展培训。但由于当时培训的补贴标准和补贴程序不健全，地方政府并没有答应 A 企业的培训补助申请要求。

第三，国家能力对国家与市场、家庭合作的影响。

目前国家的经济能力基本能维持农民工培训的考核任务，近两年 Y县政府的农民工培训基金都没有用完。不过，当前的资金供给仅能维持政府所组织的免费培训。要开展政府补贴培训，当前的资金供给还很不充裕。2014 年 Y 县政府安排的农民工培训职业补贴经费仅为 15 万元，按照 J 省出台的政府补贴培训最低标准（每人每年 300 元）计算，也仅够安排 500 人的培训规模。要完成"春潮行动"（给每位农民工提供一次就业培训的机会），单纯依靠政府补贴不可能完成。因此，国家必须考虑与市场、家庭进行合作。

但是，由于当前政府补贴培训的标准要求较高，在培训期间、培训流程、培训组织、培训台账上都有严格要求。同时，对申请培训补贴的机构和企业资质也有一定要求，需要采取公开招标或组织认定的方式进行公示认定。企业难以全部满足这些要求。例如，该省的 32 号文件规定，工业园区企业定向培训每次集中培训时间不少于 4 个课时。对 A 企业而言，如果集中培训 4 个小时，企业将不得不停掉部分生产线。另外，32 号文件规定每个班的开班人数不超过 60 人。如果超过 60 人，必须采取分班，这将使培训成本翻倍。在 2014 年 A 企业组织的定向培训中，实际培训人数有 65 人，但当地就业部门只批复了 60 人的培训补贴。这种情况使 A 企业的管理层很不满意。但地方就业部门又无力改变。在培训资金的补贴上，32 号文件规定，政府的培训补贴资金实行直补企业和直补机构两种方式，培训资金不能直补农民，这大大限制了农民工的家庭与国家的合作。

HZR："现在的形势我们都不敢创新，都要照着省里的文件走，谁创新就会被'煮米'。民生资金好是好，但使用起来不是想象的那么好。企业来申请有它自己的目的，我们有我们的要求。要不小心就会被企业钻空子，到时候就会追责。所以我们对企业补贴培训还是比较慎重，不敢随便批复企业的培训申请，更不敢改变省里的规定。"

总之，国家能力对国家与市场、家庭的合作具有两面性，低经济能力使国家需要与市场和家庭合作，但制度设计能力不强又使得国家无法与市场和家庭合作。而后者是当前新生代农民工培训福利三角碎片化的直接原因。

（四）自主性与福利三角的张力

结合国家、市场和家庭的自主性分析可见，福利三角各自的自主性对福利三角关系形态的影响具有两面性。企业的生产偏好、注重教育投资的家庭文化以及国家的福利责任偏好使福利三角中的任何一方都有为新生代农民工提供培训福利的动力。但是，福利三方的自主性中又存在着使福利三角解体的张力。具体而言，企业的生产偏好虽使企业具有与新生代农民工家庭合作的动力，但也使企业不愿与政府进行合作；家庭对新生代农民工培训的短期效用偏好决定了当政府和市场能对新生代农民工提供培训时，家庭的投资就会迅速退居其后，由投资者变成协调者；国家的考核偏好和较低的制度设计能力决定了国家仅愿意承担起对新生代农民工培训责任的有限责任，而不愿意与市场和家庭合作。以上因素的存在直接决定了福利三角的碎片化。

在这些自主性中，尤以国家的自主性对福利三角关系形态的影响最为重要。它直接决定了国家新生代农民工培训中的缺位，也无力促进家庭对新生代农民工的人力资本进行投资。

第二节　融资、规制与福利三角的整合力

一　融资、规制与福利三角的关系

（一）融资对福利三角的影响

融资是一个经济学术语，主要指筹集资金的过程。在社会政策领域，融资与福利制度之间有密切关联。在吉尔伯特（Neil Gilbert）建立的社会福利政策思维分析框架中，筹资方式是一个非常重要维度，它包括资金的来源与转移支付方式两部分。[1] 通常而言，福利制度的融资来源涉及公共部门的国家与社会、私人部门的家庭和个人。融资方式可以在公共部门和私人部门之间有不同的组合。不同组合之间的福利效应是不一样的，这些组合可以反映不同的福利制度类型。例如，安德森在划分福利制度类型时所使用的"去商品化"概念，实质上反映的是政府在福利的具体项目供给中的份额。"去商品化"程度越高，代表政府在某项福利供给中的出资比重越高，所扮演的角色越重要。在自由主义国家，市场是福利制度的主要资金来源。虽然有一小部分福利项目以国家投入为主，但要实行家计式的资格审查。在保守主义国家，福利制度大部分实行强制保险模式，福利

---

[1]　吉尔伯特：《社会福利政策导论》，华东理工大学出版社 2003 年版，第 83 页。

的经费来源于雇主和雇员的共同筹资，合作主义特征明显。在社会民主主义国家，国家是绝大部分福利项目的主要出资方，大部分福利项目实行政府财政免费供给模式。例如，在培训的供给方面，走社会民主主义路线的瑞典、丹麦等国都是通过公共机构免费提供给失业者的。虽然这些特征在20世纪70年代末随着福利多元主义的兴起而有所改变，但改变的只是福利多元主体在融资中的比重，而整个福利制度类型并不曾发生变化。约翰逊等学者认为，融资方式是福利三角整合在一起的重要力量。通过资金在国家、市场和社会中的流动，能有效激发三者在福利供给中的作用，有助于实现福利三角的参与和分权。例如，政府购买服务就是一种重要的融资方式，通过政府向社会组织购买服务，能将政府与社会整合进一个福利项目中。

（二）规制对福利三角的影响

规制是政府独有的能力。规制一词虽然与一定的规则、方法或确立的模式相关，但它起源于人们交换领域。可追溯至古罗马时代，政府为实现社会公平，为产品和服务制定"公平价格"，从而否认古老的斯多葛派的"自然价格"（由卖者和买者协商）。[1] 它背后隐藏着这样一种逻辑，即政府拥有对微观经济主体进行干预的强制权。在现代社会科学中，规制一词具有多种含义，既可以被认为是政府对市场的干预，也被认为是针对私人行为的一种公共行政政策，是政府进行社会管理的主要方式。例如丹尼尔·F.史普博认为，规制是由行政机关制定并执行的直接干预市场配置机制或间接改变企业和消费者的供需决策的一般规则或特殊行为。[2] 而施蒂格勒则认为规制是一种规则，是对国家强制权的运用，是应利益集团的要求为实现其利益而设计和实施的。这些论述都共同指出规制的主体是政府，规制实质上是政府与市场、社会互动的一种形式，通过规制能够纠正市场机制的诸多缺陷，如垄断、外部性、信息不对称、过度竞争等，促进稀缺资源的有效配置、防止企业凭借交易中的有利地位损害消费者利益和社会福利、对不充分信息进行补偿等；同时也能促进分配公平，维护社会

---

① 张红凤、杨慧：《西方国家政府规制变迁与中国政府规制改革》，经济科学出版社2007年版，第12页。

② 丹尼尔·F.史普博：《管制与市场》，上海三联书店1999年版，第45页。

政策的目标与效果，实现福利传输中的合理化与协调，促进福利的最大化。鉴于规制能使政府对市场与社会产生影响，因此伊瓦斯认为，规制与再规制是影响福利三角整合的主要变量。

融资与规制之间存在着密切关系。在现代社会，政府规制已成为经济系统中的一个内生变量。政府可以运用不同的规制方法直接影响到福利项目资金筹集总量、方式和分配过程。可以说，融资受规制的引导。正因为有融资和规制的存在，使得福利三角能整合在一起。而且，从福利国家的就业培训政策看，融资与规制是培训领域福利三角能整合在一起的主要原因。

二　新生代农民工培训中的融资

（一）Ａ企业新生代农民工培训的资金来源

福利具有多种形式，包括货币式福利、实物式福利、服务式福利和机会式福利等。因此，福利的筹资也具有多种形式，既有直接的经济投入，也有实物和机会的投入等。从Ａ企业新生代农民工就业能力的福利来源及Ａ企业新生代农民工培训项目的设计两方面可以看出，Ａ企业新生代农民工培训的资金筹集涉及三类，分别为企业、政府和农民工自身（主要是家庭）。企业是新生代农民工就业培训的主要投资者，Ａ企业新生代农民工所能享受的各类培训（包括岗前培训、工业园区定向培训、岗位技能提升培训等）的资金绝大部分都来源于企业。家庭作为配合者，也会对新生代农民工的人力资本进行投资。除了对新生代农民工的早期进行人力资本投资外，还会在新生代农民工就业后配合企业进行投资。家庭的筹资形式既包括经济投入，也包括照料等方面的支持。在Ａ企业，国家对新生代农民工的投资可分为两个时段。在2014年之前，政府主要通过相关机构免费提供培训（如就业后的安全培训、就业前的劳动预备培训、转移培训等）。自2014年起，政府还增加了培训补贴，通过财政收入直接对新生代农民工培训进行补贴，以促进农民工就业。

分析Ａ企业新生代农民工培训的资金投入构成可发现，企业是培训筹资的主体，政府与家庭居于其后。这符合当前我国就业促进政策中的"坚持发挥市场机制作用与政府支持相结合"的基本原则。但与西方国家的就业培训政策相比，我国政府在农民工培训中所起的作用还非常小。

（二）A 企业新生代农民工培训的资金传递

融资方式主要体现为资金的使用方式和流向。在 A 企业中，政府、市场与家庭都会对新生代农民工的人力资本进行投资，但投资的方式各有差别。企业组织的培训直接针对新生代农民工，因此企业对新生代农民工的培训以直接投资为主，不需要与国家发生什么关系。即使是在国家资金不支持的情况下，企业也会开展培训。自 2003 年成立以来，A 企业对新生代农民工的培训，几乎都是单独进行的。家庭的培训资金使用主要有两种方式：一是单独指向新生代农民工。A 企业的部分新生代农民工在进入 A 企业工作之前，经由家庭的投资已经学习了一些相关的职业技能，还有少部分人在进入 A 企业工作后在外学习了与目前岗位无关的职业技能。二是和企业合作，对新生代农民工的人力资本进行投资。例如，在 A 企业所组织的职业技能提升培训中，有一些新生代农民工家庭自费参加培训。这部分自费经费由家庭交由企业花费。

投入方面，政府对新生代农民工的投入，主要依靠就业专项资金，它包括上级财政补助和本级财政安排的就业资金、从失业保险基金中调剂安排的资金以及相应的利息收入等。在 2014 年之前，政府对 A 企业新生代农民工人力资本投资的资金流向主要在国家政权机构内流动，政府通过自己的培训机构（如地方就业部门、消防安监部门）或自己组织的培训免费为新生代农民工提供培训。垂直分配下来的国家财政资金到了各个单位后由各单位在本系统内花费。例如，A 企业的安全培训就是由国家免费提供，所使用的资金是消防资金和安监资金。此外，A 企业新生代农民工在失业后还可以参加政府所组织的其他类型的免费培训，如"阳光工程"、"雨露计划"、劳动力转移培训和创业培训等。在 2014 年之后，A 企业新生代农民工培训中的国家资金使用方式出现了新变化，在政府购买培训服务的大背景下，政府开始直接补贴企业的职业技能培训，当地政府按照每人 300 元标准进行补贴。从整体上看，政府补贴在新生代农民工培训费用中所占的份额仍较低。因此，总体而言，培训资金在国家与社会之间的流动仍然较少。

在政府和家庭之间，目前还缺乏培训资金的流动。从制度设计上看，政府对新生代农民工家庭的费用支持主要有三种方式：一是在劳动预备培训阶段对农民工家庭的费用减免；二是技能鉴定费用减免；三是就业困难人员社会保险补贴。对于在 A 企业工作的新生代农民工而言，仅能申请技能鉴定费用补贴。但是从 A 企业的调查情况看，8 位已经获得了职业技能证书的新生代农民工都未申请技能鉴定补贴。

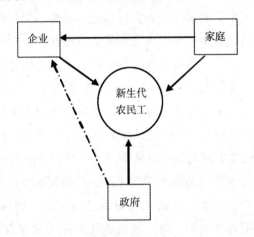

图 5—2　新生代农民工培训的资金流向图

注：（1）虚线箭头表示二者的关系还不密切，资金流动不多。

　　（2）实线箭头表示有资金流动。

总之，从政府、企业和家庭对 A 企业的新生代农民工人力资本投资的融资方式可见，三者都是倾向于单独对新生代农民工进行直接投资，资金在三者之间进行流动的机会较少。

三　新生代农民工培训中的规制

（一）新生代农民工培训的规制类型

规制有不同的划分标准。按照规制方式的不同，政府规制可分为经济性规制和社会性规制。其中经济性规制包括进入规制（包括特别许可、注册制度、申报制度等）、数量规制（如投资规制、产量规制等）、提供服务规制（如质量标准和质量规范制度、服务质量检查制度等）、设备规制和价格规制；社会性规制（包括许可规制、市场准入、产品或服务质量规制、安全规制、环境规制等）。按照规制的目的，政府规制又可分为放松性规制和激励性规制。放松性规制指放宽或取消原有的规制制度和政策，其目的在于引入竞争机制、减少规制成本，促使企业提高效率、改进服务。[1] 放松性规制并不意

---

① 杨建文：《政府规制：21 世纪理论研究潮流》，学林出版社 2007 年版，第 15 页。

味着取消规制。激励性规制种类有价格上限规制、特许投标规制、延期偿付率规制、利润分享规制、联合回报规制、区域间竞争规制和菜单规制等。① 这些规制类型的划分虽然主要集中在经济领域，但也会对社会政策中政府对企业和家庭的行政干预划分具有重要的借鉴意义。

在欧洲国家，从20世纪80年代起就非常注重政府规制在对失业人员的帮助。克拉森（Jochen Clasen）和克莱格（Daniel Clegg）发现，在欧洲对于失业人员的保护和劳动力市场政策正在朝着"三方整合"趋势发展。其重要特点之一就是减少、合并各类失业津贴项目，统一融资，要求企业和其他社会机构为失业人员提供劳动力市场建议和支持系统。② 具体到培训中，欧洲国家对企业和家庭的培训参与及培训责任进行了多层规制。例如，瑞士在2011年改革了其失业保险制度，在劳动者领取失业保险前设定了一个5—20天的等待期。期间失业者要依赖家庭的帮助维持正常生活。并规定要想注册成为一个失业者，还要符合一定的资格，如接受每月的工作咨询服务，接受一份"合适"的工作，设定好自己的通勤时间（如接受在线培训）。这些规制都涉及失业者的家庭。

（二）政府对企业的规制

在A企业，政府在培训方面对企业的规制涉及进入规制、数量规制和提供服务规制三方面。有一些规制由中央政府层面制定，另有一些规制由地方政府制定。

第一，政府对A企业的某些岗位采取进入规制。

这些规制主要通过国家职业分类制度、职业资格证书和职业技能鉴定制度反映。我国制定了相关制度规定许多职业工种必须获得相应的职业资格证书才能上岗，为此就要求企业或者农民工个人加强相应岗位的培训。2000年J省颁布的《J省劳动预备制度实施方案》（赣府厅发〔2000〕10号）对该省的职业准入制度做了具体规定，规定实行就业准入控制的职业（工种），从业人员在取得学历证书或培训证书的同时，还必须取得相

---

① 杨建文：《政府规制：21世纪理论研究潮流》，学林出版社2007年版，第24—25页。

② Jochen Clasen and Daniel Clegg, Unemployment Protection and Labour Market Change in Europe: Towards "Triple Integration"? In Clasen, J. & D. Clegg, *Regulating The Risk of Unemployment: National Adaptations to Post - Industrial Labour Markets in Europe*, New York: Oxford University, 2011, pp. 1-10.

应的职业资格证书，方可就业、上岗、开业，并要求用人单位应严格执行就业准入的有关规定，对实行就业准入控制的职业（工种），不得介绍和招收未经培训或未取得职业资格证书的人员就业上岗。进入规制在建筑行业体现得最为明显。2002 年，建设部、劳动和社会保障部颁布了《关于建设行业生产操作人员实行职业资格证书制度有关问题的通知》（建人教〔2002〕73 号），要求在建筑行业全面实行职业资格证书制度，对生产作业人员的持证上岗要求，实行就业准入和持证上岗制度。2004 年，J 省建设厅公布了《J 省建设行业生产操作人员实行职业资格证书制度实施细则》（赣建人〔2004〕4 号），要求实行建设行业生产操作人员市场准入制。准入式规制还体现在安全培训方面，2002 年国务院办公厅下发文件规定从事矿山、建筑和危险物品生产经营作业的农民工上岗前必须依法接受培训。2013 年实行的《生产经营单位安全生产培训规定》对生产人员的准入资格做了明确限制，规定未经安全生产培训合格的从业人员，不得上岗作业。作为一家化工型企业，这些进入规制对 A 企业的许多工种（如分析化验工、锅炉工、叉车工、生产操作工、水电工等）都具有影响，需要取得相应的职业技能证书，并进行相应的职业培训才能上岗。此外，J 省于 2013 年颁布了《化工企业安全生产五十条禁令》也规定，未经过三级安全教育和岗位技能培训，未经考试合格的职工，不准独立作业；特种作业人员，未经取证不准作业。

准入式规制还体现在企业获取培训补贴的资质及企业开展培训的资质认定上。前者主要体现在培训台账和相关补贴材料的具体要求上。对工业园区企业定向培训而言，还需要企业与新生代农民工签订 6 个月以上的劳动合同，岗位技能培训需要新生代农民工取得高级工（三级）资质。对于企业资质的认定，目前主要实行备案制。2008 年的《J 省工业园区就业培训实施办法》规定，由具备培训资质条件的企业自主开展培训。对于培训资质的认定条件，其他相应的文件也做了具体规定，包括符合节能减排、淘汰落后产能的要求，以工业园区企业为重点；按规定足额提取职工教育经费，且提取经费的 60% 以上用于职工培训；具有稳定的培训场地和培训师资；与农民工签订劳动合同，办理用工备案并按规定履行社会保险费缴纳义务等。

在准入式规制中，还有一些规制是放开准入。例如，从 20 世纪 90 年代末开始，我国就提出要给农民工公平待遇。在培训方面，国家也规定企业不得歧视农民工。例如，2002 年的《国务院办公厅关于做好农民进城务工就业管理和服务工作的通知》对各行业所要求的技术资格、健康等做了规定，要求对农民工和城镇居民应一视同仁。但是，目前对于农民工培训的放松式规制还不多。

第二，政府对 A 企业采取了诸多的数量规制。

在经济领域，政府的数量规制包括限定行业的企业总量，减少竞争等，也包括对组织的某种直接数量规定。在新生代农民工培训领域，现有的数量规制主要体现在培训经费规制、培训人数规制、培训时间规制三方面。

在培训经费方面，《2003—2010 年全国农民工培训规划》规定，用人单位开展农民工培训所需经费从职工培训经费中列支，职工培训经费按职工工资总额 1.5% 比例提取，计入成本在税前列支。此外，在培训经费规制中，比较重要的一项是职业补贴规制，它也涉及企业。在 J 省，具体的补贴数额是在不断变化的。在 2007 年，J 省设定的农民工培训补贴为300—1000 元/人，2008 年的《J 省工业园区就业培训实施办法》规定培训期 1 个月补贴标准 500 元/人、2 个月 700 元/人、3 个月 800 元/人。2009 年又将职业培训补贴调整为 600—1600 元/人。2012 年对培训补贴标准进行了统计，其范围设定为 300—3000 元。

在培训数量方面，2008 年 J 省发布了《关于进一步做好工业园区就业培训工作的通知》后，当地政府每年都会将 A 企业的培训计划纳入当地的工业园区培训中。例如，2009 年全省工业园区劳动力培训初步计划36 万人，A 企业也被当地工业园区分摊了 40 个培训指标。2013 年当地政府开展工业园区培训的任务量是 2880 人，A 企业的任务量为 60 人。但是，培训数量规制是额定规制，而非比例规制。

在培训时长方面，政府也做了具体规定。早在 2004 年，教育部印发的《农村劳动转移培训计划》就规定农民工转移培训时间应在 3—6 个月之间。2008 年 J 省颁布的工业园区培训办法规定工业园区培训时间为 1—3 个月。至 2014 年，J 省政府为规范培训补贴对培训流程做了统一规定，规定工业园区定向培训的时间由企业自行安排，但理论学习时间原则上不低于 8 个学时，每次集中培训时间不少于 4 个学时。在安全培训方面，国家也规定了相应时长。2006 年，国家安全生产管理监督总局等 7 部委发布的《关于加强农民工安全生产培训工作的意见》（安监总培训〔2006〕228 号）规定，"煤矿、非煤矿山、危险化学品、烟花爆竹等高危行业的农民工首次岗前安全生产培训时间不得少于 72 学时，建筑行业的农民工首次岗前安全生产培训时间不得少于 32 学时，每年接受再培训时间不得少于 20 学时；其他行业农民工首次岗前安全生产培训时间不得少于 24 学时，每年接受再培训的时间不得少于 8 学时。对初中以下文化程度的农民工，培训前应根据工作需要进行文化课补习"。

第三，政府对企业采取提供服务规制。

提供服务规制主要体现在监督检查企业的安全培训、监督检查企业的职工培训计划，以及相应的资金补贴方面。在 2006 年国务院发布的《关于解决农民工问题的若干意见》中就设立了监督规制，提出"强化用人单位对农民工的岗位培训责任，对不履行培训义务的用人单位，应按国家规定强制提取职工教育培训费，用于政府组织的培训"。2010 年国务院办公厅发布的《关于进一步做好农民工培训工作的指导意见》又重申企业要把农民工纳入职工教育培训计划，确保农民工享受和其他在岗职工同等的培训待遇，并根据企业发展和用工情况，重点加强农民工岗前培训、在岗技能提升培训和转岗培训，并设立了许多监督机制。在安全培训方面，政府对企业也有相应规制。2006 年的《生产经营单位安全生产培训规定》要求企业建立健全安全生产培训制度，把农民工安全生产培训工作纳入企业年度工作计划，并要求企业加入用工申报系统和全国安全培训信息管理系统，积极组织或选送农民工参加有关培训，并保证本企业安全生产培训所需资金。同时规定高危企业安全培训情况与企业安全生产许可证年审制度相关，如果发现未依法对包括农民工在内的相关人员进行培训的，安全生产许可证将不得审核和颁发。此外，国家还规定企业要把在岗农民工纳入职工教育培训计划，确保农民工能享受与正式在岗职工同等的培训待遇。

（三）政府对家庭的规制

目前，政府对家庭的规制比较少，主要涉及技能鉴定费用减免和就业困难人员社会保险补贴。一是技能鉴定费用减免。2011 年财政部与人力资源和社会保障部发布的文件规定，要获得鉴定补贴，需要农民工通过初次职业技能鉴定并取得职业资格证书或专项职业能力证书。二是就业困难人员社会保险补贴。因身体状况、技能水平、家庭因素、失去土地等原因难以实现就业,以及连续失业一定时间仍未能实现就业的新生代农民工可以申请社会保险补贴。

(四)A企业新生代农民工培训的规制运用

既有的规制涉及许多方面,在A企业中,进入规制执行较好。在国家所规定的就业准入职业岗位和特殊岗位方面,A企业都是严格执行相关要求,做到持证上岗,并严格做好继续培训。同时,在安全培训、培训资格的企业资质认定,以及培训补贴的发放条件方面也是严格执行相关要求。A企业由于在师资和场地方面都不具备自行开展新生代农民工培训的条件,因而2014年的定向培训委托给该地职业中专进行。培训补贴的发放也是严格按照要求做好培训台账之后再拨款。并且,A企业还依据放开准入的要求,将新生代农民工与城镇职工的培训一同列入企业职工培训计划。

数量规制和提供服务规制方面的执行效果稍显不足。数量规制涉及培训任务、培训时长及培训经费的征缴几方面。在A企业的培训中,培训时长和培训补贴数额的规制执行较好。例如,2014年的新招员工定向培训严格培训了2个月,并委派专人对培训进行点名。但在培训任务和培训经费的征缴方面执行较差。当地就业部门每年给A企业分摊的培训人次基本上都是虚报,不能如实反映A企业开展新生代农民工培训的真实情况。在培训经费的征缴方面,当地政府也未严格监督A企业执行"职工培训经费按职工工资总额1.5%比例提取,计入成本在税前列支"这一规制条款的执行情况。在提供服务规制方面,涉及安全方面的规制执行较好,但对企业职工培训计划的监督检查欠佳,政府基本上不对A企业农民工培训计划进行监督。同时,政府对A企业的资金补贴也有不足。在2014年之前当地政府从未给予A企业直接的培训补贴。2014年后,J省对企业的培训补贴涉及两块,分别为针对新员工的工业园区定向培训(新招员工)、高级工(三级)职业补贴。目前国家对A企业运用了第一种规制。

此外,目前政府对家庭的规制运用状况也不理想。虽然A企业有8位新生代农民工获取了职业资格证书,其中有2位是在进入A企业工作后获得，但他们均没有获得过职业技能鉴定补贴或社会保险补贴。这反映出政府对家庭的激励规制执行效果不佳，培训政策的可及性不强。

四　融资、规制与福利三角的整合力

（一）新生代农民工培训福利三角融资的特征

从上文对 A 企业新生代农民工的融资分析可见，融资具有两个特征，一方面，在资金的来源上以企业为主、政府和家庭为辅，政府融资角色缺位。另一方面，目前政府、企业和家庭在对新生代农民工的人力资本投资时，资金投入的单向性倾向严重，政府、企业和家庭投资的协同性差。

三者都是单独对新生代农民工的人力资本进行投资。企业依据自己的生产要求对新生代农民工进行培训。家庭在新生代农民工的就业早期、职业转换，以及就业后的技能学习时会有所投资。政府通过多种福利制度对新生代农民工的培训进行直接投资，提供培训机会。三者间只有企业和家庭之间存在着资金的流动。在 2014 年之前，政府与企业之间不存在直接的资金关联。2014 年后，国家才开始逐渐对企业进行培训补贴。但在政府与家庭之间，一直不存在融资方面的关系。这也是当前融资的最大问题，即政府补助不能直补农民工。

此外，从融资的数量看，即使在政府对企业采取了补贴后，融资的绝对数量仍很低。每位新生代农民工一年仅能获得一次技能补贴，最低数额为 300 元，最高为 600 元（依据职业工种的不同而不同）。与国外相比，政府的培训补贴水平明显较低，对企业的促进效果不明显。例如，在加拿大，企业主在培训中的所有花费可以得到平均按 1∶1.38 比例的补贴。[①]

（二）新生代农民工培训福利三角规制的特征

国家对企业和家庭的规制，存在以下几方面的特征。

第一，国家对企业的规制多、对家庭的规制少。国家对企业的规制涉及准入规制、数量规制和服务规制。这些规制对 A 企业的新生代农民工培训产生了一定影响。特别是在准入规制方面，由于有规制的存在，A 企业的新生代农民工要想获得某些特殊岗位的资格，必须参加培训。它对企

---

① 刘艳春、刘春、王洪斌：《美国和加拿大学徒制比较及对我国工学结合的启示》，《职业技术教育》2011 年第 19 期。

业和员工的培训都具有督促作用。但目前政府对家庭的规制只有服务规制，仅为家庭提供技能鉴定补贴和困难人员的社会保险补贴。而且由于新生代农民工获得职业证书的比例低，进行职业鉴定的意愿少，家庭规制的执行效果不理想。A 企业至今没有员工获得过相应的技能鉴定补贴。而且，正是由于缺乏政府对家庭的规制，A 企业在面对熟练员工离岗时束手无策，导致培训具有外溢性。既无法激励家庭重视和加大对新生代农民工培训的支持，也无法惩罚和约束新生代农民工培训后的离岗现象。例如，A 企业的运营领导就曾反映："熟练工的离职对那些注重员工培训的企业影响很大，要是政府能对这块有相关规定就好了。"（QFZ）

第二，既有规制存在重培训过程、轻培训结果倾向。进入规制、数量规制与服务规制的具体内容大都是集中在新生代农民工职业资格、获取培训补贴的资格、过程等方面，而对培训的结果及新生代农民工培训达到的具体目标则未作规定。例如，国家目前对企业申请职业补贴设定了一整套的时间程序和相应条件，要求企业建立相应的培训台账。但是培训台账涉及的方面非常复杂，对培训过程的规制非常严格。开办申请既要取得工业园区劳动保障部门的同意，还要通过县级就业部门的审核；既要有学生花名册，还需做好对培训全过程的巡查和考勤等。重过程轻结果的取向很容易使培训的内容同质化、低水平，一方面会使企业对培训补贴的申请产生畏难情绪；另一方面也会使企业不得不花费大量的时间与精力在培训的组织安排上，而不注重培训所提供的内容和培训达到的效果，这大大制约了新生代农民工职业能力的进一步提升。

第三，进入规制、数量规制与服务规制问题重重。主要表现为进入规制范围狭窄且不灵活、数量规制合理性差、服务规制欠执行。国家对企业部分特殊岗位有职业技能的要求，但是对其他岗位的培训要求没有做具体规定，也没有对企业的培训开展状况进行具体要求。在德国，其法律就规定所有员工必须参加培训后才能上岗。同时，从上文对企业自主性的分析可以发现，企业对新生代农民工的培训到达一定程度后，就有不愿意对新生代农民工进行培训的冲动，而政府规制却不能约束企业的这种冲动。此外，在培训补贴的发放上，目前的发放对象限定过窄，仅对新招员工和获得高级技工资质的群体进行发放，而对新生代农民工自己主动提升职业技能以及企业自行组织员工赴外地学习职业技能则不予以补贴。数量规制方面，目前规制对每年的培训人数安排不科学，对于培训学时的安排也未考虑到企业的真实需求。对集中学习和理论学习的硬性规定使企业难以达到要求。而且，目前的数量规制只对培训总数做出了规制，而且还不具体，没有对员工参与培训的比例做出规制，使规制效果不明显。在葡萄牙，它规定所有员工每年要有一定数量的培训时间（2003 年为 20 个小时，2005年增加到 35 个小时），并且每个公司每年要有 10% 的员工参加继续学习。此外，我国还存在着服务规制执行效果不佳的问题，国家对企业的培训监督制度软弱，缺乏惩罚性规制，无法达到促进企业完成培训的目标。

第四，惩罚式规制多、激励式规制少。根据规制的目标指向，可以将规制分为惩罚式规制和激励式规制两类。惩罚式规制要求企业和家庭必须达到一定的标准，这需要企业和家庭付出一定的成本。而激励式规制主要指国家对企业和家庭采取扶持、鼓励措施，在激励式规制中，存在着国家对企业和家庭的资源输送。从现有规制看，激励式规制非常少。国家对家庭的激励规制仅限于职业鉴定费的补贴。而且与国外相比，我国的激励规制明显单一。国外在就业培训中，除了职业补贴外，还有一系列生活费的补贴、住房补贴、交通补贴等。其中有不少补贴是针对家庭的。此外，福利国家对企业的激励规制中还有不少对企业的扶持性规制，这些规制包括对企业培训的直接补贴和税收减免等。例如，英国新工党政府规定，雇主和雇员向培训账户的捐款予以免税。西班牙从社会保障基金中划出 0.7% 的款项，专门资助企业内开展职业培训活动等。激励性规制的缺乏导致规制与融资的关系松散，规制的融资导向作用不明显。因此，我国开展农民工培训虽有多年的历史，但是企业和家庭对培训的投资依旧较少。

总体而言，目前在新生代农民工培训领域，规制的应用少，达不到促进企业和家庭对新生代农民工进行培训的功能，也不能引导资金在政府和企业、家庭之间流动。

（三）融资、规制对福利三角的整合作用

从融资与规制的以上特征可见，在当前新生代农民工的培训中，存在着重规制、轻融资的现象。融资的单向性导致福利三方在新生代农民工投资中的参与性不足。企业是新生代农民工人力资本投资的主体，家庭对市场主导的投资进行选择性配合。只有具有短期效用且不需要家庭直接经济投资的培训项目才会得到家庭的配合。政府的融资明显不足，且只涉及企业。政府对企业的补贴达不到减轻企业负担的目的，更不能促进企业继续对员工人力资本进行投资。而在政府和家庭之间，几乎不存在资金的流动。家庭对新生代农民工的投资，几乎不与国家产生交集。

规制方面，政府对企业的规制还不健全，以惩罚性规制为主，激励性规制少、手段单一，难以激发企业对新生代农民工培训的热情。政府对家庭的规制鲜有涉及，使家庭在新生代农民工的人力资本投资中无须承担明显的责任。这些都共同导致规制达不到促进企业和家庭对新生代农民工进行培训的功能，也不能引导资金在政府和企业、家庭之间流动。

总体来看，融资的缺乏与规制的不健全说明福利三角的整合力量不足。同时，从融资与规制的角度看，在家庭与政府之间存在着"结构洞"，它导致了福利三角碎片化。弱整合力无法解决福利三角的倒置与碎片化所导致的内卷化、分层化和失衡问题。当企业不愿意增加对新生代农民工的培训时，政府和家庭无法实现互补。

第三节　福利三角的张力与整合力比较

一　福利三角的张力与整合力对比

在对 A 企业的新生代农民工培训的研究发现，企业的自主性主要体现为生产偏好的企业能力，二者使企业愿意在新生代农民工培训中承担主导角色，也愿意对新生农民工进行一定限度的培训投资，但是这些投资与企业能力密切相关，当企业能力弱小时，企业会放弃对新生代农民工的投资；而且在投资时，企业自主性中的生产偏好使企业不愿意与政府进行合作，仅愿意与家庭进行合作。对家庭而言，家庭的经济能力和重视教育的文化偏好使家庭愿意与国家和企业进行合作，对新生代农民工进行人力资本投资，但是家庭对培训的短期效用偏好使家庭仅愿意做培训的配合者，且对培训持选择性配合态度。对政府而言，在新生代农民工培训领域，政府的考核偏好大于福利责任偏好，制度设计能力低于经济能力。考核偏好导致政府对新生代农民工培训的责任承担呈现出一种体制式缺位状态，仅愿意完成体制内的考核目标，而不愿意承担过多的责任。同时，制度设计能力的低下使作为制度行为体的政府不愿意超越考核偏好的限制，由此使政府与企业和家庭的合作意愿低。因此，综合福利三角的自主性可见，在新生代农民工培训中，福利三角各自的自主性内都隐藏着彼此不合作的因素，由此会导致福利三角的碎片化。其中，对福利三角碎片化影响最大的因素是国家的自主性。即国家如何处理自身在福利供给中的福利责任，以及国家如何落实自身的福利责任。

通过分析新生代农民工培训福利三角的融资与规制状况可以发现，新生代农民工培训不仅存在着福利资金来源的单一性问题（主要以企业投资为主），还存在着资金流向的单向性问题。这种状况会导致福利三角投资的内卷化，使福利三角之间无法实现互补。当市场不愿意提供福利时，政府和家庭不能够形成互补。2009 年之前，A 企业对新生代农民工的培训不积极，政府和家庭也没有适度跟进。就目前而言，A 企业对熟练工的培训投入也不积极。规制方面，虽然国家在安全生产和特殊岗位培训方面的规制较好，但总体而言，在新生代农民工培训领域，政府对企业和家庭的规制不健全，其中尤以政府对家庭的规制不健全；在规制手段方面，以惩罚性规制为主，激励性规制少、手段单一，无法发挥规制对融资的导向作用，也难以激发企业对新生代农民工培训的热情。新生代农民工培训的融资与规制状况使福利三角的整合力弱小，不能实现三者的互补，也无法约束福利三角各自不利于培训的自主性，其直接结果就是在政府与企业、政府与家庭之间存在着碎片化风险。

福利三角的张力与整合力的共同作用，导致了当前福利三角关系形态：倒置与碎片化。倒置的原因在于国家的自主性，碎片化的原因既与国家、企业和家庭自主性相关，也与国家的规制手段运用不恰当相关。

二　内张与整合：福利三角关系形态的趋势

在国家的自主性中，国家的考核偏好逐渐在将福利责任纳入进去。2010 年国务院已提出要努力实现"培训一人、就业一人"和"就业一人、培训一人"的目标，使每一位新生代农民工都能获得至少一次培训机会。为达到此目标，人力资源和社会保障部实施了农民工职业技能实施计划。在此影响下，国家对农民工培训的考核范围越来越广，农民工的培训越来越成为一项普惠型福利政策。国家对农民工的福利责任承担越来越明显。因此，可以预测，未来国家在新生代农民工培训中的自主性会发生改变，会较为注重企业和社会培训机构的合作，共同推进新生代农民工的培训。

从规制和融资的角度看，国家也越来越重视对企业的融资与规制。这点已在 A 企业所开展的培训中有所体现，国家正在通过培训补贴的方式介入企业培训，激发企业培训热情。这些都会加强国家与企业之间的合作。

但是，由于在国家和家庭之间存在着融资与规制的"结构洞"，可以预测，在未来一段时间内，国家很难修补国家与家庭之间的裂缝。因此，国家和家庭在新生代农民工培训中的合作比较困难，福利三角内的正式组织与非正式组织的合作关系比较难以建立。

本章小结：本章的目的是利用福利三角的分析框架去分析、解释上一章所发现的新生代农民工培训福利三角关系形态的产生原因。通过分析国家、市场和企业的自主性发现，三者都存在着脱离福利三角框架的自主性，其中尤以国家的自主性影响最大。但是，作为整合力量的融资与规制由于自身的不健全，无法承担起整合福利三角的功能，不能促进国家、市场与社会的合作。由于规制是国家的特有能力，这反映出国家在新生代农民工培训的福利三角的整合方面也存在着错位现象。

第六章　后全能国家与新生代农民工培训的国家逻辑

通过对新生代农民工培训福利三角的自主性、融资与规制的状况分析发现，国家的自主性与角色是塑造福利三角关系形态最重要的因素。本章主要从国家中心主义的视角出发，分析国家为什么会在新生代农民工培训中形成特有的自主性，以及国家为什么没有运用好规制手段建构起与市场和家庭的合作关系。

第一节　福利三角中的国家：角色与功能

一　国家的福利角色与福利功能

福利大师诺曼·巴里认为，福利一词是社会科学中最富有争议性的概念之一，它与人的需要、应得密切相关，而满足人的需要的方法具有多元性特征。蒂特姆斯从福利社会分工出发，将福利分为职业福利、财政福利和社会福利。三种福利的来源不一样，职业福利来源于市场，财政福利主要由国家供给，社会福利与社会相关。实际上，自成熟的国家政治系统产生之后，国家就已成为个人福利的一个重要供给方，为其成员提供安全、救济等多种形式的福祉。到现代社会，随着福利国家的产生，国家对公民福利的责任达到了顶峰，成为公民福利的主要提供者，为公民提供从摇篮到坟墓的全面福利，贯穿公民的整个生命周期。

福利国家产生的基础是马歇尔的公民权理论。在此之前，已有成熟的福利思想涉及国家对个人福利的供给问题。例如，主张自由放任主义的亚当·斯密等人非常担心市场的失灵，认为福利不是通过纯粹交易而最大化，因为存在着不能由市场定价的可欲之物，它需要政府发挥作用。政府在法律和秩序之外，还有建立和维护某种公共工程和公共机构的责任。① 功利主义理论提倡者边沁主张福利的集体性质，认为福利就是"最大多数人的最大快乐"，这一观点成为政府福利政策的依据。20 世纪 40 年代，马歇尔提出了著名的公民权理论，他把社会权利纳入公民权利之中。社会权包括：（1）最起码的经济福利；（2）完全享有社会事业；（3）生活在一个普遍标准的文明生存条件里。② 依据马歇尔的看法，认为福利的获取仅与公民身份相关。他希望以强调平等的公民社会来消除资本主义社会的不平等，认为"公民身份实质上也是一项平等的原则"③。根据马歇尔的理论，西方福利国家纷纷强调国家在福利的提供过程中的普遍责任，建立起普惠的福利制度。1944 年，社会权的概念被写入联合国人权宣言中。基于此，社会权利也被认为是现代福利国家的"催生婆"④。在社会权利的指导下，社会事务不断呈现出国家化的特征，国家成为福利的主要责任者。

在现代社会，国家成为社会福利的重要生产和传输管道。那么，国家该如何履行促进公平的福利职能呢？通常而言，国家在福利制度中，可以扮演三种最重要的角色，分别为福利的供给者、融资者和规制者。⑤

（一）作为供给者的国家

国家承担福利的功能，最直接方法就是自己承担起福利的供给者角色，给社会成员直接提供福利产品。第二次世界大战后，福利国家建立了庞大的社会福利部门来为社会成员提供健全的福利，这些福利涉及卫生、教育、住房、就业、家庭照顾、个人社会服务（如安全、社会保护）等各方面，为社会成员提供机会、服务、实物、现金、权利等各种福利，满足社会成员的各种需求。社会福利部门大部分由政府进行管理或者由国家出资。在许多福利国家，地方政府都是社会福利的主要管理者与供给者。

---

① 诺曼·巴里：《福利》，吉林人民出版社 2005 年版，第 1 页。

② 林万亿：《福利国家——历史比较的分析》，巨流图书公司 2006 年版，第 117 页。

③ 郭忠华、刘训练：《公民身份与社会阶级》，江苏人民出版社 2007 年版，第 17 页。

④ 郑秉文：《社会权利：现代福利国家模式的起源与诠释》，《山东大学学报》2005 年第 2 期。

⑤ 梁柠欣认为，国家的福利角色还包括立法者。由于立法与规制角色密切相关，所以本研究将其合并在一起。见梁柠欣：《论社会福利政策中的国家角色及其演变》，《中山大学学报论丛》1993 年第 22 期。

例如，在英国地方政府是社会服务工作的主要负责人，地方政府通过其下属的公共部门直接为老年人、残疾人、精神病人、儿童等群体开展社会服务。在医疗福利方面，英国早在 1948 年建立了全民健康服务体系，对每一个人都提供免费的医疗服务。在 1970 年代以前英国的地方政府通过市政机关人员近乎垄断地提供包括长期护理在内的社会服务。①

在瑞典，地方政府也是各种社会服务的具体承担者。例如，自治市政府要对老年人开展居家养老服务和特殊院舍老年人健康照顾服务。在就业促进方面，福利国家普遍建立庞大的具有公共部门性质的劳动力市场服务体系，为失业者提供帮助。从 1973 年开始，英国的就业服务局和培训服务局就开始担负就业服务与培训服务职能，帮助失业人员重新就业。1991年英国又建立了"就业援助机构协会"，为失业者提供职业配型、工作支持等各种服务。目前该协会已包含 200 多家机构，几乎覆盖了全国各地。瑞典早在 1948 年就建立了国家劳动力市场管理局，负责统筹管理全国的公共就业服务，该局建立了 24 个市级派出机构，下属 380 多个县级就业办公室。20 世纪 80 年代后，瑞典为保证充分就业的目标，采用公共部门雇佣方式，为失业者提供大量的非全职工作。政府的直接就业机会供给有力地保证了劳动力的充分就业。

（二）作为融资者的国家

分配正义是人类的追求，也是现代福利国家所致力于要达到的目标。汤姆·巴特摩尔（Tom Bottomore）曾指出，社会福利的扩展不是收入平均化的一种主要手段，它可能通过其他方式来达到。② 其中，最重要的方法是国家对各福利项目提供补贴、干预收入的分配，以达到再分配的效果。考夫曼认为，对收入进行再分配是福利国家制度安排的最重要特征之一。③ 在福利国家，国家是各福利项目的主要筹资者与出资方，通过二次分配来保障底层群体的收入，以确保社会公平。因此，福利国家社会保障

---

①　赫尔穆特·沃尔曼：《从公共部门转向私有部门，再回归公共部门？——欧洲国家的服务提供：介于国家、地方政府和市场之间》，《德国研究》2011 年第 2 期。

②　汤姆·巴特摩尔：《公民身份与社会阶级：四十年回眸》，载郭忠华、刘训练：《公民身份与社会阶级》，江苏人民出版社 2007 年版，第 251 页。

③　弗兰茨—克萨韦尔·考夫曼：《社会福利国家面临的挑战》，中国商务出版社 2004 年版，第 28 页。

支出占财政支出比例一直维持在高位。以芬兰为例，2004 年国家财政占芬兰社会保障体系资金来源比例达到 55%。[1] 通过国家的福利投资，社会成员可以获得各种现金补贴、食品券、住房补贴、医疗和健康保险、家庭补贴、失业补贴、就业保险和养老保险等。这些补贴可以有效调节个人收入之间的差距。

国家的融资者角色还体现在对初次收入分配的干预上。在瑞典、芬兰等斯堪的纳维亚国家，初次分配中的工资是由工资协商机制决定。工资并不仅仅反映劳动力的市场价格，而是相互制衡的三方（雇主、工会和政府）协商的结果。此外，福利国家还充分利用各类税收工具来促进福利最大化，纷纷建立起税收调节体系，并为不同群体制定退税和减税政策。在斯堪的纳维亚国家，全民税收是福利制度的财政后盾。[2] 在美国，税收调节体系以个人所得税为主体，辅之以其他税种，如遗产税、个人财产税、赠与税、个人消费税、社会保障税等。日本则对不同收入层次的家庭制定了不同的税率，特意为低收入的家庭设立了最低征收额，享受免税待遇。英国为了对底层群体进行救助，大幅度提高了所得税、遗产税、土地税、间接税，同时降低低收入者的税率，并给贫困家庭直接发放儿童津贴。[3] 这类方法具有明显的"劫富济贫"特征，再分配效应明显。

20 世纪 70 年代后，随着福利混合经济的兴起，国家融资者的角色开始发挥出引导福利资金流动的功能。随着国家对福利多元主义的倡导，第三部门、非正式的组织的资金都被引入福利供给领域，与公共财政资金一道为社会成员提供福利。费斯塔认为，通过福利国家的引导，在社会服务领域，国家、第三部门和私人组织（家庭）已经开始三分天下。在某些国家，第三部门的投资甚至超过了国家的福利投资。例如，在法国，社会服务领域的资金来源中，第三部门占 55%，国家占 41%，私人部门（家庭）占 4%。在德国，第三部门的投资占 61%，国家占 22%，私人部门

---

[1] 刘强：《瑞典、芬兰居民收入分配状况及调节政策考察报告》，《经济研究参考》2006 年第 32 期。

[2] 斯特恩·凯那尔（Stein Kuhnle）：《福利国家的斯堪的纳维亚模式》，《中国社会工作》1998 年第 3 期。

[3] 马里欧特：《现代英国》，商务印书馆 1973 年版，第 491—493 页。

（家庭）占 17%。[1] 在劳动力培训领域，福利国家也是充分利用国家融资的功能，通过采用税收减免、补贴、共同出资等方法对企业和家庭进行激励、引导。

因此，作为融资者的国家既可以发挥福利出资者的功能，还可以引导福利资金投入，实现福利混合。不过，根据合作治理理论，这一功能的发挥需要福利混合中的各类出资方之间彼此合作、相互信任。合作的方法有很多，不仅仅包括市场化和民营化、外包、转让经营等，还要积极建构合作伙伴关系，建立沟通平台，使其能共同参与福利决策。

（三）作为规制者的国家

规制是国家的特有能力，它意味着以正当的权利为背景，对团体或个人一定的行为进行禁止和限制。[2] 规制通常指国家对经济主体的干预。在福利领域，政府对正式或非正式社会组织的干预也是政府运用规制的一种类型。为使福利最大化，政府可以运用规制手段对经济主体和社会组织进行干预、调控和管制，使这些主体主动采取某些福利措施。

国家的福利规制者角色在福利国家执行得较为彻底，国家不仅会对企业和公共事业部门进行各种经济性和社会性规制，而且还会介入家庭。在劳动力市场方面，几乎所有的福利国家都在劳动时间、工资、解雇条件、职业健康、就业歧视与平等等方面对企业有所要求。例如，在合作主义特征明显的德国，国家对解雇员工的要求是非常苛刻的。为促进充分就业，发达国家在20 世纪 80 年代出台的一系列纲领性文件大都与规制相关，这些内容包括推行政府和大公司之间的规划协议（希腊）、产业计划（澳大利亚）、公司决策的共同决定（法国、瑞典）、工薪者基金（瑞典）、就业权利的扩大（法国）。[3]在其他福利领域，政府规制手段的应用也是层出不穷。例如，在住房方面，英国在 1957 年出台了《租金法》，取消了对住房市场的租金规制，后来又采取各种措施激励房主购房自住，并把公平租金与国家租金折扣制度相结合，

① Ranci, C. , The Mixed Economy of Social Care In Europe, in Ugo Ascoli and Costanzo Ranci, *Dilemmas of the Welfare Mix: The New Structure of Welfare in an Era of Privation*, New York: Kluwer Academic/Plenum Publishers, 2002, p. 29.

② 武川正吾：《日本的福利国家体制》，《社会保障研究》2005 年第 1 期。

③ 安德鲁·格林：《新自由主义时代的社会民主主义——1980 年代以来的左翼和经济政策》，重庆出版集团、重庆出版社 2010 年版，第 7 页。

使较贫困的房客可以得到承租成本补偿。①

在劳动力培训领域，福利国家对规制的应用也是非常娴熟。不仅对企业进行规制，而且对家庭进行规制。在家庭规制方面，福利国家将培训、资格、福利与工作联系起来，设置了许多工作换福利的项目，强制家庭卷入培训中。例如，瑞士于 2011 年延长了失业津贴的申请时间，规定失业者最长在失业 20 天后才有资格申请失业津贴。其间失业人员必须接受培训，家庭必须给予其相应支持。在企业规制方面，德国要求每个企业必须配有内部企业培训场所，法国政府规定企业每年必须按职工数量和职业工资的收入比例，提取相应的培训基金供资助企业开展职业培训时使用。

供给者、融资者与规制者反映了国家在福利制度中的一体三面角色，但是有时候三者的关系并不匹配。供给与融资对个人收入具有直接补助的效果，而规制的效果则相对不明显。在保守主义的福利国家，国家在补助功能方面表现较好，但在规制角色方面运用相对弱一些。相反，在自由主义特征鲜明的美国，其社会支出水准不高，但其社会规制很发达。② 在日本，其再分配特点是社会支出薄弱、对公共事业推崇，其规制特点是社会规制薄弱、经济规制强大。③ 但是，在福利国家，即使是在福利改革时期，规制的角色也并没有退化。对此，福纳克和塔劳斯曾指出："没有任何福利控制已经被纯粹的市场机制所替代，既没有人怀疑劳动法中存在的广泛的国家管制，也没有人怀疑传统的社会保障结构。"④

二　国家自主性与国家福利角色的变迁趋势

国家在福利制度建设中具有多种角色，在不同的时空背景下，国家对福利角色的履行或表现不一样。通过对福利制度的政治经济学分析可以发现，国家福利角色的影响因子涉及福利意识形态、选举、党派、利益集团的平衡、政治制度与政治结构、福利文化、全球化、经济结构等方面。在

---

① 迈克尔·希尔：《理解社会政策》，商务印书馆 2003 年版，第 32—33 页。

② 张忠利、刘春兰：《日本福利国家体制及面临的挑战》，《北京理工大学学报》2008 年第 1 期。

③ 武川正吾：《日本的福利国家体制》，《社会保障研究》2005 年第 1 期。

④ 福纳克、塔劳斯：《国家在社会政策中的角色》，《现代外国哲学社会科学文摘》1995 年第 6 期。

这些因子中，大部分因子涉及国家的性质与特征。在国家中心主义者看来，这些性质与特征可以用国家自主性来概括。这一概念既可反映国家独立于社会自我决策的程度，也可反映国家通过社会实现其目的的能力。福利治理逻辑与国家的福利哲学密切相关。由于国家自主性的不一样，国家对福利的治理逻辑不一样，导致国家对不同福利角色的履行也不一样。

第二次世界大战后至20世纪70年代之前，是福利国家的膨胀时期，大部分福利国家（如英国、瑞典等）在贝弗里奇思想的影响下，在福利制度建设中都扮演着主导角色，国家的福利供给者角色最为明显。绝大部分的福利都由国家供给，国家的福利供给者特征超过了融资者和规制者特征。20世纪70年代后，福利国家的高通胀、高福利问题逐渐显现。福利国家越来越难以像之前一样履行角色，纷纷做出适应性调整。调整的趋势是作为直接供给者的角色撤出，但融资者和规制者的角色却并没有发生改变。

福利国家供给者角色的撤出主要体现为公共部门不再承担福利供给功能。自20世纪70年代之后，福利国家（尤其是英国）开展了大规模的民营化浪潮。许多公共机构都被民营化或市场化。但是在融资角色方面，从1980—1990年代，福利国家公共社会保障和保健支出占GDP的百分比并没有出现下降，有些国家还呈现出缓慢上升的态势。例如，加拿大、丹麦、法国、荷兰、挪威、英国和美国都缓慢上升，只有德国略有所下降。1990年德国社会保障和保健支出占GDP比重比1980年下降了1.9个百分点。因此，在福利国家"瘦身"的过程中，福利国家的花费和福利覆盖范围并没有改变。

表6—1   部分国家1980年代公共社会保障和保健支出占GDP百分比

（单位：%）

国家	1980 年	1990 年
加拿大	17.3	18.8
丹麦	26	27.8
法国	23.9	26.5
德国	25.4	23.5
荷兰	27.2	28.8
挪威	21.4	28.7

国家	1980 年	1990 年
瑞典	32.4	33.1
英国	21.3	22.3
美国	14.1	14.6

资料来源：转引自戈斯塔·埃斯平—安德森：《转型中的福利国家——全球经济中的国家调整》，商务印书馆 2010 年版，第 16 页。

规制者方面，自 20 世纪 80 年代以来，国家加强了对企业和家庭的福利干预，将二者都引入福利供给中。其中最典型的特征是公私伙伴关系的加强及混合福利经济的引入。按照欧盟委员会的定义，公私伙伴关系（public – private – partnerships）是指公共部门和私人部门之间的一种合作关系，其目的是为了提供传统上由公共部门提供的公共项目或服务。实际上，公共部门和私人部门在福利供给中的合作早有历史，但在 20 世纪 80 年代后得到强化。福利国家为应对危机，纷纷放开规制。在许多福利领域都允许市场组织和私人组织进入。例如，在就业培训领域，对第三部门的规制就开始放松。国家与社会的合作开始受到重视。在英国，从 20 世纪 80 年代起就开始大规模开展政府购买社会培训机构和企业的培训服务。同时，公私伙伴关系并不等于民营化，而是在履行政府的主体责任时保持竞争式关系。可见政府的福利职责并没有弱化，只是有所转移，为保证伙伴关系的良性运行，政府必须建立起一系列的激励结构和管制措施，以监控市场。同时，促使志愿部门在福利供给中的合作，政府也需要一系列的激励政策。例如，第三条道路对个人责任的强调就属此例。

福利国家在改革过程中的国家角色转换表明其福利治理逻辑发生了改变。在福利领域，国家只是放弃了福利供给的主导者角色，转而更加强调融资者和规制者的角色，国家的福利责任并没有发生变化，只是改变了福利的传输渠道。因此，从某种意义上说，国家其实是回归的。例如，20 世纪 80 年代中期的爱尔兰，经济疲软、公共部门赤字严重，政府债务高达 GDP 的 117%。其解决方法就是实行"国家复苏计划"，逐渐扩大谈判制度以广泛容纳各种社会群体，建立一个包容性最强的分配性联盟。①

　　而福利治理逻辑改变的根源在于国家的自主性发生了变化。20 世纪 70 年代末 80 年代初，西方国家兴起了一场新公共管理运动，政府的职能和角色都已开始发生改变，治理理念成为政府的执政理念。新公共管理运动主要反对之前那种刻板的、层级管理体制明显的政府，而主张政府应转移权威、提供灵活性；保证绩效、控制和责任制；发展竞争和选择；提供灵活性；改善人力资源管理；优化信息技术；改善管制质量；加强中央指导职能等。② 在新公共管理范式的指导下，政府越来越强调治理而非管制的职能，强调政府应该成为掌舵者而非划桨者，提倡建设服务型政府、善治政府等。通过新公共管理运动，国家的自主性（偏好与能力）与传统国家相比已发生了改变。在公共事务中，国家开始强调分散化、竞争与激励等，强调参与主体的多元化、公私部门界限的模糊化与相互信任、运作过程的互动性等。③

　　国家自主性重新修订了国家与社会、市场的关系。实际上，国家自主性的改变与政府对福利的治理逻辑改变是同步的。政府的新角色迅速体现在福利制度中。克拉克和纽曼（Clarke and Newman）曾指出，"（福利）改革的依据后来称之为新公共管理主义"。例如，在英国，1979 年撒切尔夫人上台后就启动了政府的绩效改革，在公共部门引入竞争机制。新工党上台后，新公共管理主义被吸纳到公共服务的"现代化"进程中。"它试图使福利国家机构的运作更类似于个人化的服务而不是公共服务"。④ 公共部门的运作开始将公众的需要服务纳入进去，福利供给地方化特征明显。在美国，克林顿政府执政后，立即开展了一场重塑政府的运动，大规模地削减政府机构，收缩公共服务范围，在放松管制的同时引入竞争机

---

　　① 马丁·罗兹：《社会契约的政治经济学："竞争法团主义"和欧洲福利改革》，载皮尔逊：《福利制度的新政治学》，商务印书馆 2004 年版，第 267—268 页。

　　② 见经合组织（OECD）1995 年度公共管理发展报告《转变中的治理》，转引自陈振明：《评西方的"新公共管理"范式》，《中国社会科学》2000 年第 6 期。

　　③ 董礼胜、李玉耘：《治理与新公共管理之比较》，《中国社会科学院研究生院学报》2014 年第 2 期。

　　④ 哈特利·迪安：《社会政策学十讲》，格致出版社、上海人民出版社 2009 年版，第 138 页。

制，强化对福利效果的考核。

三　福利三角中的国家角色

伊瓦斯的福利三角范式认为，国家、市场与社会之间在福利供给中是互补关系，其中国家应体现为平等和保障，通过正规的福利制度将社会资源进行再分配。其初衷是为了福利多元主义的平衡问题，通过倡导福利三方的合作关系来防止因福利混合而导致的功能异化。根据伊瓦斯的设想，就是要建造一个更加协同的福利混合（synergetic welfare mixes）。芒奇（Munch）认为，福利混合的协同关键是要解决国家的问题，在多元的福利系统中，国家因为新增了责任，会出现功能超载情况。因此，需要重新组织（reorganization）国家。哈德利（Hadley）和哈奇（Hatch）倡导重视国家的规制角色（regulative role）和福利供给的融资（financing of welfare provision），将福利供给和传递角色转给私人部门（志愿组织、非营利组织、市场和非正式部门）。伊凡（Ivan）更是提出，国家应该将中央集权的中心化变为去中心化，做好国家的自我规制，同时促使私人部门加入整个规制体中。①

从西方的实践看，福利国家在处理福利三角平衡时国家所秉持的逻辑与西方国家的政府改革是一致的。在新公共管理背景下，英国允许国家购买私人服务，也允许私人购买公共服务。前者的主要形式是服务外包，后者主要体现为公共福利中的付费部门，如国民健康服务部分中的付费病床。购买服务的推行使国家、市场与社会三方通过融资的方式整合在一起。与此相对，以色列则注重政府的规制建设，从 20 世纪 80 年代末开始，对政府在个人的社会服务责任进行了重新分配，将国家从重压之下解放了出来。1988 年以色列通过了《1988 年保育照顾法案》，对长者家庭照顾服务进行了革新，这一法律规制产生了"溢流"效果（spill - over effect），在长者照顾领域通过国家支持的私营化过程发展出了大量的非营

① Ivan Svetlik, Regulation of the Plural and Mixed Welfare System, in Evers, A. & I. Svetlik, *Balancing Pluralism: New Welfare Mixes in Care for the Elderly*, Brookfield: Ashgate Publishing Company, 1993, pp. 46—48.

利服务供给者，极大地满足了长者的需求。① 也正因为西方国家对福利多元中的国家融资角色和规制角色的强调，约翰逊提出要从三个方面来定义国家、市场与社会的关系。

对融资角色与规制角色的强调意味着国家开始强调与市场、社会之间建立一种新型的契约合作关系。罗兹曾用"竞争法团主义"一词来概括这种关系。"在新型的契约中，我们更加强烈地感觉到国家的存在，不是一种强制性的力量，就是激励的提供者……首先要有国家的力量。②"

第二节　后全能国家与我国福利制度建设的逻辑

一　国家自主性与后全能国家

对于现阶段我国国家特征和国家形态的判断，学术界早已有了深入讨论，形成了诸如全能主义③、后全能国家④、技术治理国家⑤、法团主义国家⑥、发展型国家⑦、有限政府⑧、整体性国家⑨、强国家、中性政府⑩等论点。这些概括大都是从国家、社会、市场的关系角度进行的。例如，法团主义国家模型的提出主要是在总结国家与专业社会团体关系的转变基础上进行的，而发展型国家的讨论主要涉及国家在经济发展过程中的角色。

---

① Arnold M. Gross, Shifts in the Welfare Mix, Social Innovation in Welfare Policies: A Case - Study in Israel, in Evers, A. & I. Svetlik, *Balancing Pluralism: New Welfare Mixes in Care for the Elderly*, Brookfield: Ashgate Publishing Company, 1993, p. 231.

② 马丁·罗兹：《社会契约的政治经济学："竞争法团主义"和欧洲福利改革》，载保罗·皮尔逊：《福利制度的新政治学》，商务印书馆 2004 年版，第 256 页。

③ 郭坚刚、席晓勤：《全能主义政治在中国的兴起、高潮及其未来》，《浙江学刊》2003 年第 5 期。

④ 李强：《后全能体制下现代国家的构建》，《战略与管理》2001 年第 6 期。

⑤ 渠敬东、周飞舟、应星：《从总体支配到技术治理》，《中国社会科学》2009 年第 6 期。

⑥ 顾昕、王旭：《从国家主义到法团主义——中国市场转型过程中国家与专业团体关系的演变》，《社会学研究》2005 年第 2 期。

⑦ 彭勃、杨志军：《发展型国家理论、国家自主性与治理能力重塑》，《浙江社会科学》2013 年第 6 期。

⑧ 胡杨、唐丽娜：《从全能政府到有限政府——市场经济对政府机构改革的必然选择》，《西北大学学报》2001 年第 1 期。

⑨ 李永忠：《中国社会改革与"整体性"国家的破解》，《理论与现代化》2008 年第 6 期。

⑩ 刘剑：《国家自主性理论研究述评》，《国外社会科学》2010 年第 6 期。

此外，也有一些论点反映的是国家能力，例如强国家论点。

不过，随着国家中心主义学派的兴起，在对国家特征或国家形态的判断上，越来越强调从国家自主性的角度进行。之前，在国家自主性特征上一直存在着工具论和结构论之争，例如有学者认为国家对于各种社会力量的超越性就是国家的自主性[①]，而另有学者认为"国家既不应该被看成是一套特殊的制度，也不应该被看成是一种工具，而应该被看成是一种关系——既定社会中的阶级关系的物质化浓缩"，国家的自主性体现在拥有潜在独立于社会经济利益和结构的性质。但近年来，学者们更强调从综合角度看待国家的自主性，注重从制度结构和行为结构的两个角度来看待国家，倾向于将国家能力和偏好综合起来。从国家自主性的角度出发，后全能主义概念能较好地概括出当前我国的国家形态。

后全能主义这一概念脱胎于全能主义（totalism）。全能主义最初由美国芝加哥大学教授邹谠提出，用以形容20世纪中国的政治形态。全能主义是指"政治机构的权力可以随时地无限制地侵入和控制社会每一个阶层和每一个领域的指导思想"。全能主义政治就是以这一指导思想为基础的政治社会。[②] 根据邹谠教授的观点，全能主义政治具有党、国家的一体性，政治中心的一元性，政治机构权力的无限性，政治动员的广泛性，政治权力执行的高效性，国家对外的封闭性等特征。体现在国家与社会、市场的关系上，全能主义的国家对社会具有绝对控制权，国家通过意识形态、组织结构及有效的干部队伍实现了对社会生活所有领域的渗透与控制。全能主义国家的形成与我国20世纪所面临的特定时空背景相关，也与新中国成立后形成的权力结构相关。但是，随着中国改革开放的加快，全能主义国家形态有所松动，社会和市场的分化加剧，使全能主义国家在向后全能主义国家过渡。后全能主义的典型特征是政退市进、政退社进、政退民进、权退法进等[③]，其核心特征是政府职能和单位职能的转变，有限政府成为建设的目标，政体的实效合法性（发展经济）成为了社会认同的基础。虽然政治意识形态对社会和市场的控制已经瓦解，但是后全能

---

① 孙立平：《向市场经济过渡过程中的国家自主性问题》，《战略与管理》1996年第4期。

② 邹谠：《二十世纪中国政治：从宏观历史与微观行动的角度看》，牛津大学出版社1994年版，第25页。

③ 李景鹏：《后全能主义时代的公民社会》，《中国改革》2005年第11期。

主义国家仍然继承了之前全能主义国家的不少特征，例如政府的控制冲动、社会监督机制的不足、公私边界的模糊等。在国家、市场与社会的关系上，后全能主义国家具有埃文斯所倡导的"嵌入型国家自主性"，保持着国家与社会、市场的必要联系与适度结合，使社会呈现出有限多元化的特征。①

二　后全能国家与我国福利制度建设的逻辑

（一）后全能国家与当代中国福利制度建设逻辑

作为一种国家形态，后全能国家影响了我国福利制度建设逻辑，也影响国家在福利制度中的角色承担。具体而言，后全能国家使我国福利制度建设呈现出以下几种特征。

第一，福利制度建设的工具性。

工具性特征是与福利的权利性特征相对。福利制度的演进经过了福利恩赐、以福利换取服从、社会权利三个阶段。自马歇尔之后，公民资格理论成为现代国家进行福利制度建设的基础和出发点。在 1978 年之前，全能型国家统揽了公民的绝大部分福利，国家（依托单位、集体）成为社会福利的唯一主体，个人几乎不承担责任，第三部门的发展受到全面制约。② 但是，这一时期国家和个人之间的关系并不是权利关系，而是依附与被依附的关系。个人必须依托单位才能获得福利。1978 年启动的改革开放使中国的市场与社会空间迅速增长，全能国家向后全能国家过渡，国家统揽福利的方法也已不可行，开始从社会福利领域里退出。

后全能国家社会认同的基础是实效合法性，具体而言就是为发展经济。而为了发展经济，社会稳定必不可少。因此，这两点也就成为后全能国家关注的重点。受此影响，这一时期社会福利制度的建设，也是为了服从实效合法性这一大局。福利制度建设更多地体现为经济发展和社会稳定的助推剂。

---

① 萧功秦：《后全能体制与 21 世纪中国的政治发展》，《战略与管理》2000 年第 6 期。
② 李迎生：《国家、市场与社会政策：中国社会政策发展历程的反思与前瞻》，《社会科学》2012 年第 9 期。

在服务经济发展方面，虽然这一时期的社会政策不发达，依附于经济政策，不具有生产性。但这一时期国家的主要目标是为了支持市场的发展，加上国家从社会福利领域抽身退位。在此背景下，职业福利成为社会成员获取福利的最主要渠道，发展福利无疑将增加企业的生产成本，而选择了暂时性地牺牲福利制度建设无疑有助于市场力量的增强，完成经济的最初积累。因此，在后全能国家要求发展经济的背景下，福利制度建设无疑成为国家支持企业发展的另一种工具。以养老保险为例，1993年我国确立了现行养老保险制度的基本框架，但是从1994年到2006年间，我国养老保险制度的覆盖面一直在20%—25%的区间徘徊。而同一时期，我国的人均GDP增长了将近3倍。

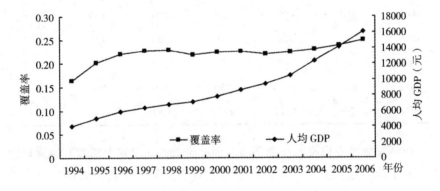

图6—1　养老保险覆盖面与人均GDP对比图

资料来源：转引自阳义南：《我国社会养老保险制度覆盖面的深度分析》，《人口与经济》2009年第3期。养老保险数据根据《劳动和社会保险失业发展统计公报（1994—2006）》计算得出，人均GDP数据根据《中国统计年鉴2007》得出。

此外，最低工资制度是保护劳动者职业权利的核心制度，从2003年设立最低工资以来，我国最低工资仅略高于贫困线，福利效果不明显。韩兆洲、魏章进两人曾统计过最低工资与平均工资的关系，发现全国35个大中城市最低工资标准与当地平均工资的平均比例为33%，其中最低的为长春（26%），最高的为太原（48%）。[1] 而国际的通行标准在40%—

---

① 　韩兆洲、魏章进：《我国最低工资标准实证研究》，《统计研究》2006年第1期。

60%之间。罗小兰的研究也发现，在中部地区，最低工资标准对农民工的就业促进效应为负。[①] 福利的经济需要特征还体现在对社会保险的强调上，因为社会保险项目强调个人工作动机和权利、义务的平衡。按照蒂特姆斯的观点，它有利于推动个人工作成就型动机的涌现。自改革开放以来，我国的社会保险政策发展迅速，而社会服务的供给相对不发达。由此可见，后全能国家的福利制度建设并不考量国家能力和公民权利，而是基于经济性考虑。

表6—2			J省历次最低工资调整表			（单位：元）
年份	一类区域	二类区域	三类区域	四类区域	五类区域	城市低保标准
2004	360	330	300	270	——	152
2006	510	480	450	420	390	169.6
2008	580	520	480	450	420	203.5
2010	720	660	600	550	500	251.2
2012	870	800	730	670	610	330.1
2014	1390	1300	1210	1060	——	——

经济发展需要稳定的社会环境。因此全能主义国家要求福利制度建设应有利于社会稳定。一方面，国家将福利作为解决社会矛盾的工具。例如，在拆迁、政府维稳、上访等社会矛盾比较尖锐的领域，政府往往将福利资格作为一种变相补偿发放给矛盾尖锐群体，以缓和社会矛盾。在低保领域，存在着严重的维稳保现象。另一方面，福利制度的项目设计以及对重点人群的关注也体现出维护稳定的要求。社会救助是社会的最后一道安全网，对社会稳定具有重要贡献。在后全能国家的推动下，我国福利制度的建设对于社会救助的关注与投入远超过其他福利制度。国家通过各种措施积极推动反贫困建设，不断提高贫困标准。2010年我国的贫困线提高到了2300元，首次与国际标准看齐。从图6—2可见，虽然贫困标准有所提高，但农村的贫困人数却是在不断下降。这主要与我国一直推行反贫困

---

① 罗小兰：《我国最低工资标准农民工就业效应分析——对全国、地区及行业的实证研究》，《财经研究》2007年第11期。

政策有关。在制度建设方面，我国的福利政策存在着严重的城乡分割，但是农村的最低生活保障制度建设早于养老保险和医疗保险建设。目前，最低生活保障制度已覆盖了城乡的各类人群。而且，在养老、医疗、教育、住房等领域，都建立起了相应的救助制度，防止因生活贫困而不能享受其他福利的情况出现。

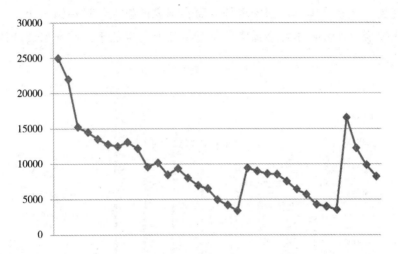

图6—2 1978年至2013年我国农村贫困人口变化趋势图（单位：万人）

福利制度建设的稳定取向影响了重点人群的福利制度建设。虽然目前农民工群体在城市仍不能享受到均等化的福利，但不可否认的是，相对于残疾、儿童、妇女等群体，农民工群体的社会政策建设得到了国家更多的重视。国家针对农民工群体的福利制度建设下发了大量的专门文件。这些文件涉及农民工的养老、医疗、工伤、培训、就业、社会服务等各个领域。又如，自21世纪初开始，随着中国城市化进程的加快，失地农民数量增加，给社会稳定带来了很大压力。因此，失地农民的社会保障建设也得到了政府的较多重视，纷纷将其纳入城镇居民保障制度内。此外，稳定取向也影响了福利制度的完善。例如，在国外工资谈判制度是就业制度建设的重要内容。2008年，我国开始实施工资谈判制度，但仅仅是从维权（社会问题）的角度来进行试验，而未上升到三方伙伴关系建设的角度。《工会法》也未对资方是否参加工资谈判进行硬性约束，这实际上是有利于资方。

基于福利制度建设的工具性取向，我国的福利制度在进入21世纪后取得了很大进步。2003 年后在民生取向的影响下，我国的福利制度越来越朝向公平化方向发展，其实质虽然有权利公平的考量，但也有工具性的考量。体现在制度建设中，我国直到 2010 年才实施《社会保险法》，且至今还没有出台《社会福利法》。同时，这种公平化的考量更多是为了纠正之前市场化导向导致的社会福利权利不足、社会矛盾尖锐的现象。在整体福利的国家责任方面，国家的投入与福利国家相比，还是比较少，而且用于社会保障的资金增长速度也低于财政支出资金的增长速度。

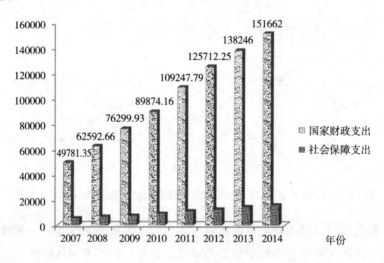

图 6—3　社会保障支出与国家财政支出变化趋势对比图（单位：亿元）

第二，福利制度建设的中央主导性

后全能国家仍然保持着权威政治，中央政府仍掌握了大量的资源配置权。在改革中，后全能国家的中央政府始终要保持自身对地方的权威。而且中国特殊而发达的中央集权政治体制使地方政府必须向中央政府看齐。体现在福利制度改革与创新建设中，建设的主要动力来自于中央政府自上而下地推动。社会福利制度的顶层设计来源于中央政府。虽然在整体方案出台前会有地方性的试点，但决策权仍掌握在中央政府手中。中央政府规定着福利制度建设的总体方向、基本原则、目标、理念，甚至具体的福利项目设计，地方政府更多是围绕着中央政府的顶层设计进行执行、落实。从养老保险、医疗保险、最低工资制度、最低生活保障制度等一系列福利制度的建设历史可见，各地的福利制度建设都是在中央启动之下进行的。

福利制度建设的中央主导性使地方政府在福利制度的建设过程中制度设计能力的空间狭窄，仅能够在保障水平、福利的传送过程等方面进行创新，制度设计能力严重不足。加上我国目前实行分税制的包干财政制度，地方政府更加不愿在福利制度建设方面（尤其是福利投入方面）进行创新，除非地方经济发达、财政充裕。因此，一些社会福利制度建设较好的地方，都处于东部地区。对广大中西部地区而言，还得依靠中央政府的财政转移支付来进行社会保障建设。因此，在福利制度建设方面，地方政府的创新动力更是不足。

第三，福利制度建设的渐进性。

制度的渐进主义模式最早受到林德布罗姆（Charles E. Lindblom）的关注。他发现，政策的制定过程是一个对以往政策不断补充、修正的过程，决策者在制定政策时会基于原有的政策，通过不断与之前政策的比较，考虑不断变化的环境需要，对其进行局部的、小范围调适。[1] 这一观点后来被称为社会政策的渐进决策模型。渐进取向的模型具有保守的性格、认可政策环境的限制、遵循在前政策的传统、维护政治系统的稳定、忽略价值目标的剖析等特征。[2]

后全能国家的一个基本逻辑是国退市进。基于经济取向和稳定取向，国家要大力发展社会政策，但国家对于福利的责任则是逐步承担，而不是像之前那样大包大揽，免费为个人提供福利。因此，后全能国家要求福利制度建设与政府能力相适应，其基本特点是有限福利责任和逐步进入，步骤不能迈得太大。

在与政府能力相适应方面，我国福利制度建设一直秉承着"广覆盖、保基本、多层次、可持续"方针。首先强调福利制度的覆盖面，积极做到应保尽保。例如，在养老保障方面，我国从 20 世纪 90 年代末开始，就一直在积极扩大养老保障的覆盖面。刚开始是将稳定就业的农民工群体纳入城镇职工养老保险范围，后来又将灵活就业人员纳入进去，再后来是为

---

① 陈志强：《我国失业保险政策变迁的公共政策分析——渐进主义模式的应用》，《中国劳动关系学院学报》2010 年第 3 期。

② 李钦湧：《社会政策分析》，巨流图书公司 1994 年版，第 139—143 页。

农民建立新型养老保险。保基本和可持续特征主要反映福利制度建设与国家财政能力的适应性。在福利项目设计上，我国的福利制度建设呈现出重保险和救助的特征，以满足社会成员最基本的需要为前提。因此，我国的福利制度对养老、医疗、教育、救助等与民生相关的领域非常关注，相关的制度建设也较好。在社会救助方面，享受低保的人群自 2007 年一直在迅速增长，投入经费的增长速度也一直在 2 位数以上。2013 年，城市低保资金比上年增长了 12.2%，农村低保资金比上年增长了 20.7%。特别是在农村，低保的覆盖面一直在扩大。2013 年，农村低保人数是 3.38倍。而且，低保经费也在快速增长。2013 年，我国全年各级财政共支出城市低保资金 756.7 亿元，比上年增长了 12.2%，农村低保资金比上年增长 20.7%。与低保制度相对，那些能满足社会成员高级需要的社会服务制度建设上则相对滞后。我国的儿童津贴、长者照顾、社区服务等福利体制至今还不是很健全。直至 2013 年我国才开始进行适度普惠型儿童福利制度试点建设，为部分困境儿童发放津贴。

此外，福利制度建设的这一特征还体现在福利产品的供给上。我国注重能对人产生直接帮助的实物和现金，而对机会、权利等更加高级的福利形式则相对不重视。例如，养老、医疗、工伤、失业等保险发展津贴式社会保障制度建设完整，而社区服务则发展相对滞后。截至 2013 年底，全国共有各类社区服务机构 25.2 万个，社区服务机构覆盖率仅为 36.9%。[①]此外，在保障水平方面，我国一直坚持着适度水平，拒绝发达国家的高福利。适度普惠是当代中国福利制度建设的目标。所以，就如图 6—3 所反映的，近年来，我国在社会保障方面的财政投入虽呈增长趋势，但一直低于我国财政支出的增长速度。

渐进性特征还使我国福利制度建设的步骤鲜明，每项福利制度的建设都是在经过了试点，在反复与之前制度比较的基础上才逐步出台新的制度。例如，经过了多年的养老保险建设和医疗保险建设，在总结各类保险制度实施的基础上，我国才于 2010 年颁布了《社会保险法》。法律法规的出台是对之前建设的经验总结。

---

① 国家民政部：《2013 年社会服务发展统计公报》（http://www.mca.gov.cn/article/zwgk/mzyw/201406/20140600654488.shtml）。

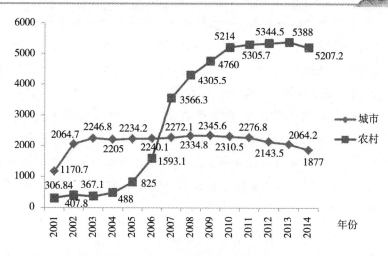

图6—4 我国城乡最低生活保障制度建设状况图 单位（万人）

总之，渐进性特征福利制度建设的进程、具体的福利项目设计和福利供给的形式，使我国的福利制度逐渐由补缺型福利向适度普惠型福利迈进。在渐进式特征影响下，相对而言，机会式的福利供给不受国家重视，相关的制度建设进展缓慢。

第四，福利供给的有限混合。

虽然后全能国家坚持国退市进和国退民进，但后全能国家仍旧保持着全能国家的控制惯性。因此，控制而非合作经常成为福利制度建设的主要考量。在控制思维下，公私之间的关系呈现出不平等的特征，国家对社会力量充满着漠视、怀疑甚至是不信任。在福利制度的建设中，国家不会平等看待社会力量在福利制度建设中的作用，也没有主动寻求与社会力量合作的动力。当然，控制思维也会影响到国家与市场的关系，要求市场（企业）能够保持基本的福利责任和社会稳定责任。受此影响，我国的公私合作伙伴关系建设缓慢。

有限混合的特征之一是来自社会的福利少。社会的一方志愿组织，也包括非正式的家庭等。罗斯认为，国家、市场和家庭三个部门在社会中提供的福利总和即社会总福利。在此基础上，约翰逊强化了志愿组织的福利供给角色。受控制思维影响，我国的家庭福利一直呈现自发供给状态。志愿组织提供的福利方面因为志愿组织的不发达使其提供福利的能力较弱。家庭福利方面，控制思维使家庭在国家的福利角色退场背景下必须承担起对个人的福利责任。但国家的渐进性特征又使国家不对家庭进行干预。受家庭能力的影响，家庭供给的福利范围有限。在志愿组织方面，我国的社会组织建设一直缓慢。2006 年才将社会组织纳入社会管理体制中。截至 2012 年 12 月底，全国共登记成立社会组织 49.8 万个。与私人企业相比，这一数量还是非常少的。自 2008 年以来，社会组织接受的社会捐款在 500 亿元以上，2008 年因为汶川地震达到 744.5 亿元。与国家投入相比，来自社会组织的福利所占比重较少。2013 年，我国社会组织接受捐款数额为 566.4 亿元，同年全国社会服务事业费支出 4276.5 亿元，前者仅占后者的 13.24%。

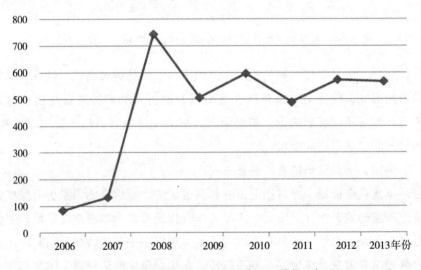

图 6—5　社会组织接受社会捐款情况（单位：亿元）

有限混合的特征之二在于政府不主动寻求与市场和社会的合作。福利混合与福利多元是政府、市场与社会合作的最直接体现。在控制惯性下，政府对志愿组织存在着不信任倾向，不会寻求与其他福利多元主体的合作。虽然政府意识到社会力量对福利供给的作用，但政府仍然更倾向通过已有的组织化福利机构（如慈善总会）向社会汲取资源，因此中国慈善的组织化特征非常鲜明。从 20 世纪 80 年代中期开始，民政部门开始推行"社会福利社会办"。至 90 年代后，我国出现了一股社会服务社会化的浪潮。2000 年，国务院办公厅还转发了民政部等 11 部委《关于加快实现社会福利社会化的意见》。其初衷是改变之前政府和企业包办福利的状况，使部分服务向社会转移。① 这一浪潮与国外的福利多元主义精神非常类似。它既包括官办福利机构社会化，也包括通过对企业或用人单位举办的福利设施的剥离，使其转变成为面向大众的公共福利机构，还包括鼓励民间力量举办社会福利事业等。但是，在控制惯性的影响下，国家并不主动寻求与社会力量的合作。体现在规制方面，国家并不积极扶持社会力量或企业介入福利供给领域。在社会福利社会化推行较为快速的养老领域，我国政府也是有选择性地放开规制，导致我国养老服务市场化发展严重不足。2014 年的《中国老龄产业发展报告》指出，我国老龄服务业的市场准入门槛高，在机构养老服务业中尤为突出。例如，《民办非企业单位登记管理暂行条例》规定民非企业单位不得设立分支机构，使养老机构无法实现连锁化经营。由于未彻底放开规制，导致民办养老机构的发展一直不足。全国民办养老服务机构基本情况调查（2008 年开展）数据显示，我国民办养老机构仅有 4141 所，占全部养老机构的 10.6%。至 2013 年，公办养老服务机构仍占 72% 的比例。② 在资金使用方面，政府资金存在着投入效应不高问题，他们倾向将财政资金或福利彩票公益金投入建设高档养老机构上，不愿意将资金投入扶持民办养老机构的成立上。③

　　有限混合的特征之三在于混合的领域狭窄、方式单一。福利混合能有效防范因国家退出造成的福利供给不足状况。我国也意识到福利多元的效果。因此，在某些领域也开始主动推进福利多元主体的介入与参与，在社会工作、社区服务、养老、医疗救助、就业、公益慈善等领域大力发展社会组织，推动市场力量介入，但这种推动是在政府主导和工具论思维下的推动，政府色彩鲜明。更为重要的是，它还没有建立起国家、市场和社会之间的新契约。政府、市场与社会间的福利混合是"委托—代理"关系还是市场购买关系，一直未得到有效明确，导致福利混合的方式单一。而且，从实际情况看，社会福利社会化推行的领域狭窄，大都集中在养老、

① 张秀兰、徐月宾：《我国社会福利社会化的目标及途径探讨》，《江苏社会科学》2006 年第 2 期。

② 吴玉韶：《中国养老产业发展报告（2014）》，社会科学文献出版社 2014 年版，第 129页。

③ 吴玉韶：《中国老龄事业发展报告（2013）》，社会科学文献出版社 2013 年版，第 156—157 页。

助残、托幼领域。其他福利领域则没有放开社会力量的介入。例如，社会工作服务才于2008年前后大规模的试点推广，刚开始也只是选择了一批试点区域推进。在地域上，我国社会福利社会化改革在地域分布上极为有限，仅在东部和南部地区和少数大城市推动较快。① 此外，在混合方式上，福利混合有多重方式，但我国政府并没有选择国外的绩效改革、服务外包、合同、委托代理、共同融资等形式（见表6—3），引入多元主体的参与来推动福利制度建设，而是选择了简单的市场化和民营化。其终极原因在于政府的控制思维对公私合作关系的漠视，导致政府不愿意在融资领域与社会资金有过多合作。直至2013年，国家层面才出台了政府向社会组织购买服务的指导意见，将政府购买服务提升至创新公共服务供给模式高度。在此之前，我国的公共服务一直未被纳入政府集中采购范围，且2003年出台的《政府采购法》和《招标投标法》存在着实践冲突，服务购买标准和采购流程缺乏规范可行的依据，服务评价体系缺位。②

表6—3   公私伙伴关系的形式

政府部门	国有企业	服务外包	运营维护外包	合作组织	租赁建设经营	建设转让经营	建设经营转让	外围建设	建设购买经营	建设拥有经营

完全 ←————————————————————→ 完全

总之，后全能国家形态影响了当代中国福利制度建设中的逻辑，进而影响了福利制度建设场域内国家自主性及融资与规制手段的使用，使国家的福利偏好与福利投入能力表现出工具性、中央主导性、渐进性和有限混合性特征。

（二）后全能国家与国家福利角色的承担

国家的福利角色承担与国家的福利治理逻辑密切相关。后全能国家同

---

① 易松国：《社会福利社会化的理论和实践》，中国社会科学出版社2006年版，第135页。

② 王力达、方宁：《我国政府向社会力量购买服务问题研究》，《中国行政管理》2014年第9期。

时也影响了国家对福利角色的承担。在全能国家时代，国家统揽社会福利，在供给制度中，国家的供给者、融资者和规制者三者合一。后全能国家时代的国家实行国退市进、国退民进的策略，力图减少之前国家对社会和市场的控制。因此，在福利角色的承担方面，国家实行退出战略，福利的直接供给责任转交给市场和家庭进行。在福利制度重建的过程中，国家也是采取渐进步骤，逐步进入。因此，这一时期国家的福利供给者角色不明显。我国的社会政策因而也出现了市场主导特征。

福利治理的工具性特征要求福利制度建设促进经济发展，为此需要国家尽量为市场营造宽松的发展环境，放松规制成为这一时期政府职能转变的重要内容。国家不仅在经济领域放松对市场的规制，而且在社会领域也允许市场进入。因而在许多社会福利领域（如医疗、教育、社会服务等）出现民营化浪潮。国家的放权还体现在国家对市场的规制方面存在重经济规制、轻社会规制倾向。国家通过主导产业政策引领市场发展，而在社会规制方面，只保留必需的安全规制、环境规制、社会保障等。即使如此，社会规制还面临着执行不严格的问题。在社会保障领域，除工伤保险外，企业参加各类保险的比例依然不高。有限混合特征又使国家对社会（志愿组织与非正式组织）保持着控制惯性，与国家对市场的放松不一样，因此国家对社会领域的建设相对缓慢，放松规制的进程也相对缓慢，由此导致了国家与社会的合作少。而对于非正式组织来说，国家刚刚放弃了统揽角色，从非正式领域退出，在福利制度的建设中，国家基本上不愿再对非正式组织（家庭）进行干预，因而使家庭在福利制度供给中呈自发状态。同时，渐进特征和中央控制性特征又使得顶层制度设计中的规制建设缓慢。

国家在放弃供给角色与放松规制角色后，对融资角色的承担就成为必然。因此，在福利制度建设中，国家必不可少地要承担起融资角色。实际上，与统揽型国家福利角色相比，单纯的融资有利于减少国家的福利责任，国家至少不需要承担之前的全部福利责任。而且，渐进特征使国家对融资的投入可以与国家能力相适应，国家会根据工具性需要选择只承担部门融资的功能。因此，国家重视发展保险性的福利项目，通过将融资责任分解来促进福利制度建设。而对于那些需要国家全部承担福利责任的项目，国家则采取渐进或有限混合的方式进行。但是由于控制特征与中央主导性特征的存在，地方政府的自主性不强，在分税制的财政压力下，国家的融资角色承担还要受地方政府的财政能力影响。

后全能国家时代国家的福利角色履行特征对我国的福利制度建设产生了重要影响。放弃福利供给者角色、减少对市场的规制、保留部分融资者角色特征有助于在短期内建立适合我国国家能力的福利制度，避免福利制度建设得过快、过高而对社会经济产生拖累。但这些特征又使市场和社会承担的福利责任偏低和无序，在国家福利供给不足的状态下，市场和社会的福利供给不能对整个社会的福利形成互补，国家、市场和社会在福利制度中的合作只能是有限度的。

第三节　后全能国家与我国新生代农民工培训政策建设

一　后全能国家背景下新生代农民工培训政策的建设逻辑

（一）后全能国家与新生代农民工培训政策的建设逻辑

我国新生代农民工就业促进政策的建设，也符合当前我国福利制度建设的逻辑，以工具性、中央主导性、渐进性和有限混合为导向，这些建设逻辑对新生代农民工就业促进政策建设产生重要影响。

1. 工具性逻辑

工具性方面，与其他福利制度建设相同，我国新生代农民工就业促进政策的建设，始终是以政治性和经济性目标为导向。

政治性目标体现在就业促进政策对社会稳定的考量上。农民工群体的大规模产生是改革开放之后的事情。最初关于农民工的培训是企业考虑的事情，由市场负责。至20世纪90年代后，国家才逐步介入。国家对农民工就业促进政策介入的每一个阶段，始终都有着社会政治性的考量。我国农民工培训政策最初源于1991年实行的"中国农村劳动力开发就业试点"。该试点目的是要解决我国农村剩余劳动力不断增加的现实，帮助亿万农村劳动者实现就业。1997年我国提出输入地要积极开展面向民工的职业技能培训和职业道德教育，其最终目的是为了引导农民工有序流动、按需流动。至2002年，我国开始从服务的角度定位农民工培训，提出各级政府应将农民工的培训工作作为一项重要任务来抓。但其出发点是为了解决农民工进城务工导致的社会治安、城市管理问题。至2003年，我国首次颁布了关于农民工培训专项规划。规划也将新生代农民工纳入进去。该规划出台的背景是基于农村富余劳动力转移就业困难加大、任务艰巨的现实。规划的最终目的是要通过加大对农民工的培训，促进农民工向非农产业和城镇转移。因此，规划中提到的两个阶段建设目标都是为转移就业服务。2006年的文件虽将培训当成农民工权益，但该文件最终目的是为了综合解决农民工的问题，文件指出"农民工问题事关我国经济和社会发展全局"①。

2008年后我国开始重点推进返乡农民工的创业培训。其出发点是为了解决金融危机对农民工就业的冲击。据国家统计局统计，2008年底全国有7000万农民工返乡，其中有1100万没有找到工作。在这种压力下，我国连续发布了两个关于农民工就业促进的文件，提出要大力开展返乡农民工就业培训和创业培训。并且建立了就业工作目标责任制度，将就业任务逐级分解，建立目标责任体系，并作为政府政绩考核的重要指标。②2010年国务院颁布了《关于进一步做好农民工培训工作的指导意见》后，国家开始制定新一轮的培训规划，才逐渐引入了权利视角，提出力争使每一位有培训需求的农民工都能得到一次以上技能培训，掌握一项适应就业需要的实用技能。

此外，从农民工培训内容看，国家对安全生产培训特别强调。这反映了农民工培训政策的政治性特征。因为安全生产涉及农民工的职业安全与健康。一旦发生安全生产事故，会带来巨大的社会破坏性。为此，国家对企业安全生产的培训非常强调，也相应地出台了完善的服务监管规制。国家安全总局联合教育部、建设部等七部委于2006年特别出台了《关于加强农民工安全生产培训工作的意见》，规范企业的安全生产。不仅对培训责任进行了明晰，还对培训标准与考核大纲进行了规定，对各类人员的培训时长进行了规定，并特别强调了对培训的监督检查机制。规定适时组织有关部门进行联合执法检查，发现未经培训上岗或培训不符合要求的，责令限期整改；逾期不改的，责令企业停产整顿直至依法关闭。这些监督规制比其他类型的培训都更为严格。此外，安全生产培训也是基于社会稳定

---

① 国务院：《关于解决农民工问题的若干意见》（国发〔2006〕5号）。

② 国务院：《国务院关于做好促进就业工作的通知》（国发〔2008〕5号）。

的考量，所以国家特别重视高危行业的农民工培训。在 2006 年国务院发布的《关于解决农民工问题的若干意见》（国发〔2006〕5 号）就提出要切实提高农民工特别是煤矿、非煤矿山、危险化学品、烟花爆竹、建筑等高危行业农民工自我安全保护的意识和能力，有效保障农民工生命财产安全。因此，安监局也相应地提出了高危行业的培训市场，规定煤矿、非煤矿山、危险化学品、烟花爆竹等高危行业的农民工首次岗前安全生产培训时间不得少于 72 学时，建筑行业的农民工首次岗前安全生产培训时间不得少于 32 学时，每年接受再培训时间不得少于 20 学时；而其他行业首次培训只需 24 学时。可以说，安全生产培训是所有农民工培训制度建设最严、执行最好的培训。国家对建筑行业农民工的培训也曾颁发过专门文件。2007 年，建设部、教育部等部门就联合颁布了《关于在建筑工地创建农民工业余学校的通知》（建人〔2007〕82 号），要求有条件的建筑工地要创建农民工业余学校，给农民工提供培训。从 A 企业的情况看，也正符合这一特点。企业对安全培训非常重视，不仅在企业的岗位技能培训中安排有安全培训的内容，而且从 2008 年开始企业每年还会定期不定期地邀请政府来给企业安排安全生产培训。Y 县的安监部门也是经常过来指导。

QFZ：“安全生产关系不仅关系企业的盈利，还是人命关天的事，出了问题谁都负不起责任，涉及人命关天的事说不定会给企业带来灭顶之灾，还会连累当地的官员百姓。所以我们对安全培训可以说是百倍重视。我们老总总是讲，‘没有安全就没有盈利，在安全培训方面，不要怕花钱。就怕出事了想花钱都不行’……我们从 2008 年开始跟政府接触安全培训的事。2010 年后关系差不多就稳定了。现在可以说是安全培训已经固定化、制度化了。员工一进来就要培训，而且政府也经常来我们企业搞培训。咱们县的安监部门上个月来企业检查，顺便还给我们员工上了半天的课。”

工具性的经济考量方面，新生代农民工就业促进政策的建设始终以市场需求为导向，主张将培训与就业挂钩，培训与当地的经济发展挂钩，为当地的经济发展服务。这一特征在 2003 年制定的农民工培训规划中体现得最为明显。规划明确提出要按需施教。要求以市场需求为导向，“按照不同区域、不同行业要求，区分不同培训对象，采取不同的培训内容和形式"①。在培训形式上，刚开始主要针对新生代农民工开展引导式培训、职业技能培训、创业培训。同时倡导职业技能培训以定点和定向培训为主，并将家政服务、餐饮、酒店、保健、建筑、制造等行业做好培训重点，因为这几个行业的农民工需求大。由于定点培训和定向培训以就业为导向，因此这两种培训模式一直受到国家的倡导。2006 年劳动和社会保障部发起实行的"农村劳动力技能就业计划"强调农村劳务输出，以品牌带输出。在 2010 年国务院办公厅发出的《关于进一步做好农民工培训工作的指导意见》中，曾明确提出要"重点加强建筑业、制造业、服务业等吸纳就业能力强、市场容量大的行业的农民工培训……以实现就业为目标，根据产业发展和企业用工情况，组织开展灵活多样的订单式培训、定向培训，增强培训的针对性和有效性"②。

在服务地方经济发展方面，近些年的文件更是直接进行了强调。2010 年的文件明确提出要"根据县域经济发展人才需求，开展实用技能培训，促进农村劳动力就地就近转移就业；结合劳务输出开展专项培训，培育和扶持具有本地特色的劳务品牌，促进有组织的劳务输出"。在 J 省，为促进当地经济的发展，2008 年就颁布了《关于进一步做好工业园区就业培训工作的通知》和《J 省工业园区就业培训实施办法》，其指导思想是"加大工业园区劳动力转移培训力度，提高劳动者技能水平，降低企业用工成本，增强工业园区企业竞争力"。同时，J 省还成立了覆盖省劳动保障厅、省中小企业局、省财政厅的工业园区就业培训工作协调领导小组，负责全省工业园区就业培训工作的组织领导和协调工作，领导和监督培训补贴的发放。2014 年 A 企业组织的与政府合作培训，也是根据这一培训实施办法来进行的。这种做法在其他省市都普遍存在。湖北省 2013 年发布文件鼓励企业与定点培训机构对新生代农民工开展订单式、定向式和定岗式培训。此外，培训的责任分解也对市场（企业）有利。例如，我国一直强调农民工转移地政府的培训责任，要求地方政府要做好新生代农民工转移前的引导培训。

---

① 农业部、劳动和社会保障部等六部委：《2003—2010 年全国农民工培训规划》。

② 国务院办公厅：《关于进一步做好农民工培训工作的指导意见》（国办发〔2010〕11号）。

2. 中央主导与渐进逻辑

在新生代农民工培训政策建设的进程中，中央主导和渐进的特征非常明显。新生代农民工培训政策主要由中央而非地方推动。在中央层面，从1997年以来，国务院、国务院办公厅、中央各部门颁布了几十项涉及农民工培训的政策，这些政策既有时间跨度较长的专项规划，如《2003—2010年全国农民工培训规划》；也有具体的培训项目，如农村劳动力转移培训"阳光工程"、农村劳动力技能就业计划、"春潮行动"等。各地方的培训任务都是在这些大的专项规划和具体培训项目方面进行任务的相应分解。2003年的规划就对2003年至2010年间每年的培训任务做了具体的规定。如在2006年至2010年，对拟向非农产业和城镇转移的5000万农村劳动力开展引导性培训，并对其中的3000万人开展职业技能培训；同时还要对已进入非农产业就业的2亿多农民工开展岗位培训。至2010年，国家开始制定新一轮的全国农民工培训规划，要求各地的规划与全国规划相一致。相关文件规定，"各省（区、市）以及相关部门要根据国家农民工培训规划并结合实际，编制本地区、本行业的农民工培训规划和年度计划，明确农民工培训的规模和重点，科学规划培训机构的类型、数量和布局，认真抓好组织实施"。可以说，J省的农民工培训政策都是依据中央政策而行。在1999年国务院办公厅转发了《劳动保障部等部门关于积极推进劳动预备制度加快提高劳动者素质意见的通知》后，2000年J省就制定了《J省劳动预备制度实施方案》。2004年教育部等部门发动了"农村劳动力转移培训计划"后，J省随后也颁布了相应文件。2008年国家实行了《就业促进法》后，2009年J省就颁布了《J省就业促进条例》。2010年国家主张通过职业培训来促进农民工培训的思路，2011年J省就颁布了《J省人民政府关于加强职业培训促进就业的实施意见》（赣府发〔2011〕13号）。通过对A企业所在地的就业部门的访谈发现，Y县政府关于新生代农民工的培训政策，都是依照中央政府或省级政府的文件来执行。目前，Y县就业部门在农民工培训方面所依据的两大文件主要是《关于进一步规范全省就业创业培训管理工作有关问题的通知》（赣人社发〔2014〕32号文件）和《J省职业培训政府补贴管理暂行办法》（赣人社发〔2012〕97号文件），这两个文件都是依据国务院2010年发出的《关于加强职业培训促进就业的意见》制定的。

ZJZ："现在的农民工培训工作都是依据中央和省级文件来，一级一级文件往上套。要时刻与中央看齐，紧跟上层的重点。前几年金融危机，中央提倡搞创业培训。我们县里就相应地重视这块。办了几期农民工创办企业的培训指导班。应该说效果还是不错的。学员已经开店且在我们这申请了培训补贴的就有20多个。这两年省里主张发展电子商务培训，我们县还规划了一个电子商务产业局。我们对农民工培训的重点也放到了电子商务培训上，主要教农民工在网上卖东西。目前正在跟一些网络公司合作，县财政单独拿出100万元来支持这个项目。我们局的就业专项经费也会相应地加强对这块的补贴。根据合作方的统计，现在在它那报名要参加培训的人数就超过600人。"

渐进性方面，国家在新生代农民工就业促进中的定位，经历了从"市场主导、政府促进"变成"市场引导、政府支持"的变化。从促进到支持，表明政府的责任有所增加。国家虽然没有专门针对新生代农民工制定培训目标，但却对农民工培训的数量进行了具体规定。这些规定体现了逐步增加趋势。2003年至2010年，国家对农民工培训目标的设定为每年开展1000万人引导性培训、500万人岗位培训、4000万人岗位培训（2003年至2005年平均每年培训1667万人）。2010年，国务院颁布文件提出到2015年力争使每一个有培训需求的得到一次以上培训，掌握一项实用技能。2012年提出加快构建劳动者终身职业培训体系，2014年提出至2020年每年开展农民工职业技能培训2000万人次，到2020年力争使每个农民工都能得到一次以上培训机会。这也意味着至2020年我国将基本建成具有普惠特征而非选择性的农民工培训体系。从提出农民工培训到最后建成具有普惠特征的培训体系，前后共历时近三十年。因此，从培训目标的设定可见，政策的渐进性非常明显。此外，从培训水平可见，农民工培训的水平也经历了由强调引导培训到强调技能培训、再到创业培训、最后到技能提升培训的过程。引导培训由政府直接开展，而创业培训和技能提升培训则涉及政府对家庭、市场的合作主题。

3. 有限混合逻辑

有限混合特征主要体现在国家只在少数培训领域与企业和家庭进行合作，给予其补贴。目前，从Y县的情况看，农民工的补贴只有三类，分别为工业园区新招员工培训、岗位提升培训和创业培训。

LJZ：“现在的培训补贴还没有完全放开。主要有三类项目，分别为工业园区新招员工培训、岗位技能提升培训、创业培训。三类项目的补贴标准不一样。其他类的培训我们暂时还不对企业和个人进行补贴。例如，个人自己去培训则没法补贴，只能申请技能鉴定费。企业开展的外派培训也没有补贴。你像咱们工业园有不少企业都会派人去外地学习。对不起，这个我也没法补。”

　　其他类型的培训要么是完全市场化，要么是国家依据自己的培训网络（主要是公办职业大中专院校）进行。例如，涉及农民工的其他培训项目（如"阳光工程"、新型农民培训等）都是依托公立职业学校开展。在J省，省生物科技职业学院、省农业工程职业学院、省通用技术工程学校是J省农村劳动力"阳光工程"培训基地，许多"阳光工程"培训项目都在这三所学校开展。在Y县所在的J市，其"阳光工程"培训基地全都是公立的职业学校。

表6—4　　　　　　　J市"阳光工程"培训基地一览表

序号	县（市、区）	机构名称	所属部门
1	青原区	青原区农业技术培训中心	青原区农业局
2	吉安县	吉安县农业技术培训学校	吉安县农业局
3	吉安县	吉安县农机化技术学校	吉安县农机局
4	新干县	新干县职业培训学校	县教育局
5	新干县	新干县农业机械局	县农业局
6	新干县	新干县农技推广中心	县农业局
7	永丰县	永丰县农业技术培训学校	永丰县农业局
8	峡江县	峡江县旅游局	县政府
9	峡江县	峡江县农业机械管理局	县农业局
10	峡江县	峡江县农民职业技能培训中心	县农业局
11	吉水县	吉水县农业技术培训中心	吉水县农业局
12	泰和县	泰和职业中等专业学校	县教育局
13	泰和县	泰和县农业机械化技术学校	县农业局
14	泰和县	泰和县农业技术推广中心	县农业局
15	遂川县	遂川县农业培训中心	县农业局

序号	县（市、区）	机构名称	所属部门
16	遂川县	遂川县开元渔业产业化专业合作社	县农业局
17	万安县	万安县农技推广中心	农业局
18	万安县	中共万安县委党校	县委部门
19	安福县	安福县职业中学	教育局
20	永新县	永新县水产站	永新县农业局
21	永新县	江西省兵器高级技工学校吉安分校	江西省国防科技工业办公室人事教育处
22	井冈山市	井冈山市农民技能培训学校	农业
23	井冈山市	井冈山市旅游职业中等专业学校	教育

受有限混合的特征影响，在新生代农民工就业促进政策的建设中，家庭的作用一直被忽略。不论是在"市场主导、政府促进"的就业促进定位中，还是在 2014 年"农民工技能提升计划"中所提出的"市场引导、政府支持"就业促进定位中，都未提及对农民工家庭的要求。在 2003 年颁布的培训规划中，"整合资源"作为一项基本原则提出，但整合的对象是现有的教育培训机构、行业与用人单位。规划主张"以现有教育培训机构为主渠道，发挥多种教育培训资源的作用，充分调动行业和用人单位的积极性"。在 2010 年的文件中，家庭的作用再次被忽略，相关文件提出"鼓励行业、企业、院校和社会力量加强农民工培训"。至 2014 年，文件提出要"广泛动员、形成合力"，但动员的对象依旧是行业企业、社会团体、院校和各类职业培训机构。

与其他福利制度不同，在农民工培训政策的建设中，表面上看社会力量得到了一定程度的重视，但实际并不尽然。从 2003 年开始，各类文件就提出要重视社会力量（主要是教育培训机构、院校、行业和各类培训机构）在培训中的作用。但是这些社会力量的构成比较复杂，既有公立的官办职业院校，也有私营性质的培训机构。对培训力量的整合目标主要是期望发挥它们在培训中的教育者作用，而不是发挥慈善公益作用。而且在实践中，政府部门往往不愿意与私营的培训机构合作，而是选择与公立背景的官办职业院校合作。例如，截至 2014 年 9 月，Y 县针对农民工培训的机构只有 5 家，且有 3 家是面向大众的电脑培训机构。社会培训机构的不发达充分反映出社会力量还对 Y 县的农民工培训参与度低。Y 县的许多农民工培训都是放在该县的职业中专进行。例如，A 企业在 2014 年与国家的培训合作，最后还是委托 Y 县职业中专开展。

（二）后全能国家与新生代农民工培训的国家福利角色

在上述建设逻辑影响下，国家在新生代农民工就业促进中扮演的角色是促进者和支持者。后全能国家的政治性使国家设立了每个阶段必须要达到的培训目标，但是我国的教育体系没有能力给农民工提供足够多的培训。虽然在 2008 年我国重新设立了县级中专，但受制于师资和文凭的限制，各县市的招生一直不理想。因此，国家无法承担培训供给者的角色。虽然当地的劳动就业部门也有就业培训中心，还会举办一些培训项目。但同样由于师资力量有限，培训内容简单，难以适应市场需求。

ZJZ："除我们局外，农业局、扶贫办、工会、妇联、残联、扶贫和移民办、林业局等部门手头上都有关于农民工的培训项目。但说实话这些项目开展得都不是很好。主要原因在于师资和场地。我们这还有一个就业培训中心，其他局的力量就不行，没法开展培训工作。据我了解，现在有些培训是应付，有些培训就委托给学校做。"

政府要发挥促进和支持的功能，必须要承担好融资与规制的角色。培训的开展离不开资金的支持，国家设立的农民工培训有许多是就业前的培训（如引导培训、转移就业培训和创业培训），这些培训企业不会参与，只能由国家来承担。在国家无法直接供给培训服务的背景下，承担的最好方法就是融资。此外，鉴于社会力量（主要是教育机构）在培训中的重要作用，国家除了用融资方式将这些机构联系起来外，还需要对这些机构的参与方式进行规范。因此，规制角色必不可少。最近两年，农民工培训的重点已经转换到岗位技能提升培训上，这种培训必须依靠企业开展，因此国家的融资角色与规制角色应该对企业起到应有作用。

在融资角色方面，国家这几年确实是在加强对农民工培训的补贴。且补贴的力度也在加大。而且在某些领域（主要是在创业培训领域），国家也开始注重有融资的手段来激励农民工家庭参与。例如，在 A 企业所在的 J 市，为返乡农民工的创业制定了多种融资方式，包括财政扶持、税收优惠、规费减免、金融支持、社会保险支持等。在税收方面，规定"返乡农民工个人，每月销售额或营业额在起征点以下免征增值税或营业税：销售货物月销售额 5000 元以下免征增值税、提供增值税应税劳务月销售额 3000 元以下免征增值税、按次纳税的每次（日）销售额 200 元以下免征增值税；提供营业税应税劳务月营业额在 5000 元以下免征营业税、按次纳税的每次（日）营业额 100 元以下免征营业税"①。但是，在其他培训方面，则没有这些融资手段，规制手段就更为缺乏。

二　后全能国家背景下新生代农民工培训政策中的国家自主性、融资与规制

（一）新生代农民工培训中的国家偏好与能力

偏好与能力是衡量国家自主性的两个维度，通过对 A 企业所在地的就业部门的访谈发现，国家自主性存在如下特征：考核偏好大于福利责任偏好、地方政府的制度设计能力低。国家的这种偏好与能力与后全能国家特征密切相关。

A 企业所在地的就业部门对考核偏好的重视，很多程度上是与国家在农民工培训政策建设方面所坚持的工具性和中央主导性逻辑相关。中央政府于 2008 年建立了就业培训的目标责任制，之后各级政府纷纷将完成培训的任务情况纳入就业考核指标体系中，而对培训的经费投入、农民工的培训需求与技能掌握情况、农民工获取培训机会的公平性与可及性等则未予以考虑。因此，当地政府完成培训任务的情况直接关系到该年度的就业考核结果。在 A 企业所在的 J 市，为响应国务院提出的发展职业教育促进农民工培训工作的精神，制定了《职业教育工作考评评估细则》，规定市政府的督导组每年年底都要对各县（区）的职业教育工作进行考评，对发生重大安全责任事故或套取国家中职助学金的地区，实行一票否决。考评结果作为今后项目建设申报、资金分配和评优的重要依据，对评估结果不合格的县（区），给予通报批评，并由市长对县（区）长进行约谈。而且，培训考核权掌握在上级政府手中。例如，为规范工业园区培训，J 省成立了覆盖省劳动保障厅、省中小企业局、省财政厅的 J

① 吉安市人民政府：《关于加强和扶持返乡农民工创业就业工作若干政策意见（试行）》（吉府发〔2009〕2 号）。

省工业园区就业培训工作协调领导小组，负责全省工业园区就业培训工作的组织领导和协调工作。这些特征充分反映了农民工培训政策的中央主导性和工具性。

对当地政府而言，完成考核意味着更多的经费支持和政治机会，而未完成考核则意味着要受到相应的惩罚。并且关注农民工的培训需求、政策的公平与可及等对地方政府而言不会获得更多的资源。作为一个理性而有自主性的政府，选择考核偏好而不选择福利责任偏好就成为一种必然。这也可以理解为什么政府愿意介入 A 企业的安全培训。因为安全生产不仅是一个经济问题，更是一个政治性问题，已被纳入政府的考核体系中。

LJZ："上级的考核主要关注每年分解下来的培训任务量，在就业经费的使用和具体的培训工作开展方面倒不会有更多要求。对我们而言，完成考核是一项基本工作。现在省里和市里每年都会对我们下发培训任务，县里也会对我国的培训工作有要求，比如这两年县里都给我们设定好了工业园区定向培训的人次。要完不成这些任务，考核就通不过，就说明你的基本工作没干好，能力有问题，说不定就会让你下岗。所以我们的眼睛要往上看啊！"

A 企业 2014 年与政府的合作培训，实质上也是政府为了完成当年的考核才推行的。当地的劳动就业部门找了四家企业均无反应，最后才主动找 A 企业进行合作培训，给予 A 企业培训补贴。在 2010 年，A 企业由于生产扩张，员工素质不足，也曾向劳动就业部门申请过培训合作，但因为种种原因没有申请到补贴。同时，A 企业中的 2 位新生代农民工之所以参加了政府组织的劳动预备培训，据其介绍也是有考核因素在起作用的原因。Y 县每年都有劳动预备培训的任务。为完成任务，Y 县的职业中专经常委托村干部去做工作。这 2 位新生代农民工就是被村干部"动员"去参加劳动预备培训的。

WZ："我们之前（大概是 2010 年前后）也曾跟政府申请过培训补贴。但你也知道，现在的政府机关是向上不向下，一直没有申请下来。今年能拿到补贴，那是因为别人不愿意干，我们算是添花了。"

在制度设计能力方面，后全能主义农民工就业政策的中央主导性压制了地方政府的制度建设欲望。由于国家要承担培训制度的融资者角色，在分税制的背景下，任何制度的创新可能都意味着地方财政投入的增加。而且，由于制度设计并未被纳入就业考核工作中，在考核偏好的影响下，羸弱的地方财政能力很容易战胜地方政府的制度建设能力，成为影响地方政府在农民工培训政策中发挥自主性的重要变量。在广大中西部地区，由于劳动力转移压力大，一些地区在农民工培训方面进行了多种创新，但相应的资金投入也需增加不少。以"阳光工程"为例，中西部地区的人均补助高于东部地区，这对中西部地区的财政产生了不少压力。因此，中西部地区的政府官员在谈及农民工培训时就非常苦恼。例如，Y 县就业部门负责人 HRZ 就说道："我们现在是又想创新又不敢创新，没办法，钱作怪"。

表6—5　　2011年度"阳光工程"中央财政安排和本级配套资金数额统计表

省份		任务数（万人）	中央财政安排资金（万元）	人均培训中央补助（元）	本级配套中央任务资金（万元）	人均补助合计（元）
东部	江苏	8.5	2412	284	1920	509.65
	浙江	3.5	987	282	1250.88	639.39
	广东	3	846	282	0	282
	山东	15	4240	283	2000	416
中部	山西	10	3600	360	1600	520
	安徽	7	2520	360	3000	788.57
	江西	18	6480	360	550	390.56
	湖北	18	6480	360	4050	493.33
西部	广西	10	4000	400	100	410
	四川	21	8400	400	157.5	407.5
	陕西	7.5	3000	400	1080	544
	甘肃	7	2800	400	1240	566.14

资料来源：转引自刘国永：《我国农村劳动力转移培训的公共政策研究》，中国矿业大学出版社2012年版，第158页。对原表有删减。

（二）新生代农民工就业促进中的融资与规制应用

后全能国家的福利制度逻辑同样影响到了新生代农民工就业促进中融资与规制的应用。A 企业的调查反映出当前新生代农民工培训的融资存在着两个特征，分别为市场为主、国家缺位；资金投入单向性，国家、企业和家庭的投资协同性差。

　　融资方面，根据相关的制度设计，国家应该成为融资者。那么该如何解释 A 企业所反映出的新生代农民工就业中国家投资角色的缺位呢？从表面上看国家投资的缺位与国家能力相关。对 A 企业所在地的政府而言，2011 年地方财政收入为 7.6 亿元，当年全国百强县的财政收入门槛为 25.87 亿元，该县仅相当于后者是 29.4%。但从深层上看，国家投资缺位是新生代农民工培训政策建设逻辑综合影响的结果。一方面，目前的就业考核体系并没有限定国家对新生代农民工培训经费的具体投入比例，只是考核就业专业基金的决算和账户安全情况。在渐进性特征的影响下，国家对筹集资金角色的履行具有伸缩性。它可以有两种选择策略，一是在需要考核时才进行投资，例如 2014 年国家对 A 企业开展的新招员工培训补贴实际上是为完成上级政府的考核；二是将资金投入水平压得很低，这符合渐进式特征的逻辑。从 2006 年开始 A 企业所在地的政府就开展了政府补贴培训，但直到 2014 年，当地政府对培训的补贴才达到 300 元/人。另一方面，中央主导性与分税制的存在使农民工就业政策建设的地方投资动力不足。所以 A 企业所在地的培训补贴标准一直是按照省级政府规定的下限来确定。这主要是因为农民工培训政策的工具性，其培训补贴不是基于农民工的权利，而是为满足考核需要、政治性需要和发展经济的需要。

　　ZJZ："300 元每人的标准是有点低。现在劳动力工资这么贵，300 元也就够 2 天的花费，更谈不上支持农民工去外地培训。培训应该是企业和农民工家庭的事，政府起促进作用。但这个促进作用很泛的，给你 100 元也是促进，给你 1000 元也是促进。就看你怎么理解。"

　　根据制度设计，国家融资者的作用还应体现在资金能在国家、企业和家庭间相互传递。但对 A 企业的调查反映出融资具有单向性特征，国家资金未能与农民工家庭发生联系，国家资金不愿意与企业发生合作关系，从宏观上看与培训制度的选择性而非普惠性相关。对企业和家庭而言，只有符合政府所限定的培训才能获得补贴。例如，在 A 企业中，参加了工业园区新招员工技能培训的新生代农民工无法获得政府补贴。在当地的"阳光培训"中，补贴范围仅限在教材费、聘请老师费、场地租用费、实训费、耗材费、文印费等方面。① 这些融资方式虽然有新公共管理中的绩效考核特征，但所反映出的是政府补贴的工具性考量而非权利考量。获取培训补贴并不是基于资格而言，而是基于政府的选择性。从具体原因上看，A 企业所反映出的国家与家庭未能发生融资联系的直接原因在于规制的缺乏，但深层原因在于培训政策的中央主导性和工具性。在 2011 年财政部与人力资源和社会保障部发布的《关于进一步加强就业专项资金管理有关问题的通知》中规定，农民工参加就业培训和创业培训后，取得了相应的职业资格证书可以向当地机构申请培训补贴。但在 J 省，至 2014 年则完全取消了个人申请补贴的权利，培训资金只能直补培训机构和企业，而不能直补个人。其直接原因在于 2013 年该省的纠风办对农村劳动力培训补贴资金的检查发现了许多问题，在规范和考核的压力下，该省为考核的需要干脆取消了对个人的直接补贴。因为直接补贴家庭容易造成培训的信息不规范、培训时间不好控制等问题。

国家与企业的融资关系缺乏也与培训的中央主导性和工具性相关。与企业合作意味着资金在传递的过程中要承受更多的风险。由于资金安全被纳入政府的考核体系中，国家在资金安全的考核要求下，对私营企业在资金传输（如购买服务、直接补贴）方面的合作只能是慎之又慎。2009 年，Y 县查处了几起私人培训机构套取培训补贴的案例，更增加了地方政府对私营企业的不信任。在福利制度建设的政治性取向之下，Y 县政府宁愿与社会机构发生合作关系也不愿意选择与企业和家庭进行合作。所以，在 2014 年 A 企业与政府的合作培训中，当地政府将培训资金转而补贴了该地的职业中专。当地的"阳光工程"培训也是委托给公办的职业大中专院校开展培训。而且，由于 J 市对职业培训的考核工作中就有一部分关于职业中专企业合作的内容。J 市规定，从 2014 年起，所辖职业学校至少有一所应与市内 3 家企业建立合作关系，为市内企业开展"订单培养"和毕业生在本地市内企事业单位就业率分别达到 40% 和 60%，未按要求建立合作的按比例扣分。在考核压力下，当地就业部门也乐意做一个"好人"，在与 A 企业的合作培训时将职业中专引入。

---

① 江西省财政厅、江西省农业厅：《关于印发〈江西省农村劳动力培训阳光工程资金管理办法〉的通知》（赣财农〔2013〕64 号）。

HZR："企业和个人来申请补贴肯定是有他们自己的想法，不能排除是为套取培训资金的原因。要出了问题我们又找不到他们。比如直补农民工，现在流动这么快，联系方式都经常更换。万一到时候要检查，补充些信息什么的，人都找不到。补贴给企业也有这个问题，万一企业倒闭或停产了，也联系不上。补贴给职业中专就没这个问题，它至少是国家机构，出了问题还有个学校在那。"

规制方面所面临的问题与融资类似，国家应该成为规制者，但目前国家的规制角色履行得并不好，体现为政府对企业的培训投资规制执行不严，规制强度不高且缺乏激励规制，对家庭未做规制等。这种情形也与国家建设农民工培训政策的逻辑相关。国家对企业规制的不执行更多是基于工具性考量。2010年国务院办公厅下发通知，明确指出"企业要按照规定足额提取职工教育经费，在岗农民工教育和培训所需费用从职工教育培训经费中列支"。但地方政府并不愿意去执行这条规定。其深层原因在于培训制度建设工具性当中的经济取向，培训政策应该符合经济发展要求，而不能阻碍经济发展。激励性规制缺乏的直接原因仍在于工具性。在国外，除补贴优惠外，政府在培训方面对企业的规制还包括准入激励、专营激励、税收优惠、金融支持、惩罚式激励等。但规制需要一定的成本。受后全能国家影响，培训政策只是一个促进经济发展的工具。过高的规制无疑将损害经济的发展，同时激励性规制也将增加国家负担。虽然培训是一种人力资本投资，具有生产性，对经济发展有帮助。但这种帮助是长期的，而规制的效应是短期的。在获取实效合法性的大背景下，后全能国家的国家能力很容易使其放弃对长期效应的追求，选择不对企业进行规制。

HZR："关于企业培训经费的规定是很好，做好了可以激发企业的培训积极性。但我们对企业只能督促，不会要求企业强制执行。企业赚钱还好说，不赚钱你硬性要求人家去拿钱来搞培训，这些老板还不跟你吵翻天。还有，现在全国都在搞招商引资。企业到哪里都可以办厂，我们政府就不行，要我们执行严一点，跑了一家企业说不定那还得挨上级批评。"

那为什么安全规制能受到国家的重视与执行呢？为什么国家不对家庭参加培训进行规制呢？这仍是受培训政策建设的工具性取向等福利制度建设逻辑影响。因为安全问题是一个社会稳定问题。所以国家对安全生产方面的培训做了具体规制，而且也对从事高危行业的农民工培训做了特殊规定。在家庭规制方面，家庭规制的缺乏也与后全能主义国家相关。其背景是后全能国家的政府刚从社会领域退出，然后才以渐进方式逐步进入私人领域。受统揽型国家思维的影响，政府认为干预私人领域无疑将增加政府的负担与责任。在这种背景下，放松干预或不干预就成为地方政府的理性选择。同时，受中央主导逻辑影响，国家至今也未对农民工家庭参加培训做出具体规定。作为地方政府，肯定不愿意进行制度创新。况且，在国家自主性的分析中已经得出，地方政府的制度设计能力很低。

LZR："要强行规定老表来参加培训也不是不可行。但是要很高成本，你一天给的钱超过老表去外面打工的钱，这些老表肯定愿意坐在这听课。坐着就能赚钱那才好呢。但问题是现在我们没有这样的能力啊。我们现在的就业培训经费才 15 万元，不够塞牙缝的。或者倒退到以前'大锅饭'的时代，估计就好开展了。"

本章小结：通过分析国家在福利制度建设中的作用发现，国家通常可以扮演供给者、融资者与规制者三种角色。但是国家福利角色的扮演与履行与国家的形态相关。后全能主义是当前我国的国家形态，它既继承了全能国家阶段国家对社会的控制惯性思维，又力求给市场和社会以一定的发展空间。这种国家形态影响了国家在福利制度建设中的自主性，使国家在福利制度建设中秉承工具性、中央主导性、渐进性和有限混合的建设逻辑。以上逻辑影响到了我国新生代农民工的培训政策建设，使国家在相关的制度建设中注重考核偏好、忽视地方政府的制度建设能力、不注重融资和规制角色的履行，最终形成了国家目前在新生代农民工培训中的福利角色特征。这些特征对福利三角的关系形态产生了重要影响，影响了国家在农民工培训中的角色履行与关系建构，是福利三角倒置与碎片化的根源。

第七章 结论与相关政策建议

第一节 研究结论

一 研究的主要发现

国家、市场与社会的关系是社会政策研究的永恒主题，三者在福利制度中的关系结构构成了不同的福利制度类型。随着20世纪90年代治理理论的出现，在社会政策领域，也兴起了一股福利治理浪潮。治理意味着多中心、协作、平等与参与等，其实质是要达成多元主体的合作。但是，在不同的福利领域和社会文化场景中，多元主体的合作有不同模式。在我国，由于二元劳动力市场的存在，加上新生代农民工群体就业能力低下，他们在就业中一直处于弱势地位，被主流劳动力市场所排斥。尽管我国现在正致力于推行农民工的市民化，给新生代农民工以均等的公共服务，但如果新生代农民工的就业能力没有提高，他们的就业质量难以改变，即使进入城市也会与城市市民有所差别，使城市社会结构呈现形成"身份—权利—待遇"不一的三元化利益格局。[①] 这种情况与我国的新型城镇化和全面建成小康社会的要求不相适应。因此，提高新生代农民工的就业能力非常迫切。

就业领域的人力资本理论认为，提升个人就业能力的最佳方法是培训。在国外，对就业能力低下者（如青年、失业者、妇女等）进行培训是就业政策的一项重要内容。在西方，20世纪70年代末所开启的福利国家改革浪潮中，就业培训还被赋予了"建立福利权利和责任的平衡"等

---

① 杨敏：《三元化利益格局下"身份—权利—待遇"体系的重建——走向包容、公平、共享的新型城市化》，《社会学评论》2013年第1期。

深刻内涵。福利国家依托其福利体制开展了大量的培训项目，效果显著。例如，英国、德国、西班牙、瑞典等国家都建立了专门的培训项目计划。在福利国家开展培训项目的过程中，它们充分运用了国家、市场与社会的合作关系，建立起了完善的涉及多元主体的培训制度。与此相对，我国从20世纪90年代就提出通过对农民工培训来促进其转移就业。二十多年来，我国初步建立起了涉及农民工培训的制度体系，也一直坚持"整合资源""形成合力"等原则，推动市场、国家、个人、社会机构等在农民工培训中的合作，以促进农民工培训的福利最大化。迄今为止，这项制度的实施效果并不明显，新生代农民工的就业能力并没有很大改观。其背后的根源需要深入探究。

对国家、市场和社会的合作分析，不同的学科有不同的理论解释。在社会政策领域，为了分析福利多元或福利混合的平衡、合作问题，1990年，伊瓦斯提出了著名的福利三角分析框架，认为国家、市场和家庭在福利供给中的互补关系使三者成为一个整体。这一框架后来被社会政策界广泛用于分析国家、市场与社会的合作问题。借鉴这一框架，本研究将研究目的设定为发现目前农民工就业促进领域福利三角的关系形态，以及这种关系形态背后的结构性原因。以此来回答现阶段福利三角中的国家、市场与社会的关系状况是如何形成的，它会对新生代农民工就业促进产生何种影响这一问题。

通过对J省中部地区的A企业的调查，分析政府、市场与家庭在新生代农民工培训中的角色，发现当前新生代农民工就业促进中的福利三角关系呈现出倒置和碎片化特征。倒置的特征是与西方福利国家相比而得出。在西方国家的就业培训中，国家与市场起主要作用，处于福利三角形的上方。而在我国针对新生代农民工培训的福利三角中，福利三角单纯由市场主导，国家发挥的功能有限，角色缺位，这就使福利三角形呈现上头小、下头大特征。碎片化特征体现为正式部门与非正式部门在新生代农民工的培训中未建立起合作关系。尤其是在国家与家庭方面，二者之间的合作更是稀少。

福利三角的倒置与碎片化最终会导致新生代农民工培训的内卷化、分层化、失衡甚至零和博弈。由于福利三角由市场主导，企业基于员工流失风险的担心，当新生代农民工能够适应岗位要求时，企业就会减少对培训的投入，在培训内容上进行重复培训，使新生代农民工的技能水平仅维持在岗位操作水平。在家庭作为配合者、国家又缺位的福利三角关系形态背景下，企业的这一培训逻辑会一直继续下去，因此内卷化状况也就出现了。内卷化的状况制约了新生代农民工就业能力的提升，使其不能有效抵制失业的风险，大大降低了他们在再就业市场上的竞争性。分层化主要体现在培训的马太效应。主要反映企业中就业能力较好、职业技能较高的群体更容易获得培训机会，也更有可能获得家庭对培训的支持，这些机会和支持反过来又促进他们的职业技能提升，在企业中的发展更好。而大部分新生代农民工由于技能有限，在企业中只能从事普通的操作岗位，对就业的需求更多，但所能获得的培训机会缺少，这种状况使其家庭能力严重不足，而这又反过来制约了家庭对他们人力资本提升的支持。由此陷入一个恶性循环之中。分层化的状况反映的是培训结果的"冰山化"，即仅有部分职业技能较高的新生代农民工能获得培训机会，大部分新生代农民工处于"海平面"之下，不被培训制度所覆盖。虽然分层化在任何一个福利制度中都会有所体现，但它会伤害培训制度的公平性。而社会政策就是要不断地与不公平做斗争。因此，分层化的结果要求我们要推动新生代农民工培训制度的改革。福利三角的分层化与碎片化导致我国的福利体系具有明显的失衡风险，使国家、企业和家庭在新生代农民工的培训中不能达成合作，由此造成福利资源浪费。

　　福利三角理论认为福利三角的内部具有自身的张力与整合力。通过对A企业新生代农民工培训福利三角的进一步分析发现，造成福利三角倒置与碎片化的直接原因是其内部的张力和整合力的不平衡。张力主要来自国家、市场和家庭各自的自主性。自主性主要体现为偏好和能力两个方面，偏好受能力的影响，由此这种自主性体现为"嵌入性"色彩，是一种"嵌入性自主性"。对新生代农民工的培训而言，企业的自主性体现为生产偏好与企业能力的结合。基于效应的考虑，会坚持生产偏好，即要求"培训不能影响生产、培训要促进生产"，它使企业乐于在培训中承担责任。同时，企业对培训的积极性，还与企业的生产能力相关。家庭自主性体现为就业效用偏好、文化偏好与家庭能力的结合。家庭对新生代农民工培训的偏好包括就业效用偏好和文化效用偏好两方面，由于家庭能力的不足，家庭更重视在培训中的就业效用偏好，以培训的短期效应作为自己的参与指标。国家自主性体现为考核偏好、福利责任偏好与国家财政能力、制度设计能力的结合。其中考核偏好、制度设计能力对国家参与新生代农民工的培训影响更为重要。国家、市场和家庭的自主性对新生代农民工培训的影响具有双重性。虽然企业的生产偏好、注重教育投资的家庭文化，以及国家的福利责任偏好使福利三角中的任何一方都有为新生代农民工提供培训福利的冲动，但是企业的生产偏好使企业具有与新生代农民工家庭合作的动力，也使企业不愿与政府进行合作；家庭对新生代农民工培训的短期效用偏好决定了当政府和市场能对新生代农民工提供培训时，家庭的投资就会迅速退居其后，由投资者变成协调者；国家的考核偏好和较低的制度设计能力决定了国家仅愿意承担起对新生代农民工培训责任的有限责任，不愿意与市场和家庭合作。以上因素共同决定了福利三角的倒置与碎片化，它们构成了福利三角关系形态的内在张力。

在福利三角中，融资和规制具有整合福利三角的功能。规制是政府特有的能力，融资受政府规制的影响。在新生代农民工培训的福利三角中，融资存在着两个特征，分别为市场为主、国家缺位；资金投入单向性，国家、企业和家庭投资的协同性差。政府规制方面的特征表现有四点，首先，政府对企业的规制多、对家庭的规制少。政府对企业采取了进入规制、数量规制和提供服务规制等规制方法，这些规制涉及企业培训资金的数量与使用、技能岗位的准入、培训补贴的获取等方面。但对家庭的规制仅涉及技能鉴定费用减免和困难人员社会保险补贴。其次，既有规制存在重培训过程、轻培训结果的倾向。再次，进入规制执行较好，数量规制和提供服务规制方面的执行效果稍显不足。最后，惩罚式规制多、激励式规制少。以上特征表明在新生代农民工培训中，融资与规制的使用不充分，导致福利三角的整合力不强，不能有效消解福利三角的内在张力。因此，新生代农民工培训福利三角的张力与整合力的不平衡，也对当前的福利三角关系形态产生重要影响。其中，在国家与家庭之间存在着融资与规制的"结构洞"，它是福利三角碎片化的一个重要因素。

国家中心主义理论认为，融资与规制手段的运用与国家形态的特征密切相关。因为国家特征会影响到国家的自主性、国家对福利的治理逻辑，以及国家福利角色的承担。根据国家自主性的内涵，在借鉴政治学的分析成果基础上，本研究认为后全能主义是当前中国的国家形态。在后全能主义国家形态影响下，工具性、中央主导性、渐进性与有限混合成为了我国福利制度建设的逻辑，这些逻辑特征严重影响到了国家对新生代农民工培训制度的建设。它使国家在相关的制度建设中注重考核偏好、忽视地方政府的制度建设能力、不注重融资和规制角色的履行，最终形成了国家目前在新生代农民工培训中的福利角色特征。因此，后全能国家是形成当前新生代农民工培训的福利三角关系形态的结构性因素。

这些发现共同揭示了，国家是影响新生代农民工培训福利三角的重要变量，甚至是结构性因素。国家形态所决定的福利治理逻辑对福利三角的张力与整合力产生直接影响。这也反映出我国新生代农民工培训政策具有鲜明的国家中心主义特征，呈现出典型的"东亚地区福利国家"特征。[①]

因此可以得出，福利三角框架并不是一个天然的整体，仅仅依靠福利三角的各自动机和文化特征并不必然导致福利三角的平衡与互补。它们的关系既要受到福利三角的嵌入性自主性影响，又要受到更加广阔的政治性空间影响。这一空间主要由国家形态塑造，国家形态通过影响一种福利制度建设的逻辑来对福利三角关系产生影响。福利三角的平衡与合作，需要有一定的政治性空间。如果没有这种环境，福利制度建设难以达到最优化。特别是在我国，福利制度建设具有强烈的国家中心主义特征，它使我国的福利治理理念、公平追求和福利目标与福利国家相比呈现出完全不一样的特征。它也决定了市场与社会在福利制度建设中的角色与作用。因此，在我国，影响新生代农民工培训的福利三角关系形态的深层机制是国家。换句话说，在福利三角中，国家对三角关系的影响超过了市场与家庭。

二　研究发现的理论意义与政策意义

在当前中国福利制度改革的进程中，福利多元主义、治理、公民权利、合作等主题一直吸引着众多学者的关注。在福利制度的建设中，引入

---

① 郑秉文、史寒冰：《试论东亚地区福利国家的"国家中心主义"特征》，《中国社会科学院研究生院学报》2002 年第 2 期。

多元主体的力量、建立多元主体之间的合作也是一个受到广泛赞同的思路。这也符合适度普惠型福利体制的要求。但是，我国引入福利多元主体后会呈现出一种什么样的结果？它们之间的关系会呈现出什么样的与众不同的特征？福利多元主体之间的关系是平衡的吗？福利多元的关系一定会是合作的吗？如果是，福利多元主体之间的合作维度又在哪些？阻碍福利多元主体之间合作的制度与结构因素有哪些？等等一系列的问题都没有引发学者们的关注。

在社会政策界，伊瓦斯所提出的福利三角分析框架将国家、市场与社会放入特定的社会经济文化背景中，认为国家、市场与社会受不同的福利观念影响，它们所代表的福利制度之间是互补关系。这一分析框架有助于平衡福利多元主体的关系。福利三角分析框架自引入我国以来，就被社会政策界广泛应用。特别是在十八届三中全会以来中央政府提出加强和创新社会治理后，福利三角分析框架更被广泛用于社会各领域的合作分析。但是，大量的成果以应用和规范研究为主，缺乏对福利三角分析框架的反思研究。这种研究取向违背了伊瓦斯的初衷。他认为，福利三角的平衡就是基于一定的社会文化背景。因此，离开了特定社会文化背景的分析实际上偏离了福利三角的初衷。

本研究以新生代农民工的就业促进政策为例，研究新生代农民工培训的福利三角关系现状，发现当代中国后全能主义的国家形态所决定的福利治理逻辑对福利三角的张力与整合力产生直接影响，它构成了新生代农民工培训福利三角关系形态的深层机制。这一发现建立起我国的社会结构与福利三角关系形态之间的关联，找寻到了福利多元在我国产生异化的结构原因，既有助于预测福利多元主义在我国福利制度建设中的应用状况，也有助于进一步完善福利多元主义理论和福利三角理论分析框架。以往研究虽然也重视国家的作用，但大都重视国家对福利制度的强调方面，而忽略了国家特征对福利制度建设逻辑的影响。同时，这一研究发现还大大拓展了国家、市场与社会的合作维度，认为三者之间不仅可以在供给层面合作，还可以融资与规制层面合作。在我国，影响三者合作的最重要因素来自于国家。它提示我们现阶段在分析国家、市场与社会的关系时，应将国家中心主义与合作主义理论结合起来，更加关注我国的国家特征对合作关系的影响。同时，这一发现也提示，在讨论社会政策中的国家、市场与社会的关系时，必须结合特定的时空场景来讨论，不能简单地预测三者的关系是合作的、平衡的。这一研究发现有助于完善福利三角理论。

同时，这一发现还有助于帮助我们反思西方国家的福利改革。以往的研究仅看到了国家在福利改革中的退出，而没有看到国家的其他福利角色的转变。受新公共管理理论影响，右派学者认为，在社会政策中，更少的政府被认为是更好的政策。因此，福利多元主义暗含着国家在福利中的角色退化。但左派学者认为，国家仍要保留一个强有力的位置，要改变的只是国家介入福利的方式。本研究通过结合国外就业培训中国家对福利三角关系的营造分析，使我们看到了国家融资者与规制者角色可以有效弥补国家的供给者角色退位，营造出国家、市场与社会合作的关系形态。因此，福利多元主义的兴起，并不仅仅是市场化，也不是国家福利责任的削弱，而是国家福利手段的新运用。这一发现正好印证了福利三角倡导者罗斯（Rose）的观点，"要反对这个谬论，即国家提供福利的减少必然导致社会上福利的减少"。同时还大大拓展了国家、市场与社会的合作维度，对其他福利制度分析也具有借鉴意义。

此外，本研究所发现的国家形态对福利三角关系的塑造作用对中国社会政策建设也具有重要启迪。目前我国的福利制度建设注重价值理念对福利制度建设的影响，注重福利制度建设需要满足、公平、权利等，呈现出典型的社会权利中心特征。这有利于提升社会政策的公平性。但是，社会权利分析是一种应然分析。政策分析需要将应然和实然结合。本研究揭示在当前中国社会政策的制定中也要关注政策的制度空间，因此需要将社会权利中心和国家中心结合起来分析。同时，本研究还发现，目前的社会政策注重国家的供给者角色，忽略规制者角色，对融资者角色区别对待，仅关注国家直接出资而忽略国家对资金筹集的引导，忽略国家规制对资金筹集的积极作用。这些发现可以为适度普惠型福利体制建设提供新思路。在适度普惠型福利体系的建设中，政府不可能大规模承担供给角色和筹资角色，为此可以考虑充分利用国家的规制作用，引导市场和社会在福利制度建设中进行投资，如此才能达成国家、市场与社会的平衡。

第二节 建立新生代农民工培训新福利三角的政策建议

一 新生代农民工培训新福利三角的建设目标与建设思路

（一）建设目标

新生代农民工培训福利三角的倒置与碎片化不利于新生代农民工群体就业能力的提升，会导致培训的内卷化、分层化与失衡，难以实现"就业一人、培训一人"和"培训一人、就业一人"的目标。根据我国新型城镇化的要求及就业促进的要求，需要建立一个针对新生代农民工培训的新福利三角。这一福利三角框架应有效弥补既有培训框架的不足，切实提升新生代农民工的就业能力，增进新生代农民工抵抗失业的风险。

借鉴国外就业培训中国家、市场与社会的关系结构特征，在新福利三角框架中，国家和市场应该居于福利三角形的上方，整个福利三角形应该是均衡的、合作的、有效的。国家、市场（企业）与社会之间不仅是互补关系，还是相互促进的合作关系，市场发挥投资角色、政府发挥支持角色和引导角色、家庭发挥配合角色。福利三方均愿意对新生代农民工进行人力资本投资。同时，新福利三角框架应该能帮助不同层次的新生代农民工提升就业技能，顺利就业，最终完成城市融合、实现真正的市民化。最后，新福利三角给新生代农民工群体提供的培训机会应该是公平的、可及的，而非内卷的、分层的。

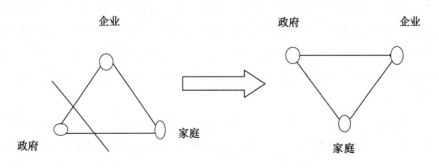

图7—1 新生代农民工培训新、旧福利三角对比图

（二）思路

比较我国目前的新生代农民工培训福利三角与新福利三角的差别，结

合适度普惠型福利体制的特征，新福利三角的建设可以秉持以下建设思路。

第一，以解决倒置与碎片化问题为重点。旧福利三角与新福利三角的最大区别在于福利三角形的倒置与碎片化。具体而言，在旧福利三角中，国家的作用不显著，国家与企业的合作不紧密，在国家与家庭之间存在着融资与规制的"结构洞"。因此，在建设新福利三角的过程中，应该着重解决国家的缺位问题，建立起国家与企业、家庭之间的合作关系。目前，国家与企业的合作渠道已初步建立，国家可以通过补贴方式与企业合作，但是国家与家庭的合作却一直没有建立。因此，解决碎片化问题的重点是要解决国家与家庭之间的融资与规制的"结构洞"问题。这一点，可借鉴伊瓦斯的研究，他认为，国家和家庭、非正式的经济组织之间的福利混合是东方国家和欠发达国家的主要特征。①

第二，改进国家在福利三角中的角色，充分利用好国家的融资与规制功能，促进福利三角的合作。旧福利三角碎片化的直接原因在于缺乏融资和规制的整合，深层原因在于国家的福利治理逻辑。因此，要建构新生代农民工培训的新福利三角，应从深层原因入手，纠正国家的福利治理逻辑，发挥好国家的规制功能与融资的引导功能，促进福利三角的平衡。而规制功能和融资引导功能的发挥，恰恰有利于减少国家对新生代农民工培训的直接投入，符合适度普惠型福利体制的要求。实际上，国家福利角色的改变在福利国家早已进行。贾奇（Judge）认为，英国的社会政策正从占主导地位的集体主义思潮朝向更有生命力（国家只作为一个有能力提供者）的观念转变，"有能力"的国家更侧重于"资助、计划、促进和规范服务，而不是生产和发送服务"。因此，要建设新福利三角，需要国家充分做好对企业和家庭在新生代农民工培训中的资助、计划、促进和规范工作。

第三，约束国家、企业与家庭中不利于培训的自主性。国家、企业与家庭的自主性中暗含着福利三角的内在张力。这些张力既有各自的偏好使

---

① Evers, J., Shifts in the Welfare Mix – Introducing a New Approach for the Study of Transformations in Welfare and Social Policy, In Evers, A. & H. Wintersberge, *Shifts in the Welfare Mix: Their Impact of Work, Social Services, and Welfare Policies*, Frankfurt am Main: Campus Verlag; Boulder, Colorado: Westview Press, 1990, p. 27.

然，也与各自的能力相关。要使福利三角平衡，除了要加强福利三角的整合力外，还应尽量消解福利三角的内在张力。为此，新福利三角建设的一个重要思路是从消解张力入手，尽量消除国家、企业和家庭中不愿意对新生代农民工进行培训的偏好，增进三者对新生代农民工进行人力资本投资的能力。对福利三角张力的消除，应该通过国家的融资与规制角色进行。

第四，注重建构有利于三者合作的长效机制。西方国家的福利多元经验显示，张力与整合力的均衡只能保持福利三角的平衡，要使福利三角之间相互合作，需要有相应的社会文化和相应的政治支持空间。从发达国家经验看，国家、市场、社会在福利制度中的地位平等与相互信任、公共部门和私人部门伙伴关系的建构等是福利三角平衡的重要社会基础。为此，新福利三角的建构需要从更为宽广的制度文化空间入手。

二　新生代农民工培训福利三角均衡的具体建议

（一）国家应适当承担起供给者角色，履行好国家对培训的托底责任

要解决福利三角的倒置，首先需要解决国家在培训中的缺位问题。而最直接的方法就是国家承担起供给者角色，通过国家供给来凸显国家责任。事实证明，国家角色的退出会形成以市场为主导的培训格局，但职业培训的市场化使农民工家庭不会承担培训责任，导致大量的农民工无法接受职业培训。虽然我国已建立了劳动预备制度，但执行效果不佳，且仍是属于收费式教育，市场化特征明显；公共培训机构所提供的培训机会非常缺少，特别是对已就业的新生代农民工而言，几乎没有机会获得公共培训机会。国家的义务教育制度只覆盖到初中，且以文化教育为主，没有相关的职业教育训练。

鉴于此，国家应适当承担起新生代农民工培训的供给者角色，履行好国家对培训的托底责任。

在国外，政府的托底责任体现在通过发达的职业就业体系和公共就业服务体系来为社会成员提供普惠式的培训福利上，保证大部分社会成员都有机会接受培训。例如在德国和北欧国家，发达的职业教育体系保证了劳动者可以接受充足的职业训练。即使是在福利非商品化程度较高的美国，政府对职业教育方面也建立了中等学校和职业学校之间的无缝连接。甚至在中学就给学生提供职业教育，提升他们的就业能力。这种做法大大缓解了西方国家的结构性失业问题，非常值得我国借鉴。

对我国而言，国家一方面应该利用公共就业机构为新生代农民工开展最基本的培训。目前我国的县级公共就业服务机构主要以提供就业咨询、信息服务为主，还未开展培训服务。而且县级公共就业服务机构的培训鉴定资格不足，许多职业技能鉴定只能在市（地）级培训机构开展，阻碍了县级培训机构开展培训的动力。这方面可以借鉴美国和加拿大的经验。20世纪初以来，美国和加拿大开始大力推广"一站式"就业服务中心，它不仅涉及原来的公共职业介绍机构，还向社区和院校延伸。其服务内容已从过去单纯地提供职业指导和咨询，拓宽到为求职者提供自我学习、培训设施，提供失业救济，推荐培训项目等多方面的服务。[1] 在就业服务中心内，求职者可以获得最基本的培训技能，如使用电脑、如何填写简历、如何面试等。例如，1998年，美国国会通过了劳动力投资法案（workforce investment act）（简称WIA项目），规定任何一个到"一站式"就业服务中心寻找工作的人，都能获得职业生涯发展规划，以及进入一系列职业教育项目的资格。[2]

另一方面，国家可以通过已有的教育体系为新生代农民工提供培训。具体而言，可以有两种方法，一是在高中教育阶段增加技能课程训练。例如，美国20世纪90年代开始在高中最后两年加强文化课程与职业技术课程的结合，增进高中生操作、动手和掌握技术的能力。[3] 二是利用好现有的职业技术教育体系。我国虽然已建立了完善的职业技术教育体系，它们中的大部分虽仍保留着公办特征，但基本坚持市场化运作原则。从2008年开始，我国重建了县级职业中专，主要用以开展劳动预备培训。但培训仍属于付费性质，加上师资问题使职业中专的招生一直不理想，导致大部分职业中专处于闲置状态。为此，国家可以考虑借鉴国外方法，将职业中

① 劳动和社会保障部赴美国、加拿大考察团：《赴美国、加拿大考察培训和就业情况汇报》，《职业技能培训教学》2000年第2期。

② Congressional Digest Corporation, Analysis of Federal Employment and Training Programs, *Congressional Digest*, Vol. 93, No. 3, March 2014.

③ 关山：《美国的职业技术教育》，《创业者》1997年第5期。

专与劳动预备培训整合起来，将一部分职业培训经费转入职业中专，使其为新生代农民工提供免费的培训服务，新进入劳动力市场的农民工和有培训需求的新生代农民工都可以进入职业中专学习。通过职业中专为新进入劳动力市场的新生代农民工提供普惠型的培训福利。这也是落实 2010 年国务院办公厅发布的《关于进一步做好农民工培训工作的指导意见》的要求。该意见提出，力争使符合条件的农村劳动力尤其是未能继续升学的初、高中毕业生都能接受中等职业教育。逐步实施农村新成长劳动力免费劳动预备制培训。

（二）强化国家的融资角色

融资角色体现在投资角色和筹集角色，前者体现了国家责任，后者可以引导资金在福利三角内流动，增进福利三角的合作。霍华德·格伦内斯特曾对福利财政的混合方式有过深入研究，认为对政府而言，为福利提供资金支持的方式有多重形式。政府可以采取最低限度的干预措施，可以征收税款，然后将税收所得发放给人们，可以直接给现金，甚至也可以是准现金，如代金券，从而使得某一笔钱只能用来购买某一种服务。①

在投资方面，目前我国对新生代农民工培训的投资不足。就业专项基金中，用于农民工培训的经费比例较低。以 A 企业所在地为例，2013 年该地的就业专业基金是 600 万元，但用于农民工培训的经费只有 15 万元，仅占 2.5%。2008 年我国全年用于农民工培训的资金约为 49.19 亿元，其中中央财政投入 44.15 亿元，地方财政 5.04 亿元。②全年我国用于就业补助的经费为 1138.92 亿元③，农民工群体所占的比例仅为 4.31%。至 2020年，我国要达到"就业一人、培训一人"的目标，必须要加大国家的财政投入。目前，我国用于就业的财政投入明显偏低，就业经费占社会保障总支出的比重为 6.3%。2007 年，我国社会保障总支出中，就业补助占

---

① 霍华德·格伦内斯特：《英国社会政策论文集》，商务印书馆 2003 年版，第 191—192 页。

② 韩俊、汪志洪等：《农民工培训实态及其"十二五"时期的政策建议》，《改革》2010年第 9 期。

③ 参见人力资源和社会保障部：《人力资源和社会保障部 2008 年部门决算》（http：//www.mohrss.gov.cn/index.html）。

6.5%；2010 年这一数值为 7%；2012 年又降到了 5.8%。根据规划，我国在 2015—2020 年间每年要培训 1100 万农民工。即使中部地区的最低补贴标准，即每人每年 300 元，每年需要的培训补贴经费也要达到 330 亿元。而 2012 年全国用于就业补助的经费仅为 72.74 亿元。[①] 为此，要促进农民工培训，首先要加大国家对就业资金的投入。发达国家用于劳动力培训的资金占积极劳动力市场政策的比例一直非常高。1990 年，意大利用于培训的资金占积极劳动力市场政策的比例达到 84.4%，法国达到 53.8%，德国为 51.5%。2000 年，这一比重稍微下降，但是仍占很大份额，意大利的比重为 47.2%，法国为 33%，德国为 46.2%。至 2008 年，意大利的比例为 41.9%，法国为 35.7%，德国为 40.3%。而且，培训投资大部分由国家支出，私人支出仅占很小的比例。2001 年，在教育和培训资金中，奥地利的公共支出占 GDP 的比重为 3.8%，私人支出占 GDP 的比重为 0.1%；法国的比例分别为 4% 和 0.2%；英国的比例为 3.4% 和 0.5%。[②] 与欧盟各国相比，我国的培训资金投入明显偏低。

表 7—1　　　欧盟各国培训开支占积极劳动力市场政策总投入的比重　　（单位：%）

年份	1990	2000	2008
比利时	16.1	17.2	13.9
捷克	3.2	11.1	6.7
丹麦	31.3	52.0	31.1
法国	53.8	33.0	35.7
德国	51.5	46.2	40.3
匈牙利	27.5	16.2	21.4
意大利	84.4	47.2	41.9
荷兰	34.3	13.0	17.1
西班牙	39.7	26.4	29.3
瑞典	42.2	46.2	8.9

---

① 根据 2007—2012 年全国财政社会保障支出情况计算得出。

② Tessaring, M. & J. Wannan, *Vocational Education and Training - key to the Future*, Lisbon - Copenhagen - Maastricht: Mobilising for 2010, p. 30.

续表

年份	1990	2000	2008
瑞士	12.5	50.7	47.8
英国	64.2	18.2	6.5

注：欧盟的积极劳动力市场投入包括实习工作、工作搜寻支持、效益管理、培训、雇佣刺激、直接工作创造等方面。数据引自 Clasen, J. & D. Clegg, *Regulating the Risk of Unemployment: National Adaptations to Post - industrial Labour Markets in Europe*, New York: Oxford Universtiy Press, 2011: 354.

在引导资金流动方面，主要是要使资金能在国家、市场和家庭中流动起来，循环使用。流动的方式有许多，如购买服务、共同出资、发放培训补贴等。目前的资金大部分是在国家系统内流动。在西方国家社会福利资金供给中，已经出现了明显的公私混合现象。而我国农民工培训资金的流动完全封闭化，很难产生公私混合。例如，农业部门的"阳光工程"和扶贫系统的"雨露计划"培训资金都在政府内部流动，并且通过委托给公立的职业学校进行培训。由于没有资金的流动，不能将企业和家庭整合进培训中。为此，一方面要推动培训资金直补农民工家庭做法。只要农民工达到了职业水平（如获得了培训证书或通过职业技能鉴定），就应该获得补贴。另一方面要大力推动政府购买培训服务。通过政府向市场或社会购买培训服务，可以将国家、市场、社会与家庭紧密连接起来。在国外，政府购买培训服务是福利多元主体合作的主要形式。例如，美国从1978年就在全国成立了460个私人工业委员会，具体负责职业培训工作，与政府签订承包培训合同，再由它们转包给其他私人培训单位。[1] 我国从2003年就提出要推广"培训券"等政府购买服务的方法，但至今为止还未大范围铺开，今后需要重点推进。

再者，应加大培训补贴的力度、改变培训补贴的发放方法。目前的培训补贴不论是对企业还是对新生代农民工的家庭都无吸引力。目前的培训补贴力度较小，以J省为例，工业园区培训为300元/人，家庭服务业培训为600元/人，创业培训最高为1000元/人，结合这些培训的所需时长，

---

① 关山：《美国的职业技术教育》，《创业者》1997年第5期。

可见培训补贴仅够农民工的日常开支，对企业和农民工个人没有吸引力。即使是在发达地区，培训的金额也偏少。例如，2013 年上海宝山区第六批补贴金额为 315 万元，补助人数 9000 人，人均仅有 350 元，与中部地区的江西相差不大。而在德国，培训补贴还包含住房、交通补助等范围。在培训补贴的发放上，我国采取事后发放方法，一般而言是在递交培训申请 7 天之后经费才会拨付到账，这种申请方式有奖励嫌疑，促进作用有限。

最后，要增加政府的融资手段，实施多元化的融资方式。目前的融资仅以财政补贴为主，中央政府和地方政府各自都要承担补贴责任，所筹集的资金有限。德国为鼓励中小企业参加培训，缓解小企业难以单独承受培训负担的矛盾，政府尤其鼓励和支持跨企业和企业外的民间培训中心通过内容丰富的计划来充实和补充企业中的培训。规定中小企业多创造一个培训岗位可以申请到 3 万到 10 万马克的贷款。[①] 借鉴国外做法应增加多元的融资渠道，一方面政府要督察落实企业培训经费的提取情况；另一方面应充分利用金融、税收、社会保险补贴等多种方法，使资金来源多元化。其中，可重点借鉴福利国家的做法，用失业保险金来补贴新生代农民工的培训。目前，我国的失业保险金还有较大的利用空间。2013 年，我国失业保险金的收入总额达到 1289 亿元，支出仅为 532 亿元，节余有 757 亿元，年末累计节余 3686 亿元。[②] 按 2013 年的支出水平，目前的失业保险金节余足够支付未来 6 年的失业保险。因此，可以考虑将一部分节余失业保险金投入就业补贴中，用作新生代农民工的就业培训。

（三）加强和改进国家对企业和家庭的规制

规制角色是国家重要的福利角色。乌戈（Ugo Ascoli）和费斯塔（Costanzo Ranci）通过研究欧洲国家福利混合经济的变化时发现，欧洲国家在福利改革的过程中，通过市场化运动貌似减少了规制，但实际情况是，福利国家不得不对服务的供给者提供更多更适合的激励。例如，为服务供给者的福利行为制定有效或无效的标准，改变他们组织化的法令以促

---

① 陈凌：《德国劳动力市场与就业政策研究》，中国劳动社会保障出版社 2000 年版，第 174 页。

② 人社部：《2013 年度人力资源和社会保障事业发展统计公报》（http：//www. mohrss. gov. cn/SYrlzyhshbzb/zwgk/szrs/ndtjsj/tjgb/201405/t20140529_ 131147. htm）。

进服务的供给，为政府融资环境进行重新谈判。这些都充分说明福利国家对规制（尤其是激励式规制）手段的运用更加娴熟。因此，他们指出，福利国家的角色与其说是回到市场，倒不如说国家是福利管理系统新规则的介绍者。① 在美国，为促进失业者参加培训，采用了多样化的规制方法。美国劳工部曾指出，以动员和强制性方式相结合，促使失业者参加的培训和就业计划，是 20 世纪末美国政府督促失业劳工就业的主要形式。②

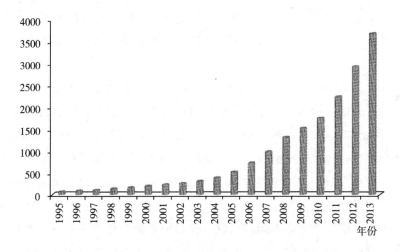

图 7—2　我国失业保险金的节余状况（单位：亿元）

资料来源：1995—2011 年数据来源于中华人民共和国主管：《中国财政年鉴（2012 年卷）》，中国财政杂志社 2012 年版，第 533 页。2012—2013 年数据来源于2012 和 2013 年度的人力资源和社会保障事业发展统计公报。

　　规制具有直接促进行为主体进行投资的效果。国外经验表明，充分利用好国家的规制角色对企业和家庭进行规制可以有效提升企业和家庭在培训中的参与程度。针对我国现有规制情况，应做好以下几点。

　　首先，要继续执行现有的职业岗位准入规制和生产安全规制。我国已有的职业岗位准入规制与生产安全规制对企业的新生代农民工产生了很好

① Ascoli, U. & C. Ranci, Changes in the Welfare Mix: the European Path, In Ugo Ascoli and Costanzo Ranci, *Dilemmas of the Welfare Mix: The New Structure of Welfare in an Era of Privation*, New York: Kulwer Academic/Plenum Publishers. 2002, p. 237.

② U. S. Department of Labor, *Training and Employment Report of the Secretary of Labor*, Washington D. C.: U. S. Government Printing Office, 2000, pp. 75—76.

作用，使企业不得不重视。目前，新生代农民工就业技能较高的群体都是由于这两条规制而获得了就业能力，或者说获得了就业机会。因此，我国应继续做好这两条规制的监督和执行。其次适当增加企业的培训经费规制水平，并严格执行。结合国外对企业培训经费的规制情况可知，目前我国对企业培训经费的规制水平较低，仅占企业生产成本的1.5%。2000年欧盟部分国家继续职业培训费用占企业总劳动成本的百分比均超过或达到2.4%[1]，远超过了1.5%的比例。而且，即使是现有的规制水平，许多地方都面临着执行不严格问题。下一阶段，可考虑适当增加规制水平，并严格执行。

其次，对企业的员工培训进行直接规制，促进企业开展新生代农民工培训。世界银行指出，企业自主进行的培训通常是开发劳动力技能的最好方法，而且效益最高，政府组织的培训已被各国实践证明是代价高昂的，而且弊端很多。现有规制仅针对企业的培训经费，而未针对企业开展培训的情况。在国外，许多国家都对企业开展培训的情况进行直接的规制。1988年，德国成立了职业培训运作集团，要求每个企业都必须配有内部企业培训场所，举办企业内部培训。葡萄牙要求所有的员工每年要有一定数量的培训时间（2003年为20个小时，2005年增加到35个小时），并且每个公司每年要有10%的员工参加继续学习。[2]因此，可考虑对企业开展新生代农民工培训的情况进行直接规制。要求企业必须组织新上岗的新生代农民工参加培训，并规定农民工每年参加培训的时间。

再次，对企业增加激励式规制。惩罚式规制会对企业产生成本，引起企业抵制。目前，政府对企业规制最大的问题在于激励规制少。《就业促进法》虽然规定我国实行有利于促进就业的金融政策，增加中小企业的融资渠道，加大对中小企业的信贷支持，但并没有为这些政策制定具体的操作措施。下一阶段，应考虑在税收返还与优惠、信贷、社会保险减免、招工与安全支持等方面对企业开展新生代农民工的培训进行激励规制，设置好阶梯式的激励方案，提升企业的培训积极性。

最后，改变准入规制只注重过程而忽视结果和效率的取向。注重对培

---

① 李新功：《欧盟职业培训政策与实践》，中国经济出版社2005年版，第222页。

② 杨雪：《欧盟共同就业政策研究》，中国社会科学出版社2004年版，第145页。

训过程的规制是福利供给科层化的典型体现，容易使培训形式化。在英国培训政策中，学者们也对注重过程规制的培训现状提出批评，认为这样会使整个计划永远停留在浩如烟海的文书官僚程度中，更多的资金会花费在申请报告中，而不是为那些最需要帮助的人提供服务，这是一种官僚文牍主义的表现。这种情况在我国新生代农民工的培训政策中已有所体现。培训资金申请程序麻烦、材料准备烦琐等问题严重影响了申请者的积极性。因此，需要放松这种规制方法，转而对培训结果进行规制，也即培训补贴的发放应该根据培训证书来进行，只要新生代农民工完成了额定时长或取得了职业资格证书，就可以以个人名义申请培训补贴。这种方法可以帮助政府从烦琐的培训过程监管中解脱出来，而又具有灵活性，可以增加企业和家庭的培训积极性。

对家庭而言，目前在新生代农民工培训领域，国家对家庭几乎不存在规制。为此，可考虑采用对家庭实施惩罚性规制和激励性规制并重的方法。在西方，就业能力低下者之所以愿意参加培训，除因为可以获得培训补贴外，还因为培训与各种惩罚措施相连（如将培训与工作的获取资格、福利的获取资格等衔接起来）。在德国，参加培训是获得工作的必须步骤。在英国的新政计划中，长期失业者如果不参加培训将不能获得就业。1980年美国政府规定，凡接受救济的单亲家庭，若每周工作时间低于30小时就必须参加培训，否则将终止其接受救济的资格。

目前我国的家庭不愿意对新生代农民工进行培训投资，一个直接原因是国家没有对家庭的投资行为做具体规制。综合现有条件，可考虑将劳动预备制度变成强制规制，要求新生代农民工在进入职场前，必须参加劳动预备培训。劳动预备培训的时间不长，目前限定在3—6个月，不会给新生代农民工的家庭增加过多的经济压力。劳动预备培训可以依托县级职业中专开展，这样就使培训所需的资金投资不高，也不会加重国家的财政负担。这既有利于提升新生代农民工的就业技能，又有利于改善我国的职业教育体系。另外，还应对家庭采取激励性规制。目前的激励性规制只涉及技能鉴定补贴，所能产生的激励效果有限。为此，可将培训与求职结合起来，建立培训时长与公共就业服务的关系，对培训时长超过一定限度的家庭实行公共就业服务方面的奖励。此外，还可以将培训与失业保障金联系起来，鼓励新生代农民工家庭利用失业保险参加培训，并给予相应的优惠。

（四）建立制度化的公私合作伙伴关系

在国外，就业培训中的福利多元之所以能够合作，在于它们建立了制度化的公私伙伴关系。例如，美国1982年的《岗位培训伙伴关系法》倡导在联邦、州和地方之间，以及政府与私有企业之间建立双重伙伴关系。而且，本书也发现公私伙伴关系的营造是为了使福利三角有相应的政治支持空间。虽然公私伙伴关系具有多种形式，但是根据合作治理理论，其核心是要建立起多方的参与机制，使参与的多方既有共享的空间，又能共同决策。这需要有制度化的参与平台与参与机制。例如，在美国，之所以培训中的公私伙伴关系能建立，在于在1982年法案后，成立了代表企业利益的"私有工业委员会"，该委员会由25人组成，半数以上来自私有企业，其余则是来自地方政府部门、教育机构、工会和居民代表。该委员会负责选择项目合作对象，协同制订项目实施计划、程序和标准。在运作中，私有工业委员会通过与地方政府达成协议，确定彼此的义务与责任，确定培训计划的程序，批准提供培训服务的机构及其服务期限、内容和受训劳工经费标准，审理并批准劳工的申请。通过该委员会，公私之间建构起了制度化的合作桥梁。对于我国而言，当前国家对福利制度的治理逻辑建设已注意到了公私伙伴关系的效能，但在相应的制度化方面进展依旧较慢。从国外经验看，公私伙伴关系的营造与国家角色密切相关。为此，需要科学规定国家角色，给社会组织、企业、家庭以一定的发展空间，政府应对与农民工培训相关的社会机构、企业与家庭给予相应的鼓励和资助。此外，还需积极拓展国家、市场和社会的合作范围，设立市场和社会参与培训制度的制度化方式。通过制度化的参与来建立国家、市场与社会在新生代农民工中的彼此信任。最后，还要探索多样化的公私合作方式。除政府购买服务外，还应积极探索公私合营、规制等合作形式。

第三节　研究的创新之处与不足

一　创新之处

首先，研究框架新颖。目前，关于对农民工就业的研究大都是单一侧面的研究，侧重从国家、市场、社会的一个维度去解释农民工的就业培训问题。少数研究虽然考虑到了国家、市场与社会的综合作用对农民工就业的影响，但是所提出的对策主要是从权责出发来讨论，而未考虑三者的互动所造成的就业影响。在此背景下，本研究从福利三角的理论出发，结合我国现实建立起农民工培训领域的新福利三角分析框架，将能弥补之前研究的不足。

其次，研究视角的创新。当前对农民工就业政策的研究，以市场取向和社会权利取向为主，而忽略了国家逐步进场的现实。在国家不断加强对农民工就业政策的供给前提下，迫切需要引入国家中心主义的观点。本研究坚持从国家中心主义视角出发来研究农民工培训的合作治理，将弥补之前研究的不足。

最后，研究假设的创新。为突破国家、市场与社会的合作困境，本研究将国家、市场与社会看成具有自主性的行动者，认为正是由于三者自主性的差异导致国家、市场与社会的合作异化现象，这有助于更加精准地把握当前农民工培训中国家、市场与社会不合作的根源，所提出的对策也更符合现实。

二 研究的不足

本书以一个企业为线索，对企业、企业内的新生代农民工与其家庭、企业所在地的地方政府展开调查，以此来反映新生代农民工培训的福利三角状况，这种个案研究方式在研究方法上存在不足。而且，所选择的企业为一家化工企业，有着行业的特殊性，在代表性上也有不足。调查所涉及的新生代农民工群体样本量偏少，会大大制约了研究的科学性。另外，对家庭的访谈方面，主要以新生代农民工自身的自述为主，使研究对家庭的自主性分析存在许多局限。

最后，本研究从国家中心主义角度出发，侧重研究来自国家的因素对福利三角中规制和融资的影响，研究虽发现了现阶段的国家形态特征与国家的福利治理逻辑之间的关系，但这种研究取向也相对忽略了其他变量（例如文化、经济、制度等）对福利三角的影响。而且，本书用后全能国家来形容现阶段的国家形态，这一概念的科学性还需要接受学术界的进一步检验。

第四节　余　论

本书发现，福利三角的整合并不必然依靠国家、市场与社会的各自动机，还需受三角中融资与规制的影响，因为动机会随着文化场景和各个领域福利供给的不同而变化。在一个新兴的福利领域，要使国家、市场与社会在福利供给中彼此合作，国家的进场逻辑至关重要。

国家的进场逻辑实际上反映了国家该以一种什么样的方式进入福利领域。新中国成立后，我国政府在福利制度建设中经历了几种身份的变迁。在很长一段时期，国家处于统揽福利状态，导致国家负担过重。后来受新自由主义影响，国家从福利领域里退出，退出的方式是供给者角色退出，但仍保留部分融资者角色。进入 21 世纪后，我国又开始纠正福利的市场导向，国家又开始逐步进入福利领域，并提出了建立适度普惠型福利体制的目标。在此背景下，国家开始加强对福利制度建设。但我国目前的财政能力还不足以保证我国能像福利国家一样为社会成员提供充足和完备的福利。为实现社会福利的供给最大化，国家还需要扮演好供给者和规制者的角色。其中，尤其是要扮演好规制者的角色。因为规制影响着社会和市场的参与。一直以来，我国政府更喜欢使用管制式而非激励式的手段来对市场和社会进行规制，导致融资效果不理想。管制式和激励式规制手段的使用反映了政府对福利治理的不同价值观。因此，福利的治理，首先需要国家从改变自己的价值观出发，端正好自己的角色，成为一个有效的规制者。

参考文献

［1］埃里克·诺德林格：《民主国家的自主性》，江苏人民出版社 2010 年版。

［2］安东尼·吉登斯：《社会的构成：结构化理论大纲》，生活·读书·新知三联书店 1998 年版。

［3］安东尼·吉登斯、帕德里克·戴蒙德：《欧洲模式：全球欧洲，社会欧洲》，社会科学文献出版社 2010 年版。

［4］安德鲁·格林：《新自由主义时代的社会民主主义——1980 年代以来的左翼和经济政策》，重庆出版集团、重庆出版社 2010 年版。

［5］保罗·皮尔逊：《福利制度的新政治学》，商务印书馆 2004 年版。

［6］北京市农村工作委员会、北京市财政局、北京市农村经济研究中心：《北京市农村劳动力转移培训的实践与探索》，中国农业出版社 2004 年版。

［7］彼得·埃文斯、迪特里希·鲁施迈耶、西达·斯考切波：《找回国家》，生活·读书·新知三联书店 2009 年版。

［8］彼得·泰勒—顾柏：《新风险、新福利——欧洲福利国家的转变》，中国劳动社会保障出版社 2010 年版。

［9］蔡定剑：《中国就业歧视现状及反歧视对策》，中国社会科学出版社 2007 年版。

［10］蔡和、刘林平、万向东：《城市化进程汇总的农民工——来自珠江三角洲的研究》，社会科学文献出版社 2009 年版。

［11］陈凌：《德国劳动力市场与就业政策研究》，中国劳动社会保障出版社 2000 年版。

［12］崔传义：《农民工进城就业与市民化的制度创新》，山西出版社 2008 年版。

［13］丹尼尔·F. 史普博：《管制与市场》，上海人民出版社 1999 年版。

［14］弗兰茨—克萨韦尔·考夫曼：《社会福利国家面临的挑战》，中国商务出版社 2004 年版。

［15］弗朗西斯·福山：《国家构建：21 世纪的国家治理与世界秩序》，中国社会科学出版社 2007 年版。

［16］高嵩：《美国社会经济转型时期的就业与培训政策（1945—1968）》，人民出版社 2011 年版。

［17］葛正鹏、王宁、琚向红：《农民工就业问题研究——基于浙江省新生代农民工视角》，中国水利水电出版社 2009 年版。

［18］郭忠华、刘训练：《公民身份与社会阶级》，江苏人民出版社 2007 年版。

［19］国家人口和计划生育委员会流动人口服务管理司：《中国流动人口发展报告 2010》，中国人口出版社 2010 年版。

［20］国家人口和计划生育委员会流动人口服务管理司：《中国流动人口发展报告 2012》，中国人口出版社 2012 年版。

［21］国家卫生和计划生育委员会流动人口司：《中国流动人口发展分省报告 2013》，中国人口出版社 2013 年版。

［22］国家卫生和计划生育委员会流动人口司：《中国流动人口发展报告 2014》，中国人口出版社 2014 年版。

［23］国际劳工组织：《2013 年全球就业趋势：就业行情二次探底回升》，中国财政经济出版社 2013 年版。

［24］国务院农民工办课题组：《中国农民工发展研究》，中国劳动社会保障出版社 2013 年版。

［25］哈特利·迪安：《社会政策学十讲》，格致出版社、上海人民出版社 2009 年版。

［26］胡鞍钢、程永宏、杨韵新：《扩大就业与挑战失业——中国就业政策评估（1949—2001）》，中国劳动社会保障出版社 2002 年版。

［27］黄锟：《中国农民工市民化制度分析》，中国人民大学出版社

2011 年版。

［28］霍华德·格伦内斯特：《英国社会政策论文集》，商务印书馆 2003 年版。

［29］吉姆·克里夫顿：《盖洛普写给中国官员的书》，中国青年出版社 2012 年版。

［30］加里·贝克尔：《人力资本理论——关于教育的理论和实证分析》，中信出版社 2007 年版。

［31］简新华、黄锟：《中国工业化和城市化过程中的农民工问题研究》，人民出版社 2008 年版。

［32］考斯塔·艾斯平—安德森：《福利资本主义的三个世界》，法律出版社 2003 年版。

［33］李朝晖：《农民工收入分配与劳动就业问题研究》，经济科学出版社 2013 年版。

［34］李钦湧：《社会政策分析》，巨流图书公司 1994 年版。

［35］李善同：《农民工在城市的就业、收入与公共服务——城市贫困的视角》，经济科学出版社 2009 年版。

［36］李新功：《欧盟职业培训政策与实践》，中国经济出版社 2005 年版。

［37］梁茂信：《美国人力培训与就业政策》，人民出版社 2006 年版。

［38］林万亿：《福利国家——历史比较的分析》，巨流图书公司 2006 年版。

［39］刘国永：《我国农村劳动力转移培训的公共政策研究》，中国矿业大学出版社 2012 年版。

［40］鲁昕主译：《技能促进增长——英国国家技能战略》，高等教育出版社 2010 年版。

［41］罗兰德·斯哥：《地球村的社会保障——全球化和社会保障面临的挑战》，中国劳动社会出版社 2004 年版。

［42］马丁·鲍威尔：《新工党，新福利国家？英国社会政策中的"第三条道路"》，林德山、李资姿、吕楠译，重庆出版社集团、重庆出版社 2010 年版。

［43］马凤芝：《转型期社会福利的内卷化及其制度意义》，北京大学

出版社 2010 年版。

［44］马尔科姆·沃特斯：《现代社会学理论》，华夏出版社 2004 年版。

［45］马里欧特：《现代英国》，商务印书馆 1973 年版。

［46］迈克尔·希尔：《理解社会政策》，商务印书馆 2003 年版。

［47］毛立言：《世界主要国家劳动就业政策概观》，中国大百科全书出版社 1995 年版。

［48］莫荣：《国外就业理论、实践和启示》，中国劳动社会保障出版社 2014 年版。

［49］尼尔·吉尔伯特：《激活失业者——工作导向型政策跨国比较研究》，中国劳动社会保障出版社 2004 年版。

［50］尼尔·吉尔伯特：《社会福利政策导论》，华东理工大学出版社 2003 年版。

［51］诺曼·巴里：《福利》，吉林人民出版社 2005 年版。

［52］帕特丽夏·威奈尔特：《就业能力——从理论到实践》，中国劳动社会保障出版社 2004 年版。

［53］朴炳铉：《社会福利与文化——用文化解析社会福利制度的发展》，商务印书馆 2012 年版。

［54］R. 米拉什：《资本主义社会的福利国家》，法律出版社 2003 年版。

［55］沈琴琴、杨伟国：《全球视野下的劳动力市场政策》，中国劳动社会保障出版社 2008 年版。

［56］宋艳：《进城农民工弱势地位改变研究——政府人力资源管理的视角》，吉林大学出版社 2010 年版。

［57］王健：《中国政府规制理论与政策》，经济科学出版社 2008 年版。

［58］王俊豪：《管制经济学》，高等教育出版社 2007 年版。

［59］王绍光、胡鞍钢：《中国国家能力报告》，辽宁人民出版社 1993 年版。

［60］王雁琳：《政府和市场的博弈——英国技能短缺问题研究》，浙江大学出版社 2013 年版。

［61］文学国:《政府规制:理论、政策与案例》,中国社会科学出版社 2012 年版。

［62］沃尔夫冈·麦克尔、亚历山大·佩特林、克里斯蒂安·亨克斯等:《社会民主党的改革能力:西欧六国社会民主党执政政策比较》,重庆出版集团 & 重庆出版社 2009 年版。

［63］伍威·弗里克:《质性研究导引》,重庆大学出版社 2011 年版。

［64］吴玉韶:《中国老龄事业发展报告 (2013)》,社会科学文献出版社 2013 年版。

［65］吴玉韶:《中国养老产业发展报告 (2014)》,社会科学文献出版社 2014 年版。

［66］西奥多·W. 舒尔茨:《论人力资本投资》,北京经济学院出版社 1990 年版。

［67］西达·斯考切波:《国家与社会革命——对法国、俄国和中国的比较分析》,上海世纪出版社集团 2013 年版。

［68］夏大慰、史东辉等:《政府规制:理论、经验与中国的改革》,经济科学出版社 2003 年版。

［69］杨建文:《政府规制:21 世纪理论研究潮流》,学林出版社 2007 年版。

［70］杨晓军:《农民工就业技能培训模式研究》,中国社会科学出版社 2011 年版。

［71］杨雪:《欧盟共同就业政策研究》,中国社会科学出版社 2004 年版。

［72］耶勒·费舍、安东·黑姆耶克:《荷兰的奇迹:荷兰的就业增加、福利改革、法团主义》,重庆出版社 2008 年版。

［73］易松国:《社会福利社会化的理论和实践》,中国社会科学出版社 2006 年版。

［74］翟海源、毕恒达、刘长萱、杨国枢:《社会及行为科学研究法(二)质性研究法》,社会科学文献出版社 2013 年版。

［75］张红凤、杨慧:《西方国家政府规制变迁与中国政府规制改革》,经济科学出版社 2007 年版。

［76］张抗洪:《就业问题——理论与实际研究》,社会科学文献出版

社 2007 年版。

［77］张勇：《拉美劳动力流动与就业研究》，当代世界出版社 2010 年版。

［78］赵曼、刘鑫宏：《农民工就业与社会保障研究》，中国劳动社会保障出版社 2010 年版。

［79］赵永乐：《城乡和谐就业理论：农民工进城对就业影响研究》，江苏人民出版社 2009 年版。

［80］郑功成、黄黎若莲等：《中国农民工问题与社会保护》，人民出版社 2007 年版。

［81］中国就业促进会：《聚焦 2012 中国就业》，中国劳动社会保障出版社 2012 年版。

［82］中国就业培训技术指导中心：《中美德公共就业服务比较——公共就业服务课题报告》，中国劳动社会保障出版社 2013 年版。

［83］《中国流动人口发展报告：2010》，中国人口出版社 2010 年版。

［84］《中国流动人口发展报告：2011》，中国人口出版社 2011 年版。

［85］《中国流动人口发展报告：2013》，中国人口出版社 2013 年版。

［86］《中国流动人口发展报告：2014》，中国人口出版社 2014 年版。

［87］朱善利：《劳动力转移与经济发展——湖南省攸县外出务工模式研究》，经济科学出版社 2008 年版。

［88］朱占峰：《农村剩余劳动力转移培训实效研究》，武汉大学出版社 2014 年版。

［89］邹傥：《二十世纪中国政治：从宏观历史与微观行动的角度看》，牛津大学出版社 1994 年版。

期刊类

［1］安彩英：《促进新生代农民工就业的途径分析——基于社会资本理论视角》，《农业经济》2013 年第 1 期。

［2］白南生、李靖：《农民工就业流动性研究》，《管理世界》2008 年第 7 期。

［3］边文霞：《就业结构内涵、理论与趋势分析——以北京市为例》，《北京工商大学学报》2009 年第 5 期。

［4］财政部社保司：《完善"两体多翼"体制　实现"两分五统"目标——关于统筹农民工培训资金的思考》，《农村财政与财务》2012 年第 3 期。

［5］柴定红：《上海非正规经济发展对农民工就业空间的挤压》，《社会》2003 年第 9 期。

［6］蔡昉：《人口红利与中国经济可持续增长》，《甘肃社会科学》2013 年第 1 期。

［7］蔡昉：《中国的 2 亿—3 亿剩余劳动力到哪里去了》，《国际经济评论》1996 年第 3 期。

［8］蔡昉：《中国劳动力市场发育与就业变化》，《经济研究》2007 年第 7 期。

［9］蔡玲：《提高农民工跨区域就业能力》，《红旗文稿》2003 年第 24 期。

［10］陈东有、钱芳、周小刚：《农民工就业波动现象分析——以农民工为例》2012 年第 12 期。

［11］陈成文、王修晓：《人力资本、社会资本对城市农民工就业的影响——来自长沙市的一项实证研究》，《学海》2004 年第 6 期。

［12］陈洪连、李慧玲：《发展权：农民工培训政策的价值基础》，《当代世界与社会主义》2012 年第 1 期。

［13］陈洪连：《论我国农民工培训政策创新的逻辑路向》，《职教论坛》2012 年第 3 期。

［14］陈宪、黄健柏：《劳动力市场分割对农民工就业影响的机理分析》，《开发研究》2009 年第 10 期。

［15］陈宪、黄健柏：《农民工就业影响因素的主成分分析》，《生产力研究》2009 年第 18 期。

［16］陈雅华：《德国就业促进政策与措施》，《福建劳动与社会保障》2002 年第 11 期。

［17］陈振明：《评西方的"新公共管理"范式》，《中国社会科学》2000 年第 6 期。

［18］陈至发、张玲、郭如平：《新生代农民工就业能力及个体差异研究——基于 1613 个样本数据》，《调研世界》2014 年第 6 期。

[19] 陈志强：《我国失业保险政策变迁的公共政策分析——渐进主义模式的应用》，《中国劳动关系学院学报》2010年第3期。

　　[20] 程名望、史清华、潘烜：《劳动保护、工作福利、社会保障与农民工城镇就业》，《统计研究》2012年第10期。

　　[21] 池秋娜：《顺应人流动新趋势提高流动人的生存发展能力》，《人口与计划生育》2013年第6期。

　　[22] 戴国琴：《民工学校在农民工人力资本和社会资本提升中的作用研究》，《浙江农业学报》2012年第2期。

　　[23] 邓一鸣：《试论我国不同类型地区农村劳动力的剩余及转移》，《农村经济研究》1985年第12期。

　　[24] 丁建定：《德国就业保障与就业促进政策》，《中国社会保障》2005年第5期。

　　[25] 丁开杰：《农民工社会服务的第三方供给研究》，《中共杭州市委党校学报》2013年第2期。

　　[26] 董礼胜、李玉耘：《治理与新公共管理之比较》，《中国社会科学院研究生院学报》2014年第2期。

　　[27] 董克用：《关于"非正规部门就业—分散性就业"问题的研究》，《中国劳动》2000年第12期。

　　[28] 杜剑、李家鸽、赵雪：《促进就业的税收政策——以农民工群体为研究视角》，《生产力研究》2009年第21期。

　　[29] 杜旻：《我国流动人口的变化趋势、社会融合及其管理体制创新》，《改革》2013年第8期。

　　[30] 杜鹏、李一男、王澎湖、林伟：《城市"外来蓝领"的就业与社会融合》，《人口研究》2008年第1期。

　　[31] 段成荣、杨舸、张斐、卢雪和：《改革开放以来我国流动人口变动的九大趋势》，《人口研究》2008年第6期。

　　[32] 方翰青、谭明：《新生代农民工就业能力现状分析与远程职业教育作为》，《现代远距离教育》2011年第4期。

　　[33] 冯虹、李芳：《在京农民工就业状况与城市适应的关系研究》，《中国人力资源开发》2009年第9期。

　　[34] 冯虹、杨桂宏：《户籍制度与农民工就业歧视辨析》，《人口与

经济》2013 年第 2 期。

[35] 冯虹、叶迎：《完善社会正义原则实现农民工就业待遇公平》，《管理世界》2009 年第 8 期。

[36] 冯乐：《北京市流动人口家庭化研究》，《人口与经济》2010 年增刊。

[37] 冯旭芳：《政府、企业、学校三方联动推进农民工职业技能培训》，《中等职业教育》2010 年第 35 期。

[38] 福纳克、塔劳斯：《国家在社会政策中的角色》，《现代外国哲学社会科学文摘》1995 年第 6 期。

[39] 甘满堂：《城市外来农民工街头非正规就业现象浅析》，《中共福建省委党校学报》2001 年第 8 期。

[40] 高飞：《农民工工资政策》，《新农业》2010 年第 9 期。

[41] 高洪贵：《农民工教育培训的困境及其超越——以政府购买公共服务理论为视角》，《现代远距离教育》2014 年第 2 期。

[42] 高君：《促进农民工就业与实现农民工市民化》，《理论月刊》2008 年第 10 期。

[43] 高洋、许艳丽：《转换政府角色　培育民办教育服务市场》，《内蒙古师范大学学报》2006 年第 11 期。

[44] 葛晓巍、叶俊涛：《刘易斯拐点下农民工就业结构及产业结构变化——基于苏、浙、粤的调查》，《经济学家》2014 年第 2 期。

[45] 龚春雷：《英国企业开展员工培训的现状分析》，《职教通讯》2007 年第 12 期。

[46] 顾微微：《论农民工就业扶持中的政府角色》，《科学·经济·社会》2013 年第 2 期。

[47] 顾昕、王旭：《从国家主义到法团主义——中国市场转型过程中国家与专业团体关系的演变》，《社会学研究》2005 年第 2 期。

[48] 关山：《美国的职业技术教育》，《创业者》1997 年第 5 期。

[49] 郭坚刚、席晓勤：《全能主义政治在中国的兴起、高潮及其未来》，《浙江学刊》2003 年第 5 期。

[50] 郭建明：《国家自主性的含义辨析、概念界定与结构分析》，《上海行政学院学报》2013 年第 3 期。

［51］郭亚非、鲍景：《入城农民工就业培训中政府角色定位分析——以云南省调查为例》，《学术探索》2006 年第 3 期。

［52］韩长赋：《中国农民工发展趋势与展望》，《经济研究》2006 年第 12 期。

［53］韩俊、崔传义：《我国农民工回乡创业面临的困难及对策》，《经济纵横》2008 年第 11 期。

［54］韩央迪：《消解与重构：福利三角视角下中国城乡社会保障的衔接研究》，《中国农业大学学报》2008 年第 2 期。

［55］韩兆洲、魏章进：《我国最低工资标准实证研究》，《统计研究》2006 年第 1 期。

［56］赫尔穆特·沃尔曼：《从公共部门转向私有部门，再回归公共部门？——欧洲国家的服务提供：介于国家、地方政府和市场之间》，《德国研究》2011 年第 2 期。

［57］何腊柏：《构建农民工培训体系的几个重要环节》，《中国人力资源开发》2006 年第 3 期。

［58］和震、李晨：《破解新生代农民工高培训意愿与低培训率的困局——从人力资本特征与企业培训角度分析》，《教育研究》2013 年第 2 期。

［59］洪韬：《关于我国机构养老模式发展的思考——基于福利三角范式的视角》，《湖北职业技术学院学报》2012 年第 3 期。

［60］侯亚非、洪小良：《2006 年北京市流动人口家庭户调查报告》，《新视野》2007 年第 2 期。

［61］侯云春、韩俊、蒋省三等：《农民工市民化进程的总体态势与战略取向》，《改革》2011 年第 5 期。

［62］胡凤霞、姚先国：《农民工非正规就业选择研究》，《人口与经济》2011 年第 4 期。

［63］胡秀俊：《农民工培训有效供给不足的原因与对策研究》，《求索》2011 年第 7 期。

［64］胡杨、唐丽娜：《从全能政府到有限政府——市场经济对政府机构改革的必然选择》，《西北大学学报》2001 年第 1 期。

［65］华璐：《双元制对症结构性失业》，《财经》2013 年第 27 期。

[66] 黄宝玖：《国家能力：含义、特征与结构分析》，《政治学研究》2004 年第 4 期。

[67] 黄乾：《大城市农民工的服务需要及满足状况的实证分析》，《西北人口》2008 年第 3 期。

[68] 黄乾：《城市农民工的就业稳定性及其工资效应》，《人口研究》2009 年第 3 期。

[69] 黄乾：《工作转换对城市农民工收入增长的影响》，《中国农村经济》2010 年第 9 期。

[70] 黄日强、刘媚、赵函：《当代职业教育经费的主要来源》，《职教论坛》2009 年第 7 期。

[71] 黄瑞玲、安二中：《经济波动下返乡农民工就业促进机制的创新——基于江苏省 13 市 1106 名返乡农民工的调研》，《现代经济探讨》2011 年第 9 期。

[72] 纪韶：《改革开放以来的中国农民工就业政策社会效应评估研究》，《经济与管理研究》2010 年第 10 期。

[73] 纪韶：《中国农民工流动就业现状的实证研究——对 2004—2005 年我国 14 个省调研数据的分析》，《经济与管理研究》2006 年第 4 期。

[74] 解永庆、缪杨兵、曹广忠：《农民工就业空间选择及留城意愿代际差异分析》，《城市发展研究》2014 年第 4 期。

[75] 晋利珍、刘玥：《新一轮"用工荒"现象的经济学分析——基于劳动力市场双重二元分割的视角》，《云南社会科学》2013 年第 3 期。

[76] 孔荣、魏涛：《支持农民工返乡创业的财政政策研究》，《科技创业月刊》2010 年第 10 期。

[77] 孔德威：《劳动就业政策的国际比较研究》，东北师范大学博士学位论文，2007 年。

[78] 劳动和社会保障部赴美国、加拿大考察团：《赴美国、加拿大考察培训和就业情况汇报》，《职业技能培训教学》2000 年第 2 期。

[79] 赖德胜、夏小溪：《中国城市化质量及其提升：一个劳动力市场的视角》，《经济学动态》2012 年第 9 期。

[80] 雷世平、姜群英：《关于促进农民工积极参与培训的政策性建

议》,《职业技术教育》2004 年第 10 期。

　　[81] 李宝芳:《我国农民工就业的结构性矛盾探源》,《理论导刊》2013 年第 1 期。

　　[82] 李春玲:《流动人口地位获得的非制度途径——流动劳动力与非流动劳动力之比较》,《社会学研究》2006 年第 5 期。

　　[83] 李怀、李强:《农民工求职关系网络的再生产——基于对兰州市江苏籍装修工的案例分析》,《西北师大学报》2008 年第 6 期。

　　[84] 李景鹏:《后全能主义时代的公民社会》,《中国改革》2005 年第 11 期。

　　[85] 李君甫:《农民就业由谁来培训——三类农民培训投资主体与三类培训机构的比较》,《农村经济》2006 年第 10 期。

　　[86] 李丽清、陈东有、周小刚:《劳动力搜寻匹配视角下企业“招工难”和农民工“就业难”悖论解读》,《江西财经大学学报》2013 年第 5 期。

　　[87] 李培林、李炜:《农民工在中国转型中的经济地位和社会态度》,《社会学研究》2007 年第 3 期。

　　[88] 李强、唐壮:《城市农民工与城市中的非正规就业》,《社会学研究》2002 年第 6 期。

　　[89] 李强:《后全能体制下现代国家的构建》,《战略与管理》2001 年第 6 期。

　　[90] 李强:《中国大陆城市农民工的职业流动》,《社会学研究》1999 年第 3 期。

　　[91] 李树林:《上海市闵行区职业技能培训的现状、问题及对策》,《职教论坛》2009 年第 21 期。

　　[92] 李晓曼、曾湘泉:《新人力资本理论——基于能力的人力资本理论研究动态》,《经济学动态》2012 年第 11 期。

　　[93] 李迎生:《国家、市场与社会政策:中国社会政策发展历程的反思与前瞻》,《社会科学》2012 年第 9 期。

　　[94] 李莹、周永新:《我国农民工社会政策的变迁:一个分析框架及其应用》,《中国人民大学学报》2012 年第 5 期。

　　[95] 李永忠:《中国社会改革与“整体性”国家的破解》,《理论与

现代化》2008 年第 6 期。

[96] 李占五:《充分发挥社会力量 建立健全农民工流动就业服务体系》,《宏观经济研究》2007 年第 6 期。

[97] 李忠将、田苗:《"民生工程"缘何成了腐败温床——贵州套取农民工就业培训资金系列窝案透视》,《就业与保障》2009 年第 1 期。

[98] 梁栩凌、王春稍:《缺位或越位:农民工培训中的政府角色研究》,《经济问题》2014 年第 9 期。

[99] 梁柠欣:《论社会福利政策中的国家角色及其演变》,《中山大学学报论丛》1993 年第 2 期。

[100] 朱柏青、张新岭:《农民工的就业能力模型研究》,《开发研究》2010 年第 5 期。

[101] 林竹:《农民工就业:人力资本、社会资本与心理资本的协同》,《农业经济》2011 年第 12 期。

[102] 刘传江、程建林:《第二代农民工市民化:现状分析与进程测度》,《人口研究》2008 年第 5 期。

[103] 刘奉越:《农民工培训的障碍因素及对策分析》,《成人教育》2009 年第 2 期。

[104] 刘国永:《我国农村劳动力转移培训实践与政策思考》,《华中师范大学学报》2006 年第 4 期。

[105] 刘剑:《国家自主性理论研究述评》,《国外社会科学》2010 年第 6 期。

[106] 刘林平、张春泥:《农民工工资:人力资本、社会资本、企业制度还是社会环境?——珠江三角洲农民工工资的决定模型》,《社会学研究》2007 年第 6 期。

[107] 刘林平:《外来人群体中的关系运用——以深圳"平江村"为个案》,《中国社会科学》2001 年第 5 期。

[108] 刘美霞:《引导农民工就业促进新型城镇化》,《城市开发》2013 年第 18 期。

[109] 刘强:《瑞典、芬兰居民收入分配状况及调节政策考察报告》,《经济研究参考》2006 年第 32 期。

[110] 刘庆宝、臧凯波、吴海涛:《中部地区职业教育与培训机构发

展现状及启示——来自中部三省的数据》，《江西社会科学》2013 年第 11 期。

[111] 刘世定、邱泽奇：《"内卷化"概念辨析》，《社会学研究》2004 年第 5 期。

[112] 刘万霞：《职业教育对农民工就业的影响——基于对全国农民工调查的实证分析》，《管理世界》2013 年第 5 期。

[113] 刘新争：《农民工群体的结构分化与劳动力要素的再配置效应》，《中央财经大学学报》2013 年第 6 期。

[114] 刘艳春、刘春、王洪斌：《美国和加拿大学徒制比较及对我国工学结合的启示》，《职业技术教育》2011 年第 19 期。

[115] 刘养卉：《返乡农民工职业教育现状调查研究——以甘肃省为例》，《西北农林科技大学学报》2012 年第 3 期。

[116] 刘叶云、王思媛：《我国新生代农民工就业能力评价体系构建研究》，《经营管理者》2011 年第 13 期。

[117] 刘逸：《农民工工资的形成及应对之策》，《中国物价》2009 年第 12 期。

[118] 刘渝施：《统筹城乡劳动就业　加快推进城乡一体化进程——以农民工转移就业为重点》，《人力资源管理》2010 年第 5 期。

[119] 刘跃斌、黄琳：《德国的失业保障政策研究》，《德国研究》2003 年第 3 期。

[120] 柳劲松：《农民工技能培训供给的县际非均衡性研究——以湖北 77 个县区为例》，《湖北社会科学》2014 年第 5 期。

[121] 罗恩立：《就业能力对农民工城市居留意愿的影响——以上海市为例》，《城市问题》2012 年第 7 期。

[122] 罗恩立：《新生代农民工的就业能力研究》，《中国人力资源开发》2010 年第 2 期。

[123] 罗小兰：《我国最低工资标准农民工就业效应分析——对全国、地区及行业的实证研究》，《财经研究》2011 年第 11 期。

[124] 罗忆源：《农民工教育培训中政府应然角色探讨》，《广州大学学报》2009 年第 8 期。

[125] 吕莉敏、马建富：《新生代农民工教育培训需求及策略探究》，

《中国职业技术教育》2010 年第 33 期。

[126] 马九杰、孟凡友：《城市农民工第二市场择业——关于深圳市的个案剖析》，《开放时代》2003 年第 4 期。

[127] 马列、石红梅：《促进"农民工"群体就业的税收政策》，《税务研究》2008 年第 3 期。

[128] 马瑞、仇焕广、吴伟光、徐志刚：《农村进城就业人员的职业流动与收入变化》，《经济体制比较》2012 年第 6 期。

[129] 马世英、崔宏静、王天新：《新生代农民工职业培训支付意愿的影响因素》，《人口学刊》2014 年第 3 期。

[130] 马亚利：《我国农民工就业权问题的探讨》，《现代商业》2011 年第 27 期。

[131] 孟令国、刘薇薇：《中国农村剩余劳动力的数量和年龄结构研究——基于 2002—2011 年的数据》，《经济学家》2013 年第 4 期。

[132] 莫荣：《农民工劳动力市场的状况和政策建议》，《经济研究参考》2008 年第 3 期。

[133] 穆光宗：《民工潮与中国的城市化》，《社会科学家》1990 年第 6 期。

[134] 穆光宗：《中国的人口红利：发展与展望》，《浙江大学学报》2008 年第 3 期。

[135] 宁慧、李桂平：《进城农民工就业路径与方向——基于一种社会网络理论分析》，《湖南医科大学学报》2009 年第 4 期。

[136] 牛喜霞：《社会资本在农民工流动中的负面作用探析》，《求实》2007 年第 8 期。

[137] "农民的培训需求及培训模式研究"课题组：《农民的培训需求及培训模式研究（总报告）》，《经济研究参考》2005 年第 35 期。

[138] 欧洲职业培训发展中心：《增强职业教育的吸引力——欧洲的政策、理念与实践》，《职业技术教育》2009 年第 12 期。

[139] 潘光林：《大学生软技能机器培养研究》，《中国成人教育》2008 年。

[140] 潘鸿雁：《流动人口社会管理面临的新问题与对策——以上海市为例》，《上海行政学院学报》2014 年第 1 期。

[141] 潘寄青、沈洊：《财政转移支付：支持农民工就业的政策研究》，《生产力研究》2009 年第 8 期。

[142] 潘寄青、沈洊：《农民工培训需求与资金支持机制建设》，《求索》2009 年第 5 期。

[143] 潘泽泉：《中国农民工社会政策调整的实践逻辑——秩序理性、结构性不平等与政策转型》，《经济社会体制比较》2011 年第 5 期。

[144] 裴戍、石伟平：《英国战后 60 年就业培训政策的变迁》，《职业技术教育》2006 年第 30 期。

[145] 彭勃、杨志军：《发展型国家理论、国家自主性与治理能力重塑》，《浙江社会科学》2013 年第 6 期。

[146] 彭国胜、陈成文：《社会资本与青年农民工的就业质量——基于长沙市的实证调查》，《湖北行政学院学报》2009 年第 4 期。

[147] 彭华民、顾金土：《论福利国家研究中的比较研究方法》，《东岳论丛》2009 年第 1 期。

[148] 彭文慧：《社会资本对返乡农民工就业的促进机制与政策建议》，《农村经济》2011 年第 12 期。

[149] 秦宏宇、刘昂：《北京市流动人口的现状、特点、趋势与政策应对》，《北京政法职业学院学报》2014 年第 2 期。

[150] 渠敬东、周飞舟、应星：《从总体支配到技术治理》，《中国社会科学》2009 年第 6 期。

[151] 单菁菁：《农民工的社会网络变迁》，《城市问题》2007 年第 4 期。

[152] 单正丰、季文、陈如东：《农村劳动力迁移中的两级遴选机制与群体分化——农村劳动力迁移过程中的公共政策选择》，《农业经济问题》2009 年第 6 期。

[153] 沈自友、冯虹：《新型城镇化过程中农民工职业化问题探究》，《未来与发展》2014 年第 6 期。

[154] 盛来运：《中国农村劳动力外出的影响因素分析》，《中国农村观察》2007 年第 3 期。

[155] 盛亦男：《中国流动人口家庭化迁居》，《人口研究》2013 年第 7 期。

[156] 盛亦男：《流动人口家庭化迁居水平与迁居行为决策的影响因素研究》，《人口学刊》2014 年第 3 期。

[157] 斯特恩·凯那尔（Stein Kuhnle）：《福利国家的斯堪的纳维亚模式》，《中国社会工作》1998 年第 3 期。

[158] 苏文军：《金融服务支持返乡农民工就业途径探讨》，《贵州社会科学》2009 年第 4 期。

[159] 石伟平、陈霞：《职教课程与教学改革的国际比较》，《职业技术教育》2001 年第 19 期。

[160] 宋骁：《人力资本、经济结构与流动人口从业状态》，《人口与经济》2012 年第 5 期。

[161] 孙博：《2000 年以后福利国家养老金体系发展趋势考察——基于"去商品化"的分析框架》，《经济社会体制比较》2012 年第 1 期。

[162] 孙金锋：《人口红利渐失背景下新生代农民工职业教育探析》，《职教论坛》2011 年第 16 期。

[163] 孙立平：《向市场经济过渡过程中的国家自主性问题》，《战略与管理》1996 年第 4 期。

[164] 孙玫璐：《从 CVTS3 数据看英国企业继续职业培训现状》，《职教通讯》2011 年第 17 期。

[165] 孙维国：《农民工"短工化"只因技能极度缺失》，《南方都市报》，2012 年 2 月 11 日第 A02 版。

[166] 谭寒、潘寄青：《促进农民工培训的财税政策研究》，《职教论坛》2010 年第 31 期。

[167] 谭彦红：《基本公共服务均等化与农民工问题》，《财政监督》2009 年第 15 期。

[168] 腾兴才：《对农民工培训应提高"瞄准率"》，《新农村新闻周刊》2009 年第 3 期。

[169] 田书芹、王东强、牟芷：《新生代农民工返乡创业能力的多中心治理模式研究》，《济南大学学报》2014 年第 2 期。

[170] 田书芹、王东强：《新生代农民工职业教育培训主体博弈与政府治理能力提升》，《教育发展研究》2014 年第 19 期。

[171] 田松青：《农民工返乡创业的政府支持体系研究》，《中国行政

管理》2010 年第 11 期。

[172] 万霞：《职业教育对农民工就业的影响——基于对全国农民工调查的实证分析》，《管理世界》2013 年第 5 期。

[173] 汪传艳：《农民工参与教育培训意愿影响因素的实证分析——基于东莞市的调查》，《职教论坛》2011 年第 28 期。

[174] 汪小勤、汪红梅：《"人口红利"效应与中国经济增长》，《经济学家》2007 年第 1 期。

[175] 王春超、吴佩勋：《产业结构调整背景下农民工流动就业决策行为的双重决定——珠江三角洲地区农民工流动就业调查研究》，《经济社会体制比较》2011 年第 5 期。

[176] 王春光：《流动中的社会网络：温州人在巴黎和北京的行动方式》，《社会学研究》2000 年第 3 期。

[177] 王春光：《重视社会力量在落实农民工就业政策上的放大效应》，《中国党政干部论坛》2009 年第 4 期。

[178] 王飞：《农民工就业服务体系建设研究——基于城市社区为平台的视角》，《当代青年研究》2013 年第 2 期。

[179] 王飞：《浅析政府购买农民工就业培训服务》，《创新》2012年第 6 期。

[180] 王国霞：《我国农村剩余劳动力转移问题研究——我国农村剩余劳动力的数量估算与转移规模预测》，《山西大学学报》2005 年第 4 期。

[181] 王海英：《女性农民工非正规就业与农民工家庭流动》，《文史博览》2006 年第 8 期。

[182] 王汉生、刘世定、孙立平、项飚：《"浙江村"：中国农民进入城市的一种独特方式》，《社会学研究》1997 年第 1 期。

[183] 王建平、谭金海：《农民工市民化：宏观态势、现实困境与政策重点》，《农村经济》2012 年第 2 期。

[184] 王力达、方宁：《我国政府向社会力量购买服务问题研究》，《中国行政管理》2014 年第 9 期。

[185] 王玲：《新型城镇化进程中农民工的就业歧视及社会风险研究》，《人力资源管理》2014 年第 7 期。

[186] 王书军、王素君：《农民工培训中的市场失灵及对策分析》，

《农业经济》2007年第5期。

[187] 王松梅：《高职院校开展农民工培训的定位与对策》，《开放导报》2011年第5期。

[188] 王西玉、崔传义、赵阳、马忠东：《中国二元结构下的农村劳动力流动及其政策选择》，《管理世界》2000年第5期。

[189] 王晓丽：《城市劳动力市场分割与工资决定》，《人口与经济》2013年第5期。

[190] 王阳：《加快健全城乡劳动者平等就业制度》，《宏观经济管理》2013年第10期。

[191] 王永杰：《福利三角结构视野下的中国法律援助制度》，《社会科学》2007年第6期。

[192] 王跃进：《公共服务均等化与农民工培训》，《职教论坛》2010年第1期。

[193] 文军：《从生存理性选择到社会理性选择：当代中国农民外出就业动因的社会学分析》，《社会学研究》2001年第6期。

[194] 《我国农民工工作"十二五"发展规划纲要研究》课题组：《中国农民工问题总体趋势：观测"十二五"》，《改革》2010年第8期。

[195] 吴丹、颜怀坤、曾盼盼：《二代农民工培训状况及制度保障研究——基于四川省4个县14个村的实证调查》，《全国商情》2010年第17期。

[196] 吴立保、陈秀梅、张永宏：《大学生就业的社会福利排斥：福利三角模型的视角》，《江苏高教》2013年第3期。

[197] 吴江：《瑞典的公共就业服务及劳动力市场培训（下）》，《劳动理论与实践》1997年第2期。

[198] 吴雪萍、范琳：《英国的成人职业培训改革》，《比较教育研究》2006年第11期。

[199] 谢宝富：《"以房管人"、"以证管人"、"以业控人"——城乡接合部流动人口管理的三大政策工具》，《河北学刊》2011年第2期。

[200] 谢传会：《新生代农民工培训意愿高参与率低的悖论分析》，《湖北经济学院学报》2014年第9期。

[201] 谢欢：《国外就业能力概念的研究回顾——基于20世纪以来

主要文献的研究》，中国人民大学硕士学位论文，2009 年。

　　[202] 谢桂华：《农民工与城市劳动力市场》，《社会学研究》2007 年第 5 期。

　　[203] 谢勇、黄承贵：《农民工参加职业培训意愿的代际间差异分析》，《调研世界》2011 年第 10 期。

　　[204] 谢勇：《农民工就业流动的工资效应研究——以南京市为例》，《人口与发展》2009 年第 4 期。

　　[205] 新型城镇化课题组：《打破户籍制度壁垒——新型城镇化建议之四》，《宏观经济管理》2014 年第 7 期。

　　[206] 熊光清：《从限权到平权：流动人口管理政策的演变》，《社会科学研究》2012 年第 6 期。

　　[207] 熊通成、曾湘泉：《关于软技能若干问题的研究》，《中国人力资源开发》2010 年第 5 期。

　　[208] 徐国庆：《英、德职业教育体系差异的政策分析及启示》，《教育科学》2006 年第 3 期。

　　[209] 徐旭晖：《广州市劳动力市场农民工就业歧视问题研究》，《统计与决策》2008 年第 15 期。

　　[210] 徐永新：《市民化视角下的农民工就业质量问题研究》，《中州学刊》2014 年第 5 期。

　　[211] 许传新：《农民工的进城方式与职业流动——两代农民工的比较分析》，《青年研究》2010 年第 3 期。

　　[212] 许丽英、王跃华：《新生代农民工劳动就业权益保障与政府责任探析》，《行政论坛》2014 年第 2 期。

　　[213] 许昆鹏、黄祖辉、贾驰：《农村劳动力转移培训的市场机制分析及政策启示》，《中国人口科学》2007 年第 2 期。

　　[214] 许项发：《基于公共管理的农民工职业技能培训》，《成人教育》2007 年第 2 期。

　　[215] 严善平：《人力资本、制度与工资差别——对大城市二元劳动力市场的实证分析》，《管理世界》2007 年第 6 期。

　　[216] 阳义南：《我国社会养老保险制度覆盖面的深度分析》，《人口与经济》2009 年第 3 期。

［217］杨冬民、张卉：《社会排斥视角的农民工类别差异与政策选择》，《开发研究》2006 年第 4 期。

［218］杨晶、邵林玉：《新生代农民工职业培训需求自述偏好与现实选择的一致性研究——基于江西省的调研》，《职业技术教育》2014 年第 4 期。

［219］杨菊华、陈传波：《流动人口家庭化的现状与特点：流动过程特征分析》，《人口与发展》2013 年第 3 期。

［220］杨菊华：《只见数字不见人：流动人口职业培训变动趋势研究》，《山东社会科学》2014 年第 10 期。

［221］杨敏：《三元化利益格局下"身份—权利—待遇"体系的重建——走向包容、公平、共享的新型城市化》，《社会学评论》2013 年第 1 期。

［222］杨黎源、杨聪敏：《从机会获得到能力提高：农民工城市职业融入研究——基于浙江的实证考察》，《浙江社会科学》2011 年第 8 期。

［223］杨伟国、邢瑶青：《从福利到工作：英国新政政策经验及效果研究》，中国人民大学硕士学位论文，2006 年。

［224］杨宜勇、顾严、魏恒：《我国城市化进程与就业增长相关分析》，《教学与研究》2005 年第 4 期。

［225］姚俊：《流动就业类型与农民工工资收入——来自长三角制造业的经验数据》，《中国农村经济》2010 年第 11 期。

［226］姚俊：《农民工的就业流动研究——基于江苏制造业调查的实证分析》，《经济体制改革》2011 年第 5 期。

［227］叶静怡、王琼：《农民工的自雇佣选择及其收入》，《财经研究》2013 年第 1 期。

［228］叶玲：《回流农民工人力资本再开发途径及对策建议》，《成人教育》2012 年第 4 期。

［229］于建嵘：《基本公共服务均等化与农民工问题》，《中国农村观察》2008 年第 2 期。

［230］于学军：《中国流动人口的特征，需求和公共政策思考》，《开放导报》2006 年第 6 期。

［231］余运江、孙斌栋、孙旭：《社会保障对农民工回流意愿有影响

吗？——基于上海调查数据的实证分析》，《人口与经济》2014 年第 6 期。

　　[232] 袁金辉：《农民工权益保障的制度安排》，《国家行政学院学报》2008 年第 2 期。

　　[233] 袁庆林、林新奇、洪姗姗：《我国新生代农民工培训主要模式及其比较研究》，《南方农村》2011 年第 5 期。

　　[234] 原媛：《以社会保障促进农民工就业——基于"第三条道路"福利观的思考》，《现代经济信息》2009 年第 11 期。

　　[235] 约翰娜·拉索宁、吉恩·戈登：《增强职业教育的吸引力——欧洲的政策、理念与实践》，《职业技术教育》2009 年第 12 期。

　　[236] 翟学伟：《社会流动与关系信任——也论关系强度与农民工的求职策略》，《社会学研究》2003 年第 1 期。

　　[237] 翟振武、段成荣、毕秋灵：《北京市流动人口的最新状况与分析》，《人口研究》2007 年第 2 期。

　　[238] 张车伟、王智勇：《全球金融危机对农民工就业的冲击——影响分析及对策思考》，《中国人口科学》2009 年第 2 期。

　　[239] 张翠莲：《农民工培训中三大主体的参与意愿与承担能力探讨》，《农村经济与科技》2008 年第 7 期。

　　[240] 张国英、汪阔朋：《农民工就业权益保障的缺失及构筑》，《经济问题》2009 年第 4 期。

　　[241] 张红宇：《就业结构调整与中国农村劳动力的充分就业》，《农村经济问题》2003 年第 7 期。

　　[242] 张俊良、何晓玉、陈丹：《农民工劳动权益保障问题及对策研究》，《农村经济》2007 年第 5 期。

　　[243] 张伶、何建华：《培训系统与农民工职业培训绩效关系的实证研究》，《经济管理》2011 年第 11 期。

　　[244] 张三保、吴绍棠：《农民工培训体系建设与政府角色定位》，《当代经济》2006 年第 6 期。

　　[245] 张胜军：《农民工培训的公益性及其保障》，《职业技术教育》2011 年第 31 期。

　　[246] 张务农：《福利三角框架下的高等教育福利制度研究》，《东南学术》2014 年第 3 期。

［247］张笑会：《福利多元主义视角下的社会服务供给主体探析》，《理论月刊》2013 年第 5 期。

［248］张新岭、俞宪忠：《农民工就业相关问题研究综述》，《价格月刊》2008 年第 4 期。

［249］张秀兰、徐月宾：《我国社会福利社会化的目标及途径探讨》，《江苏社会科学》2006 年第 2 期。

［250］张雅婷：《农民工迁移模式的动态选择与农村发展关系研究》，《现代商业》2014 年第 9 期。

［251］张艳、陈丽瑶：《辽宁省返乡农民工就业培训存在的问题与对策》，《高等农业教育》2013 年第 6 期。

［252］张永敏：《新生代农民工就业弱势地位及改善途径研究》，《安徽农业科学》2011 年第 9 期。

［253］张智勇：《农民工市民化的代际实现——基于农户兼业、农民工就业与农民工市民化比较的视角》，《江汉论坛》2009 年第 8 期。

［254］张智勇：《社会资本与农民工就业》，《经济社会体制比较》2007 年第 6 期。

［255］张志胜：《加强政府间合作　保障农民工权益》，《中国人力资源开发》2007 年第 2 期。

［256］张忠利、刘春兰：《日本福利国家体制及面临的挑战》，《北京理工大学学报》2008 年第 1 期。

［257］章华丽、陆素菊：《劳动力供给视角下的农民工培训需求分析》，《职教论坛》2013 年第 34 期。

［258］章铮、杜峥鸣、乔晓春：《论农民工就业与城市化——基于年龄结构—生命周期分析》，《中国人口科学》2008 年第 6 期。

［259］赵红：《西方失业理论及其就业对策》，《云南财贸学院学报》2000 年第 5 期。

［260］赵静：《新生代农民工培训的现状与对策》，《中国成人教育》2011 年第 18 期。

［261］赵树凯：《农民工培训的绩效挑战》，《华中师范大学学报》2011 年第 2 期。

［262］赵伟：《赋能性就业政策的体系框架与制度安排——基于"环

境赋能"视角的探讨》,《理论与改革》2014 年第 4 期。

[263] 赵显洲:《人力资本、市场分割与农民工的工资决定》,《农业经济问题》2012 年第 4 期。

[264] 赵泽洪、李传香:《就业能力贫困与再造:新生代农民工就业悖论及其破解》,《中国人力资源开发》2011 年第 9 期。

[265] 赵振宇、杜红琴:《农民工进城动因及对城市就业影响实证分析》,《华北电力大学学报》2002 年第 4 期。

[266] 郑秉文:《社会权利:现代福利国家模式的起源与诠释》,《山东大学学报》2005 年第 2 期。

[267] 郑秉文:《中国社保"碎片化制度"危害与"碎片化冲动"探源》,《甘肃社会科学》2009 年第 3 期。

[268] 郑秉文、史寒冰:《试论东亚地区福利国家的"国家中心主义"特征》,《中国社会科学院研究生院学报》2002 年第 2 期。

[269] 郑功成、黄黎若莲:《中国农民工问题:理论判断与政策思路》,《中国人民大学学报》2006 年第 6 期。

[270] 郑功成:《农民工的权益与社会保障》,《中国党政干部论坛》2002 年第 8 期。

[271] 中国（海南）改革发展研究院课题组:《基本公共服务体制变迁与制度创新——惠及 13 亿人的基本公共服务》,《财贸经济》2009 年第 2 期。

[272] 中国人民大学宏观经济分析与预测课题组:《市场导向型工资形成机制:经济结构调整的契机与路径》,《宏观经济管理》2010 年第 11 期。

[273] 许小峰:《论农村劳动力转移中政府作用的发挥》,《理论前沿》2007 年第 13 期。

[274] 周毕芬、阙春萍:《企业"招工难"和农民工"就业难"的矛盾分析与政策建议》,《农业现代化研究》2012 年第 6 期。

[275] 周闯、黄卫挺:《新型城镇化需注重农民工就业层次的提升》,《宏观经济管理》2013 年第 10 期。

[276] 周世军、周勤:《户籍制度、非农就业"双重门槛"与城乡户籍工资不平等——基于微观数据的实证研究》,《金融研究》2012 年第

9 期。

[277] 周小刚、李丽清、钱芳：《构建新生代农民工教育培训体系的发展对策研究》，《中国职业技术教育》2014 年第 9 期。

[278] 周小亮、笪贤流：《偏好的争论、拓展与融合：理论假说与初步探讨》，《经济评论》2009 年第 6 期。

[279] 朱秀茹、郑玉刚：《就业歧视与建立农民工就业服务体系研究》，《农业经济》2008 年第 7 期。

[280] 宗成峰：《构建和谐社会中社会资本对农民工就业决定的实证分析——基于北京市建筑业的调研》，《中央财经大学学报》2012 年第 3 期。

[281] 宗强：《从农民工权益保障谈我国二元经济结构向一元经济结构的转化》，《理论界》2008 年第 3 期。

文件类：

[1] 劳动部、农业部、国务院发展研究中心：《关于建立并实施中国农村劳动力开发就业试点项目的通知》（劳力字〔1991〕6 号）。

[2] 劳动部、农业部等：《关于建立社会主义市场经济体制时期劳动体制改革总体设想》（劳部发〔1993〕41 号）。

[3] 劳动部：《关于颁布〈农村劳动力跨省流动就业管理暂行规定〉的通知》（劳部发〔1994〕458 号）。

[4] 国务院办公厅：《国务院办公厅转发劳动部等部门关于进一步做好组织民工有序流动工作意见的通知》（国办发〔1997〕42 号）。

[5] 劳动和社会保障部办公厅：《关于印发做好农村能富余劳动力就业工作意见的通知》（劳社厅发〔2000〕3 号）。

[6] 江西省人民政府办公厅：《转发省劳动厅等部门关于江西省劳动预备制度实施方案的通知》（赣府厅发〔2000〕10 号）。

[7] 国家计委、财政部：《关于全面清理整顿外出或外来务工人员收费的通知》（计价格〔2001〕2020 号）。

[8] 建设部、劳动和社会保障部：《关于建设行业生产操作人员实行职业资格证书制度有关问题的通知》（建人教〔2002〕73 号）。

[9] 国务院办公厅：《国务院办公厅关于做好农民进城务工就业管理

和服务工作的通知》（国办发〔2003〕1 号）。

［10］中共中央国务院：《关于促进农民增加收入若干政策的意见》（中发〔2004〕1 号）。

［11］教育部：《关于印发〈农村劳动力转移培训计划〉的通知》（教职成〔2004〕1 号）。

［12］江西省建设厅：《关于印发〈江西省建设行业生产操作人员实行职业资格证书制度实施细则〉的通知》（赣建人〔2004〕4 号）。

［13］劳动和社会保障部：《关于实施星火职业技能远程培训项目的通知》（劳社培就司函〔2004〕91 号）。

［14］国家发展和改革委员会：《关于进一步清理和取消针对农民跨地区就业和进城务工歧视性规定和不合理收费的通知》　（发改价格〔2004〕1405 号）。

［15］国务院：《关于解决农民工问题的若干意见》（国发〔2006〕5 号）。

［16］国家安全生产管理监督总局、煤矿安全监察局、教育部、劳动和社会保障部、建设部、农业部、中华全国总工会：《关于加强农民工安全生产培训工作的意见》（安监总培训〔2006〕208 号）。

［17］建设部、教育部、中央精神文明建设指导委员会等：《关于在建筑工地创建农民工业余学校的通知》（建人〔2007〕82 号）。

［18］国务院：《关于做好促进就业工作的通知》　（国发〔2008〕5 号）。

［19］国务院办公厅：《国务院办公厅关于切实做好当前农民工工作的通知》（国办发〔2008〕130 号）。

［20］吉安市人民政府：《关于加强和扶持返乡农民工创业就业工作若干政策意见（试行）》（吉府发〔2009〕2 号）。

［21］国务院：《关于做好当前经济形势下就业工作的通知》　（国发〔2009〕4 号）。

［22］人力资源和社会保障部：《关于进一步规范农村劳动者转移就业技能培训工作的通知（人社部发〔2009〕48 号）》。

［23］国务院办公厅：《关于进一步做好农民工培训工作的指导意见》（国办发〔2010〕11 号）。

［24］江西省人民政府办公厅：《关于进一步加强农民工技能培训工作的通知》（赣府厅发〔2010〕34 号）。

［25］住房和城乡建设部、发展和改革委员会、财政部、国土资源部、中国人民银行、国家税务总局、中国银行业监督管理委员会：《关于加快发展公共租赁住房的指导意见》（建保〔2010〕87 号）。

［26］国务院：《关于加强职业培训促进就业的意见》（国发〔2010〕36 号）。

［27］财政部、人力资源和社会保障部：《关于进一步加强就业专项资金管理有关问题的通知》（财社〔2011〕64 号）。

［28］国务院：《促进就业规划（2011—2015 年)》（国发〔2012〕6 号）。

［29］国务院办公厅：《国务院办公厅转发教育部等部门关于做好进城务工人员随迁子女接受义务教育后在当地参加升学考试工作意见的通知》（国办发〔2012〕46 号）。

［30］江西省安监局：《化工企业安全生产五十条禁令》（2013）。

［31］江西省财政厅：《江西省农业厅关于印发〈江西省农村劳动力培训阳光工程资金管理办法〉的通知》（赣财农〔2013〕64 号）。

［32］教育部、国家发展改革委、财政部、人力资源和社会保障部、农业部、国务院扶贫办：《现代职业教育体系建设规划》（2014—2020 年）（教发〔2014〕号）。

［33］人力资源和社会保障部：《农民工职业技能提升计划——"春潮行动"实施方案》（人社部发〔2014〕26 号）。

［34］吉安市人民政府：《关于印发吉安市县级人民政府职业教育工作考核评估方案的通知》（吉府办字〔2014〕77 号）。

外文文献

［1］Ansell, C. & A. Gash, Collaborative Governance in Theory and Practice, *Journal of Public Administration Research and Theory*, Vol. 18, No. 4, 2008.

［2］Ascoli, U. & C. Ranci, *Dilemmas of the Welfare Mix: The New Structure of Welfare in an Era of Privation*, New York: Kulwer Academic/Plenum Publishers, 2002.

[3] Beresford, P. & S. Croft, Welfare Pluralism: the New Face of Fabianism, *Critical Social Policy*, Vol. 3, No. 9, December 1983.

[4] Boudreau, J. W. & W. R. Boswell, et al. , Effects of Personality on Executive Career Success in the United States and Europe, *Journal of Vocational Behavior*, Vol. 58, No. 1, February 2001.

[5] Choi, T. , *Information Sharing, Deliberation, and Collective Decision – making*; *A Computation Model of Collaborative Governance*, Proquest Umi Dissertation Publishing, 2012.

[6] Clasen, J. & D. Clegg, *Regulating the Risk of Unemployment: National Adaptations to Post – industrial Labour Markets in Europe*, New York: Oxford Universtiy Press, 2011.

[7] Congressional Digest Corporation. Analysis of Federal Employment and Training Programs, *Congressional Digest*, Vol. 93, No. 3, March 2014.

[8] Evers A. & H. Wintersberge, *Shifts in the Welfare Mix: Their Impact of Work, Social Services, and Welfare Policies*, Frankfurt am Main: Campus Verlag; Boulder, Colorado: Westview Press, 1990.

[9] Evers, A. & I. Svetlik, *Balancing Pluralism: New Welfare Mixes in Care for the Elderly*, Brookfield: Ashgate Publishing Company, 1993.

[10] Evers, A. , Art of the Welfare Mix: the Third Sector as an Intermediate Area, *International Journal of Voluntary and Nonprofit Organizations*, Vol. 6, No. 2, June 1995.

[11] Emerson, K. &T. Nabatchi, et al. , An Integrative Framework for Collaborative Governance, *Journal of Public Administration Research and Theory*, Vol. 22, No. 1, 2012.

[12] Evans, P. B. , *Embedded Autonomy: State and Industrial Transformation*, Princeton: Princeton University Press, 1995.

[13] Field, F. , *Welfare: the third way*, Speech at Victoria and Albert Museum, 24 September, 1997.

[14] Geertz, C. , *Agricultural Involuti on: The Process of Ecological Change in Indonesia*, Berkeley and Los Angeles: University of California

Press, 1963.

[15] Hage, J. , Review, *American Journal of Sociology*, Vol. 97, No. 5, March 1992.

[16] International Labour Office, *A Skilled Workforce for Strong, Sustainable and Balanced Growth: A G20 Training Strategy*, http: // www. skillsforemployment. org/KSP/en/index. htm.

[17] John, M. B. & C. C. Barbara, et al. , The Design and Implementation of Cross – sector Collaborations: Propositions Form the Literature, *Public Administration Review*, Vol. 66, No. 1, Novermber 2006.

[18] Johnson, N. , The Privatization of Welfare, *Social Policy and Administration*, Vol. 22, No. 1, May 1989.

[19] Judge, K. , Is There a Crisis in the Welfare State? *International Jounal of Sociology and Social Policy*, Vol. 1, No. 2, January 1981.

[20] Kamerman, S. B. & J. K. Alfred, *Privatization and the Welfare State*, Princeton: Princeton University Press, 1995.

[21] Migdal, J. S. , *Strong Societies and Weak States*, Oxford: Princeton University Press, 1988.

[22] OECD, *OECD Employment Outlook: 1996—2014*, http: // www. oecd – ilibrary. org/employment/oecd – employment – outlook _ 19991266; jsessionid = u4bwrj6pnd0d. x – oecd – live-03.

[23] O' Leary, R. , *Special Issue on Collaborative Public Management; Collaborative Public Management*, Washington: American Society for Public Administration, 2006.

[24] Peter J. R. & T. Choi, Ecological Governance: Organizing Principles for an Emerging Era, *Public Administration Review*, Vol. 70, No. 1, December 2010.

[25] Regner, H. , A Nonexperimental Evaluation of Training Programs for the Unemployed in Sweden, *Labour Economics*, Vol. 9, No. 2, April 2002.

[26] Risse – Kappen, T. , *Bringing Transnational Relations Back in: Non – State Actors, Domestic Structure and International Institutions*, Cambridge: Cambridge University Press, 1995.

[27] Rose, R. & R. Shiratori, et al. , *The Welfare State East and West*, New York: Oxford University Press, 1986.

[28] Ruggie, M. , Review, *Contemporary Sociology*, Vol. 21, No. 1, January 1992.

[29] Swedenand, The European "Welfare Mix": Institutional Configuration and Distributive Outcome in Sweden and the European Union, A Longitudinal and Comparative Perspective, *Social Indicators Research*, Vol. 48, No. 3, November 1999.

[30] Taylor – Gooby, P. , *Ideas and Welfare State Reform in Welfare Europe*, Landon: Palgrave Macmillan Press, 2005.

[31] Tessaring, M. & J. Wannan, *Vocational Education and Training – key to the Future*: *Lisbon – Copenhagen – Maastricht*: *Mobilising for* 2010, http: //en. eucnc. org/.

[32] U. S. Congress, *Comprehensive Employment and Training Act of* 1973.

[33] U. S. Department of Labor, *Training and Employment Report of the Secretary of Labor*, Washington D. C: U. S. Government Printing Office, 2000.

[34] Yingyi Qian & G. Roland, Federalism and the Soft Budget Constraint. *American Economic Review*, Vol. 88, No. 5, 1998.

附　录

附录1　新生代农民工培训调查问卷

尊敬的各位工友：

您好！为了解新生代农民工的人力资本与接受培训的情况，以便更好地为新生代农民工提供培训福利，我们组织了本次调查。请您在百忙之中客观、真实地填写如下问卷，对于您提供的一切信息，我们会严格遵守相关法律要求予以保密。谢谢您的配合。

新生代农民工培训课题组
2014 年 8 月

一　基本情况

（　　　） Q1. 请问您的性别：A. 男　　　　　B. 女

（　　　） Q2. 请问您的年龄（周岁）＿＿＿＿＿＿

（　　　） Q3. 您的婚姻状况是？

A. 已婚　　　　　　B. 未婚　　　　　C. 离异或丧偶

（　　　） Q4. 请问您的学历：

A. 文盲　　　　　　B. 小学　　　　　C. 初中

D. 高中　　　　　　E. 中专及大专　　F. 本科及以上

（　　　） Q5. 请问您的收入（每个月的工资）

A. 1000 元以下　　　　　B. 1000—2000 元

C. 2000—3000 元　　　　D. 3000—4000 元

E. 4000—5000 元　　　　F. 5000 元以上

（　　　） Q6. 请问您的户口是在本县吗？　　　A. 是　　　B. 否

（　　　） Q7. 请问您现在公司所从事的岗位是

A. 操作岗　　　　　B. 技能岗　　　　　C. 后勤岗

D. 销售岗　　　　　E. 管理岗

（　　）Q8. 请问您是如何获得现在这份工作的？

A. 企业市场招工　　B. 亲朋好友介绍　　C. 政府组织的招聘

D. 职业技术学院直接推荐　　　　　E. 自己上门应聘

（　　）Q9. 在获得这份工作之前，您更换过_____次工作（除务农外）？

Q9. （1）、如果您更换过工作，请分别列举这些工作的类型（工种）？

_____、_____、_____、_____、_____、

Q9. （2）如果您更换过工作，请问您更换上一份工作的原因是什么？

A. 企业倒闭或减产　　B. 个人原因（如技能不足）被企业解聘

C. 自己主动离职　　　D. 其他

Q9. （3）如果您更换过工作，请问您上一份工作到这份工作的间隔时间？_____月

Q9. （4）如果您更换过工作，请问您上一份工作工资收入与现在这份工作相比

A. 多　　　　　　　　B. 相等　　　　　　　C. 少

（　　）Q10. 您的家庭收入在当地的情况如何？

A. 上等　　　　　　　B. 中上等　　　　　　C. 中等

D. 中下等　　　　　　E. 下等

二　农民工人力资本的投资现状

（　　）Q11. 在您这份工作以前，您是否参加过职业技能培训（技术，包括职业教育、个人学的技能、以前工作企业的培训）等？

A. 是　　　　　　　　B. 否

Q11. （1）如果是，请问它们的类型是_____（可多选）

A. 自己拜师学艺　　　B. 职业教育

C. 政府组织的培训　　D. 企业组织的培训

Q11. （2）您觉得这些职业技能培训对您的求职的影响是？

A. 帮助非常多　　　　B. 帮助比较多　　　　C. 一般

D. 帮助比较少　　　　E. 帮助非常少

（　　　）Q12. 您之前是否参加了本企业组织的培训（如岗前培训、操作培训、技能培训、安全培训等）？

A. 是　　　　　　　　　　　　B. 否

如果选 A，Q12.（1）请问总共有＿＿＿＿＿天？

Q12.（2）这些培训的经费来源是？

A. 全部由企业出资　　　　　　B. 企业和个人共担

C. 全部由个人承担　　　　　　D. 企业、政府和个人共担

Q12.（3）您觉得这些培训是否会让您有经济压力？

A. 经济压力非常大　　　　　　B. 经济压力比较大

C. 经济压力一般　　　　　　　D. 经济压力比较小

E. 几乎没有经济压力

Q12.（4）您觉得这些培训对您所从事现在这份工作的帮助程度如何？

A. 帮助非常多　　　　　B. 帮助比较多　　　　　C. 一般

D. 帮助比较少　　　　　E. 帮助非常少

Q12.（5）您觉得这些培训对您以后的求职就业帮助程度如何？

A. 帮助非常多　　　　　B. 帮助比较多　　　　　C. 一般

D. 帮助比较少　　　　　E. 帮助非常少

Q12.（6）您对所在企业组织员工培训的态度是？

A. 帮助非常多　　　　　B. 帮助比较多　　　　　C. 一般

D. 帮助比较少　　　　　E. 帮助非常少

Q12.（7）您觉得您现在所工作的企业对员工开展的培训次数？

A. 非常多　　　　　　　B. 比较多　　　　　　　C. 一般

D. 比较少　　　　　　　E. 非常少

（　　　）Q13. 在求职就业方面，请问您是否获得过职业技能鉴定补助？

A. 有　　　　　　　　　　　　B. 没有

（　　　）Q14. 请问您是否获得过培训补贴？

A. 有　　　　　　　　　　　　B. 没有

（　　　）Q15. 您觉得政府对您的就业帮助作用大小程度如何？

A. 帮助非常大　　　　　B. 帮助比较大　　　　　C. 一般

D. 帮助比较小　　　　　　E. 帮助非常小

（　　）Q16. 以下促进农民工就业的政策中，您觉得政府最应该起什么作用？（请选出最重要的前三项）_____ _____ _____

A. 发展地方经济　　　　　　B. 提供更多公共就业岗位

C. 对农民工进行免费培训　　D. 提供更多的就业信息

E. 打击企业侵害农民工权益现象　F. 规范企业用工

G. 给予更好的社会保障　　　H. 发展更多的职业介绍机构

（　　）Q17. 对于当地政府为农民工开展培训项目，您的接触程度如何？

A. 参加过　　B. 未参加，但听说过　　C. 没有听说过

（　　）Q18. 除义务教育外，您是否自己主动去提升过自己的职业技能（包括读职业院校，考驾照、拜师学艺、自己自学等）

A. 是　　　　　　　　B. 否

Q18.（1）如果选是，请您计算下至今为止，您用于提升自己职业技能方面花费_____钱？

Q18.（2）如果选否，请问您不进行职业技能提升的原因是？（可多选）

A. 经济压力大　　　B. 没有时间　　　C. 觉得作用不大

D. 不知道如何去提升自己　　　　　E. 其他

三　新生代农民工人力资本培训的期望

（　　）Q19. 您觉得自己的能力与当前的这份工作要求相比如何？

A. 超过工作要求　　B. 与工作要求相当

C. 不适应当前工作要求

（　　）Q20. 您害怕失去当前这份工作吗？

A. 很害怕　　　　　B. 有点害怕

C. 不害怕　　　　　D. 一点都不害怕

（　　）Q21. 如果您失业了，您觉得找到一份与当前收入差不多工作的难易程度如何？

A. 非常难　　　　　B. 比较难　　　　C. 一般

D. 比较容易　　　　E. 非常容易

（　　）Q22. 请问您现在找一份工作所遇到的最大困难是什么？

A. 个人技能不足　　　　B. 缺乏就业信息

C. 家庭背景不好，不能给予支持

D. 没有自信心　　　　E. 企业不招聘

（　　）Q23. 请问您觉得您当前的技能和教育水平对您的就业的影响程度如何？

A. 影响非常大　　　　B. 影响比较大　　　C. 一般

D. 影响比较小　　　　E. 影响非常小

（　　）Q24. 如果您长期找不到工作，您是否愿意拿出时间去重新学习一些新技能？

A. 会　　　　B. 不会　　　　C. 视情况而定

Q24.（1）如果选 A，请问您所能接受的时间是？

A. 1 个月以内　　　　B. 1—3 个月

C. 3—6 个月　　　　D. 6 个月以上

（　　）Q25. 如果您长期找不到工作，您是否会拿出一些钱去重新学习一些技能？

A. 会　　　　B. 不会　　　　C. 视情况而定

Q25.（1）如果选 A，请问您所能接受的钱是？

A. 1000 元以下　　　　B. 1000—3000 元

C. 3000—5000 元　　　　D. 5000 元以上

（　　）Q26. 您觉得对农民工的培训，是谁的责任？

A. 企业　　　　B. 员工

C. 政府　　　　D. 三者兼有

（　　）Q27. 您觉得企业是否有必要拿出一部分钱给员工开展免费培训？

A. 非常有必要　　　　B. 比较有必要　　　C. 一般

D. 比较没必要　　　　E. 非常没必要

（　　）Q28. 您觉得以下哪种培训模式更合理？

A. 企业承担全部培训费用　　　　B. 企业承担大部分培训费用

C. 企业和员工平均分担　　　　D. 员工承担大部分培训费用

E. 政府承担大部分费用

（　　　）Q29. 如果企业免费为员工开展一些职业技能培训，但需要占据您一部分的空余时间，您是否愿意？

A. 非常愿意　　　　B. 比较愿意　　　　C. 一般

D. 比较不愿意　　　E. 非常不愿意

（　　　）Q30. 如果政府要为每一位农民工开展职业技能培训，您是否愿意参加？

A. 愿意　　　　　　B. 不愿意

附录2 企业管理人员访谈提纲

1. 您的企业最希望招聘什么类型的农民工？

2. 就目前招来的新生代农民工素质看，您觉得他们的素质是否符合您企业的要求？如果不符合，您觉得最欠缺的是什么？

3. 您的企业对招聘到的新生代农民工都开展了什么类型的培训？各种类型的培训开展频率如何？它们又是如何开展的？有无一些具体的规定？

4. 您的企业每年是否会拿出专门的经费用于对新生代农民工的培训？如果是，这些经费的来源、使用和总量如何？

5. 您企业的员工培训是否需要员工承担一部分的经费开支？

6. 您觉得企业培训对员工的影响意义何在？

7. 政府是否会要求您的企业开展对新生代农民工的培训？

8. 在对新生代农民工的培训中，您的企业与政府存在着哪些合作？

9. 对于"农民工培训经费计入了企业生产成本"这条规定，您觉得是否有意义？为什么？

10. 现在一些地区的企业会委托社会机构进行新生代农民工培训，对于这种模式，您怎么看？

11. 对于新生代农民工的培训，您认为农民工自身和家庭存在着什么问题？

12. 如果政府补贴给企业一部分经费用于开展新生代农民工培训，但也需要企业提高对培训的投入，您怎么看？

附录3 政府人员访谈提纲

1. 请问贵地在促进农民工就业方面出台了什么政策？采取了什么措施？取得的成效如何？

2. 请问贵地在制定农民工培训政策时会考虑到哪些因素？主要的出发点是什么？如何来考核这些政策的实施与效果？

3. 2014年国家出台了农民工技能提升计划，请问贵单位对这一计划的开展有什么工作思考？准备采取哪些措施？

4. 请问目前贵地政府对农民工培训的经费投入状况如何？这些经费又是如何使用的？存在着哪些问题和改进之处？

5. 对于企业的职业培训经费提取状况，贵单位有没有出台具体的规定？这些规定又是如何执行的？请问您对这些规定的执行有什么看法？

6. 贵单位与企业在新生代农民工的培训方面是如何合作的？您觉得存在着哪些合作障碍？

7. 为促进新生代农民工培训事业的开展，您觉得企业该怎么做？农民工的家庭该怎么做？政府又该怎么做？

附录 4　被访者的基本情况

个案编码	访谈编码	性别	职业与其他信息
被访者 1	LPG	男	普工，26 岁
被访者 2	WDG	男	电工，28 岁
被访者 3	FSMG	男	电工，小组长，29 岁
被访者 4	FSMG	男	水磨工，31 岁
被访者 5	WHQ	女	后勤工，32 岁
被访者 6	LCC	男	叉车司机，27 岁
被访者 7	WZ	男	A 企业总经理
被访者 8	QFZ	男	A 企业运营副总
被访者 9	WZR	男	A 企业企管部和工会主任
被访者 10	ZJZ	男	Y 县人保局局长
被访者 11	LJZ	男	Y 县劳动就业局书记
被访者 12	HZR	男	Y 县劳动就业局主任